宁波市顶军与拔尖人才工程（2019）

宁波市泛3315人才计划（2018）

宁波市中青年思政骨干教师项目（2018）

万家灯火

美好社会建设的行政管理之思

邹建锋　林莉飒／著

WANJIA DENGHUO

MEIHAO SHEHUI JIANSHE DE XINGZHENG GUANLI ZHI SI

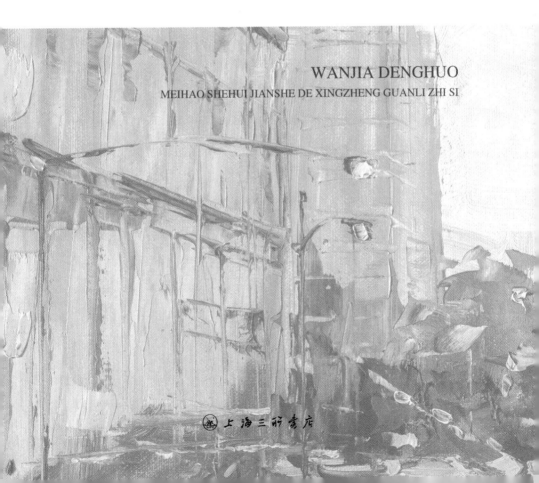

上海三联书店

目　录

引论　万家灯火盛世新时代与
行政管理学角度思考

2020年开年以来，人类遇到比较严重的全球瘟疫新型冠状肺炎，给人类的治理体系和治理技术提出了巨大的挑战。截至2020年5月3日，全球感染新型肺炎人数已经达到3498283例，累计死亡246736例，而美国疾控中心承认政府决策失误，在疫情早期阶段美国缺少检测以及未能采取限制入境措施，导致美国病例激增致感染人数飙升。① 但随着欧美国家逐渐重视，用先进技术不断优化医疗水平，加大核酸检测试剂检查力度，还有特效药的推广，特别是疫苗研发成功而产生的大范围接种，已经累计治愈出院100多万人，相信在不久的将来，欧美国家疫情的拐点将会来到，最终人类将会战胜此次瘟疫。相反，由于我们国家在习近平总书记的领导下，万众一心，上下团结，较早地采取隔离措施，强制戴口罩，果断地推广中医药与西药相结合的方法，在不到两个月的时间，以最小的成本，快速、有效地战胜传染力较强的新型冠状肺炎，取得了举世瞩目的成绩，被西方媒体誉为全球抗疫的"中国方法""中国经验"和"中国模式"。中、西抗疫绩效的比较研究发现，植根于中国传统文化的治国理政的思想与方法在充分吸收西方现代防疫科学医疗技术的前提下，完全可以在新时代取得比西方更好的治国理政绩效，也能够产生比

---

① 人民日报海外网，2020年5月4日。

西方体制更好的治国理政新体系、新思维与新方法。国家越富裕，国家治理能力越大，全球治理责任也就越大，而有了我国的积极参与，世界也就更加的和平。经过我们共产党人几代人近百年持续不断的努力，我国的治国理政水平得到质的改变，无论是硬道理发展、和谐科学发展，还是生态发展与全面多元发展，治国理政现代治理体系的不断创新，让我国的现代治理能力得到"蝴蝶般"的蜕变，一举改变一百多年前"东亚病夫"的积弱积贫的挨打局面，人民生活极大的富裕，上升为全球一流大国之列，继续参与并领导全球的可持续发展与地区稳定，让世界更美好。

　　百年一遇的大型灾害危机是最能考验一个国家或地区的治国理政能力的。越是遇到难以预测的危机，往往带来偶发性、随机性和意外感，越是能考验这个国家治国理政体系的抗打击能力。无论是 1998 年暑期我国的特大洪水，还是汶川大地震，我们的子弟兵都冲在第一线，我们的政府领导都站在第一线，全国人民空前团结，纷纷捐助物资，一方有难，八方支援，展现出全球领域中我国独有的治国理政风景线；在抗疫时期，我国最高领导人习总书记不仅亲临浙江甬湖杭地区鼓励一线企业复工复产，还前往陕西秦岭地区激励西部地区脱贫，风餐露宿，舟车劳累，即便是寒冷的阴雨绵绵，总书记也总是走在第一线，展现出一个大国领导人锐意进取与永不懈怠的奉献精神，习总书记知行合一的实践品格举世瞩目，总是被域外国家和民众点赞。正是在最高领袖以身作则的强大执政能力带领下，全国上下拼奉献、促生产、保就业与补短板，我国经济发展水平不断创新高。而正是在改革开放四十年后积累起来的超级经济总量，即便是全球性新型大瘟疫，我们国家展现出前所未有的抗疫精神风貌，中央最高领导们群策群力，集思广益，依靠广大的医疗专家，迎难而上，多次召开专题会议，基层干部和一线医护人员舍小家为大家，熬夜加班加点，甚至不惜"换帅"来创新地方政府抗疫领导力、影响力和公信力，全面摸排查，由此形成全新的武汉抗疫新模式、新绩效与新面貌，不断涌现多个可歌可泣的伟大医生和伟大护士，由此带来了抗疫局面的拐点，大获全胜。武汉抗疫的成功，不仅对新时代治国理政体系带来新的肯定，也有助于快速提高中部地区地方政府的公共卫生医疗体系和医疗水平的全面改善。全国各地的医护英雄们，及时响应党和政府的号召，火速赶到第一线，用自己的身体和艰苦意志保护全国人民的生命安全，牺牲小我成就大我，任劳任怨，可歌可泣，令人感动，令人尊敬。

但在此次全球瘟疫面前，我们也发现一些新短板、新状况，出现新的问题，有些地方政府部门甚至瞒报、漏报与虚报，危机防疫意识缺乏，亟须补救，亟须改善，亟须地方治国理政体系的不断创新。在有些地方，我们的公共卫生防疫设备还很短缺，我们的瘟疫体系汇报系统比较慢甚至失能，不发达地区部分领导对即将到来的全球瘟疫表现出呆板与冷漠，少数人医疗知识极度缺乏且自觉控制力不够，各部门各机构的互动联合机制尚不能第一时间生效，公共信息传播机制还不够透明，民众合法合情的利益表达机制尚不能快速得到整合并形成有效的公共政策，地方政府体系缺乏科学鉴别大型危机的专业性官员，公益性慈善机构物资运送较慢，部分民众在大型危机面前上缺乏理性与科学精神，全社会对生物安全事件的警惕性还有待提高。这些问题的有效解决不仅要我国拥有先进的医疗技术和设备，更需要我们拥有一套完善、多元与跨领域的治国理政体系；不仅需要我们汲取西方科学与管理的智慧和方法，更需要我们立足中国问题在中国传统中寻找人文性智慧和方法；不仅需要我们随时保持警觉的公共之心，也需要我们随时走进现实，走进问题，多调研，多考察，多思考，与群众打成一片，从群众中来，到群众中去，与时俱进，因地制宜，活学活用公共管理长治久安的新思维、新视野与新智慧。

近几十年来，改革开放产生巨大的财富，人们的生活越来越富裕，人民的获得感越来越强烈，伴随改革开放带来的区域化、差异化与信息化而产生新鸿沟，其中的少数人却"掉队"了，不仅是能力跟不上快速的现代化与信息化发展要求，贫富分化也有所加剧，极少数人心态失衡，其中一部分人心里带有"相对剥夺"的仇恨情绪，给我们文明、强大而又繁盛的社会带来一些"小插曲"。无论是"毒奶粉""毒馒头"与"毒跑道"，还是"黑窑"、电信诈骗与校园裸贷，医患关系存在一定的紧张，师生关系体现出一定的冷漠，都给我们社会安全与国家安全带来一些意想不到的震荡性效应。但不足为惧。从行政管理学原理而言，这些都是现代化所带来的"副效应"，是因为某些领域信息不对称而引发的政府失能、市场失能与第三部门失能的表现，是现代化道路上管理机构和制度设计未能及时变革而导致的治理水平相对降低的体现，一句话，就是我们政府管理体系和能力对新兴科学技术快速更新带来治理能力的迟滞，需要我们政府部门补短板，全面跟上全球化、信息化与网络化带来的新技术革命。现代化过程，我们大力推进现代化教育，国家科学技术水平越来越高，却无形给学生带来大量的作业和实验，导致一些同学厌学，家人关系紧张，极少数人甚至选择轻生；我们大力推进市场化医疗，医疗水平快速提高，却无形给患者带来看病的经济压力，极少数人甚至觉得医护人员就是"打工者"，医患关系就是商品买卖关系，医护人员可以随意被自己打骂，医疗市场存在部分的失能；我们大力推进经济发展，全国各地形势一片大好，但某些地方领导为了政绩工程和个人提拔过度扩张财政来刺激经济，老百姓安全与幸福的获得感并不强。上述问题的解决，更需要我们国家群策群力，上下团结，激发社会资本活力，积极主动地找答案，找方法，找资源，找路子，找到效率与效益的平衡线，找到安全与发展的融合点，找到获得感与政绩感的双赢，实现新时代治国理政体系不断优化与能力不断强化，为新时代全新高效护航。

过去的四十多年，我们取得了巨大的成绩。我们治理的地域规模近半个欧洲，相当于治理十多个欧洲国家；我们治理的人口有14亿多，相当于全球人口的五分之一。无论是地域规模还是人口总量，我们国家的治理难度本来就不易，因此在实践中所有的公共决策必须慎之又慎。加上我们改革开放才仅仅四十多年，市场制度还不够完善，国家科学技术水平还不够，再加上遇到突发危机，其治理难度可想而知。但我们不忘初心，全心全意为人民服务，取得了令全球一流国家难以企及的高水平。教育方面，我们为了照顾学生的身体，使他们更好地考出水平，我们不让学生在高温的多雨季节高考，我们提前了高考时间，每年惠及几千万学生。民生方面，为了让国人多享受天伦之乐，我们增设了清明节、端午节、中秋节，改变了14亿人的生活方式。农业方面，为了农民增产增收，我们取消了农业税，一举改变两千多年来政府的收税惯例，这在全世界都是罕见的。仅仅上述三项治国理政的制度创新，都是彻底的惠民、养民与育民的民心工程，就足以让全世界为我们点赞，这是旷古伟业，前无来者。随时听取民众呼声，表达老百姓的公共利益，与时俱进，不断创新，不忘初心，保持开放性、时代性与公共性，这就是我们治国理政的本色与原则。

第一章　盛世新时代美好社会建设的行政管理学方法

新时代，代表着盛世时期经济与社会的全面繁荣，全面盛世不仅意味着国泰民安，也意味着每个人获得感和幸福感的提升。继续夯实全面盛世的美好社会，不仅需要处理古今的传统与理性的和谐关系问题，也要处理理论与实践的契合性问题，由此，继续稳健推进经济和社会发展，真抓实干，脚踏实地，盛世时期将会继续保持，不断夯实、不断实现新的发展与繁荣。

第一节　传统与理性之间动态、和谐与平衡的国家发展

"现代化不仅限于器物和制度的层面，还有观念、习惯、信念和意识等文化层面。在中国的传统中，人与自然的关系是天人合一，遵循一种自然秩序；现代化则主张自然要为人所用，人与人之间是由契约构成彼此关系的"[①]。理性（reason）"是人生而具有的一种能力，一种发现什么是真理的能力，这个能力就是理性……是一种使我们了解真理的本

[①]　石元康：《现代化与中国当前的哲学课题》，2009 年 12 月 21 日上午"浙大东方论坛"，rwsk.zju.edu.cn。

领"①。现代化彰显着理性与现代性的孕育和生长，但成长的过程充满不稳定、冲突甚至政局动荡。"如韦伯所言，现代化就是一个世界被祛魅的过程：人们已经无法从外部世界中得到价值和意义的证明，世界被看成是一个纯粹客观物质的存在"②。现代化就是市场经济和政治发展的理性化。

　　工具理性在经验和习俗的传统中产生，脱离传统的工具理性容易误入歧途，危害社会的发展。正确地处理现代化的难题是将工具理性与价值理性结合起来，而传统则是价值理性的载体。现代化应该重视传统的重要性。工具理性是由于科学技术革命的爆发而缓慢形成的，正是科学技术革命从根本上改变了人类思维模式的角度、深度与广度，从而产生的知识广泛扩散在社会的各个角落，这样科学知识就逐渐获得社会的合法性。随着科学技术的不断革命和经济的迅猛发展，社会民众对合理的科学知识过分迷信，慢慢地产生了以工具取向为主导的理性崇拜。工具理性是通过反对中世纪宗教神学和反对宗教极权统治而逐步获得主导地位的；通过许多有创新的不畏强权的科学家，由他们的辛勤探索和刻苦钻研逐步累积的；通过破除迷信、愚昧和专制思想而获得的。它最初表现为对自然科学领域的各种客观知识的发现；到了后来，它就演变为对生物学等非自然领域的探索与追求，社会进化论成为那个时代的理性；随着商品经济的快速发展，文艺复兴运动的逐步深入，个人自由程度的逐步扩展，工具理性就演变为对社会科学各领域的探索以获得对社会政治、经济、文化等方面发展的特征的了解、预测和变革。其典型运用是政治学者霍布斯，他把生物学的概念和词汇运用在社会政治领域中，把国家视为一个巨大的生物体，以巨著《利维坦》为代表，不仅各门自然科学逐步发展、更新与完善，而且各门

---

① 林毓生：《中国传统的创造性转化》，北京：生活·读书·新知三联书店，1988年，第47页。

② 石元康：《现代化与中国当前的哲学课题》。

社会科学也在建立、完善、发展，而后者越来越显示科学的价值，工具理性逐渐获得了社会的承认。因此，没有对原有传统的科学批判、改革和创造性创新，就不可能产生工具理性。

现代化是理性化，是工具理性化在政治、经济、文化各个领域中的表现。随着社会的发展，整个社会对理性的组织、制度和器物产生一种新的信仰崇拜，工具理性主导社会的发展。早期西方现代化具有明显的反传统的倾向，传统被视为是保守的、停滞的，认为只有将其全部扬弃，社会才能获得进步。以笛卡尔为代表的学者认为工具理性代表进步、发展及光明。人类只要遵循着它的指引，则一切政治、经济、文化中落后的东西都可以被解决。传统和价值理性中存在着很多不利于社会发展的因素，在新的条件下也没有主动进行转换，故而没有符合时代发展的要求。因此，工具理性的兴起，可以说也就是伴随着传统制度与价值理性地位下降的过程，在这一过程中社会发展朝着一条背离传统越走越远的现代化之路。原有的社会传统和价值在新的条件下变得不合时宜。社会形成了一种新的特征：现代性，不仅个人实现理性化，经济组织、行政和法律制度均实现理性化。原来从传统中产生的工具理性，现在脱离传统和价值理性而具有完全独立的倾向，因而社会中出现了工具与价值的断层，出现了由现代化所带来的缺乏传统价值信仰所产生的精神危机，大众变得空虚、寂寞、悲观与无聊。正是由于科学技术与经济的高速发展，高度的专业化分工，过快的工作流程和快餐式的生活方式，造成整个社会对于一种"工具性"对象的满足、获得、占有和使用，财富、权力、地位等物质的东西占据人的心灵以致人是作为一种"物"而存在，人越来越商业化和世俗化。相反，作为体现人的主体性的价值理性却没有体现出来和被发现，在现代化的汹涌浪潮中，人丧失他的本性和最原始的、道德的、审美的终极价值与人文关怀，自杀、精神病、性变态等问题充斥整个社会。正如学者马尔库塞所讲，人成为一种单向度的人，成为一种更为关注物欲与成就的人，缺乏自我生存意义的人。上述的悲剧不由得使我们陷入沉思……实践证明，背离传统的工具理性容易把我们引入一条缺乏信仰的危险之途。我们应该认真探讨理性与传统的关系，应该在传统的创造性转换的基础上挖掘理性的潜力。应该指出，工具理性是一定社会、历史条件下的产物，有一定的局限性，其发生机制离不开传统与价值理性的支持。西方经济发展史已经证明过分背离传统的现代化的局限，我国是一个有着悠久传统的文明古国，是一个传统文化和传统势力很强的国家，因此立足于传统基础上的缓慢改革是符合我国发展的可行性战略。可见，工具理性产生于传统，离开传统支持的工具理性是危险的。

对现代化的理论思考一直以来都有两条思路：一条就是激进的道路，在工具理性纲领之下对制度进行大刀阔斧的全面式改革，完全抛弃传统制度，比如俄罗斯、捷克的休克疗法；另一条就是渐进的道路，在传统的创造性转化的基础上有限的利用理性设计能力缓慢地进行制度改革，我国的经济体制改革符合渐进改革的特征而被西方学者称之为"中国模式"。这两条道路优劣的争论永远不会停息，但就目前来看，赞同渐进道路的学者多于赞同激进道路的学者；而且从经济发展成就来讲，渐进模式优于激进模式。渐进改革的理论预设是什么呢？为什么我国领导者采取一种渐进式改革道路呢？渐进主义的现代化发展战略立足于对传统与现实的困难估计，对社会成员并不要求较高的承受力，适合我国的超大规模与地大物博的现实要求。渐进主义战略是对理性知识的深思，是朝着一种合理目标迈进的稳妥决策的前瞻性思考，是将工具理性与价值理性整合在一起的有限合理性战略。第一，渐进改革考虑到体系结构本身的创造性转化是一项渐进的工程，注意到传统政治结构、经济结构和文化结构的工具理性化不能一蹴而就。体系结构主要包括机构与处于该机构内的角色两大组成部分。现代化的过程是传统的价值性结构适应新的工具性功能的过程，不仅新旧机构和新旧角色的转换不是一个顺利的政治过程，新旧体制的功能的转换也不是顺利的政治过程，更是一个伴随着各种利益团体的参与、沟通、妥协、讨价还价和辩论的动荡的权力转化过程。新的政治结构、经济结构与文化传播结构建立与稳固是一个复杂的、渐进的和长期的过程。第二，现代化被民众接受是一个艰巨的长期工程。民众具有倾向传统的保守立场，不愿意接受新知识、新信息和新任务，尤其是新的工具性的生活方式与行为方式。民众对新目标的理解不仅需要耐心的学习与体会，还需要参与和需要缓慢的认同。政府官员要动员社会资源的社会化过程是缓慢的。第三，现代化是传统的创造性转化过程，这一过程是不断调试的。东亚模式成功的一个明显特征就是儒家文化获得重新解释与运用。由传统资源内部，通过改革与创新产生有效的运行模式。试图建立一个全新的宏伟目标，从理论上说是美好的，从实践上讲是空中楼阁。改革者应该具有大众情怀，建立适合社会发展的理论为民造福。布莱恩·马吉把人比作"茫茫大海上行驶的船只上的海员"，"虽然能逐步改造船的结构，但不能马上改变它"，表达了"逐步社会工程"的渐进性。① 而哈耶克则说对待理性态度，就应像医生对活生生的有机体的态度一样。我们无法替换它，只能是零碎地构建和改进。理性是传统的产物，只能局部地改变传统，永远不可能理解和设计传统。那些试图设计和改造人类未来的人，他们错在对工具理性抱了过高的期望。② 学者石元康说，"一个民族的文化传统并不像一个人所穿的衣服那样可以随时脱掉的。传统不是一件外在于我们的衣服，

---

① 〔英〕布莱恩·马吉：《开放社会之父：波普尔》，南硕译，长沙：湖南人民出版社，1989年，第129页。

② 〔英〕弗雷德里希·奥古斯特·冯·哈耶克：《自由宪章》，杨玉生等译，北京：中国社会科学出版社，1999年，第106页。

而是一组内在于我们心理并且构成我们的自我的观念、价值、世界观等类的东西"。①

因此，在深思熟虑与反复斟酌的思考过程中来理解理性和传统，在社会稳定的政治秩序下稳健地思考我国的政治体制改革和经济体制改革，确保改革是为大多数人的福利服务的。在一个超大规模、传统资源占据很大优势和区域发展很不平衡的后发国家进行的这场改革，需要合理处理工具理性和价值理性的关系，需要汲取原有的巨大的传统资源并进行创造性转换。有鉴于此，在当前我们进行的社会转型过程中，必须牢牢把握传统的政治资源、经济资源与文化资源并充分利用工具理性，避免发达国家现代化过程中所出现的理性崇拜所带来的全球环境问题和价值危机。②

第二节　理想图景与现实经验的发展耦合

一、价值与事实的互动平衡

哲学上的价值是指要通过深入的学习而不是通过直接或间接的日常观察而获得的比较抽象的意义。它具有抽象性、主观性的特征。它更多的探讨"规范""应然"等命题。比如长寿、慈悲、幸福、善、爱人间、友好、福利、舒适、健康、安全、正义、民主、平等之类。而事实指的是存在或曾经存在过的并能够通过直接或间接的观察而获得的比较具体的现实存在。它具有具体性、客观性的特征。它探讨"经验""实

---

① 石元康：《现代化与中国当前的哲学课题》。
② 关于深入全面的启发性研究，参见汪丁丁：《永远的徘徊》，成都：四川文艺出版社，1996 年。

然""是"等命题。比如农业社会、地域、语言、物质财富、贫穷、饥饿、人口多、教育水平低、私人企业、宪法、民法、社会组织、宗教派系、政党数量之类。一般来说，基于价值概念而引发的判断是价值判断。它的陈述为"规范"命题、"应然"命题，所针对的问题是"我应该做什么？""我要做的正确的事情是什么？""我该不该这样做？""我应该没有伤害到别人吧？"等。① 基于事实的概念而引发的判断是事实判断。它的陈述为经验命题、实然命题，其问题指向为"我能够做什么？""我要做哪些选择？""如果这样做，会有什么后果？"之类。② 所以，一般来讲价值判断与事实判断的区分可以说是应然命题与实然命题的不同，或者说是规范命题与经验命题的不同。前者是一种描述性判断，后者是评价性判断，如果具体细分评价性判断的话，它又可以包含"意义"与"规范"的两个层面。③ 二者的区别不在于逻辑上的推论与被推论的关系，而在于事实上的证伪与被证伪的关系，希望从可操作的角度来解决上述分歧。④ 但是，实际上是二者有时会融合在同一个命题中，从而增加区分的难度，使社会科学研究变得复杂起来。比如"政府应该支持建立大学生学费与生活费贷款制度，以确保贫困学生不因经济原因而辍学"这个命题，其价值判断成分包含两个小命题：（一）确保贫困学生入学是一个好目标（"意义"命题）；（二）政府应该支持这样的目标（"规范"命题）；其事实判断成分是"建立学费与生活费贷款制度"。这是一个既包含价值判断成分又包含事实判断

---

① 〔美〕罗伯特·达尔：《论民主》，李柏光、林猛译，北京：商务印书馆，1999 年，第 31 页。
② 〔美〕罗伯特·达尔：《论民主》，李柏光、林猛译，北京：商务印书馆，1999 年，第 32 页。
③ 杨俊一：《实践哲学论》，沈阳：辽宁人民出版社，1997 年，第 92—96 页。
④ 吕亚力：《政治学方法论》，台北：台湾三民书局，1979 年，第 74—78 页。

成分的综合命题，而在价值判断中既包含意义层面又包含规范层面的双重综合命题。因此，在学术研究中区分哪些是价值判断与哪些是事实判断就很有必要。从学理上说，社会科学的知识可以从基于价值判断与事实判断的不同来进行划分。基于价值判断的知识可以称为理性知识，而基于事实判断的知识则称为经验知识。在哲学家的分析领域中就演变为理性主义与经验主义两大派别对哲学知识进行不同的研究，并得出了迥然不同的对知识起源的看法、学术研究方法和对传统的不同态度。

　　哲学回答的是关于知识的本质、道德命令的权威等问题①，说明了哲学的主要任务之一是建立关于知识的理论（包括起源、途径、对象、主体、方法、真理观等小范畴），知识问题成为哲学研究的重要话题。正如上文所讲，基于价值判断引发理性知识，基于事实判断引发经验知识，前者是理性主义者的观点，后者是经验主义者的观点。理性主义者主张人类理性思想凭其本身就可建立关于实存世界的真理的观点，而经验主义者主张仅凭经验思想就可建立关于实存世界的真理的观点。②这两大派别论争的鼎盛时期在十六到十八世纪，表现为英国与欧洲大陆两大区域的论争，至今余波未息，并有影响将来哲学发展命运的趋势，所以深刻分析二者的理论并探讨其争论的原因就成为理清学术研究方向、脉络的关键。③美国哲学家威廉·詹姆士指出二者的区别就在于：理性主义者是依原则而行的、信仰抽象和永久的原则的人；而经验主义者依经验

---

① A.R.M.Murry：《政治哲学引论》，王兆荃、廖中和译，台北：台湾幼狮文化，1984年第2版，第1页。
② A.R.M.Murry：《政治哲学引论》，王兆荃、廖中和译，台北：台湾幼狮文化，1984年第2版，第6页。
③ 陈修斋主编：《欧洲哲学史的经验主义和理性主义》，北京：人民出版社，1986年，序言。

而行，是信奉各种各样的原始事实的人。① 信奉价值判断还是信奉事实判断就成为区分理性主义者与经验主义者的主要判断指标。所以说，哲学上的两大派别之争在于知识的最本原究竟是价值还是事实。在哲学学科研究上，理性往往成为价值的同义语，传统往往成为事实的同义语。因此，从这个意义可以说，理性主义者侧重高扬理性以理解和解决问题，他们崇尚理性和科学的知识，相信具有普遍的、根本的、必然性质的知识才对社会的进步与发展起关键性作用，因而是最重要的。研究方法上，理性主义者主张演绎法，强调逻辑科学，讲究从理论到理论的严密的推理、分析、论证，力求发现客观的科学规律，达到对社会的全面的预测与掌握；相反，经验主义者注重现实世界的经验积累、惯例、习俗和传统来理解和解决问题，他们注重现实生活的经验、体验，认为知识源于对真实存在世界的感觉、体会、观察、实验、试错，是有限的、局部的、历史阶段性的。他们不相信人类的理性分析能力，不相信人类的计算能力和逻辑思维能力，认为人类并不能获得完全意义上的正确知识，只能获得或然性知识。他们认为，知识的发展，是一种信息增量慢慢累积，长期、渐进发展过程，它的完善程度跟人类的认识条件改善有关。研究方法上，重视归纳法，讲究从现实到理论的研究途径，用台湾学者林毓生的话来讲就是讲究比慢的精神，通过长期不懈的知识积累获得真正的知识，来实现理论的突破。

正是由于哲学上对价值与事实的研究及其二维分野，给政治学人与经济学人极大的理论启发，并在各自的政治学与经济学领域中建立了相似的理论。在政治学者的分析领域中就演变为理想主义与现实主义两大派别对政府行为、政治制度进行不同的研究，并得出在公民权利观、政

---

① 〔美〕威廉·詹姆士：《实用主义》，陈羽伦等译，北京：商务印书馆，1983 年，第8—10 页。

府与经济的关系、政府与文化的关系、政府与社会的关系及其对政治体制改革速度、途径等方面矛盾的结论；在经济学的分析领域中就演变为激进主义与渐进主义两大派别对经济体制、经济运行速度进行不同的研究，并得出了迥然不同的所有制的体制、传统资源与经济改革的关系和对操作进程的快慢不同理解。理想主义与现实主义是一种相对的划分、定义和比较，具有多层次、多视阈和多维度的特点。比如，一般学者认为，在存在着计划经济体制和市场经济体制的时代背景中，资本主义政治治理是一种现实主义；而社会主义政治治理是一种理想主义。在市场经济、全球化和网络时代的当代社会，权威主义政治治理是一种现实主义；而民主和法律政治治理是一种理想主义。在实现民主化的过程中，从上而下的政党和国家精英民主化的一体化选举模式是理想主义，从下而上的乡村民主到国家民主的选举模式是现实主义；党内民主是现实主义，宪政民主是理想主义。同样的一个主题，可能被某些学者看成理想主义，被另外一些学者看成现实主义。那么，如何判断何者是理想主义？何者是现实主义？理想主义和现实主义的划分取决于其目标是否真正实现，是否被良好地执行与贯彻。一般而言，可以良好实现的国家治理的理论是现实主义，而没有实现的国家治理理论是理想主义。激进主义与渐进主义，也可以作同样的思考和分析。

二、理想主义与现实主义的平衡

政治学意义上的价值与事实的概念对哲学意义上二者的概念作了相应的拓展。政治学意义上的价值是指政治领域内美好事物或美好事物的概念，或者是指值得希望追求的事物或值得希望追求事物的概念①，表达出

---

① 〔美〕杰克·普拉诺：《政治学分析辞典》，胡杰译，北京：中国社会科学出版社，1986 年，第 187 页。

民众应该做什么、能做什么或想做什么，而不是正在做什么，表达出民众对美好政治生活的向往与追求，属于应然判断的规范层面。在政治学中，价值主要是自由、民主、平等、正义、仁爱、大众的福利和社会安全等。这些价值往往成为判断政治行为合理与否、正义是否存在的标准与规范。而政治学中的事实主要是指政治体制传统、道德传统、法律传统、政治文化传统以及制约当前政治发展的政治现实。不发达的政治现实包括不适合美好政治价值的当前政治机构、政治人员、政治功能与政治文化等等。正是基于政治学意义上的价值与事实的不同态度，形成两大不同的派别。哲学意义上的理性主义与经验主义在政治学上的极端表现是理想主义和现实主义，主要表现为制度设计上的完全背道而驰和政治理想上构思的迥异。政治体制的设计以追求政治价值为主要目标的学派是理想主义，完美主义与浪漫情怀为其行为原则；而以维护政治现状为主要目标的学派是现实主义，谨慎、试错与渐进主义为其行为原则。①

现代意义上的理想主义者以政治上的全能主义、经济上的产权社会所有制与一元文化为根本特征。政治上，信奉政治平等的价值理念，相信知识就是美德，谁拥有的知识越多，谁的品德也就越高尚，谁也就更有资格领导人民。每个公民的政治身份都是平等的，其不同之处只是在于职位分工的不同。一批有着较高的道德修养和素质的高水平的社会精英担任政治领导者的角色，通过制定法律与法规来构建政治制度和法律制度。在这样的国家中，政治领导人物起模范、带头与表率作用，公民应以一种自觉的风格完成上级领导层的政策、任务、规划与方案。经济上，实行产权社会所有制。公众由于知识的缺乏应将社会资源转交给富有知识的领导人物，所以公众不拥有关键性的经济资源，政治精英人物

---

① 秦德君：《政治设计研究》，上海：上海社会科学院出版社，2000 年，序言、导论、第一章、第四章、第 393—398 页。

掌握、使用、协调和管理主要的经济资源。经济发展通过政府制订纲领、规划、目标的方式由下层人员按部就班量化式完成，实行集中统一的管理制度。分配制度上实行按劳分配。社会与文化上，崇尚自然、节俭、纯朴和艰苦奋斗的作风，强调集体观念、劳动美德与奉献的精神，追求一种完美至上的生活方式，突出远大政治目标、伟大政治理想的巨大能动作用，以达到完全释放个人工作能量与激情的目的，高效、快速地实现政治发展的理想蓝图。重视对公民的教育与指导，轻视法律制度的规范与制约功能，希望形成一种通过相互讨论与协商的方式决策的政治体制、经济体制。为了实现这样一个完美的政治社会蓝图，社会精英往往采用与传统的政治制度、经济制度、文化模式相决裂、背离、抛弃甚至划清界限的方式与途径，而暴力革命的途径也就成为蓝图实现的一个前提条件之一；整个社会建立之后，全体社会公民的政治文化素养得到极大的提高，从而成为满足社会需要的新人，经过新体制培训的新人全力以赴地实现社会交办的政治计划、方案和决策。而现代意义上的现实主义者以多头政制、交换经济与开放文化为主要特征。政治上，不刻意追求政治体制的完美性，信奉有限政府、法治治国。政治决策的产生与实施严格按照法律程序，宪法至上并享有较大稳定性。政治精英通过公开差额的竞争性选举产生，竭力杜绝领导人物选拔的人治性。政府行为被严格限制在宪法和法律的制度框架之内，功能有限，公民有较大主动性并关注个人权利的实现，从而形成一个开放、流动和复杂的社会机制。经济上实行分立的产权制度，认为分立的产权制度安排是较合理与有效的。市场不是政府是资源配置的主体与场所。经济方案以解决目前遇到的现实问题为主，社会精英不刻意追求完美社会的理想蓝图，反而竭尽全力去消除现有体制框架的缺点、弊端。整个经济是一种自发的自我扩张的开放式秩序，信用制度与银行体系比较普遍，重视经济组织与个人之间的自由与自愿的交换、合作和协调。文化与社会上，不刻意追求一种单一的生活模式，自由与多元的文化生活方式、大量的公共领域（新闻机构、出版社、沙龙等）存在，工作、休息与娱乐兼蓄，注重创新、交流、开放和体验。

据此可知，理性主义者相信政治价值，相信政治理性的绝对正确性与人性向善的完全可能，认为人类将来会有美好的政治社会，人类理性依据此价值能够设计完美的政治制度蓝图，在实现政治价值的过程中往往采用激进的革命式暴力手段，试图以狂风暴雨式速度急速完成体制的整体性改变，新人政治、新的文化和新的管理方式成为一种政治统治的管理方法；而现实主义者不相信人会在实际政治行为中行善，而相信政治现实与传统，相信开放的政治传统、经济传统、文化传统，注重政治设计的可行性与操作性，相信制度发展有其自我演变的特征，类似于一种自发的合作扩展秩序，不可能一蹴而就地重新建构一个全新的、完美的制度，即使是改进，也只能是建立在传统的创造性转换基础之上的，背离政治传统的完美乌托邦式的政治设计是不可能实现的。简而言之，理想主义政治设计为了完美蓝图的实现，要求对政治传统进行全盘的整体性改造，建立一个全新的政治体系；而现实主义者坚决反对改革者对传统的彻底性改造，认为政治发展应该是立足于现实的、沿着一条渐进发展的道路前进的。"理想主义的政治设计是乌托邦的、反传统的，相信理性构思未来；而现实主义的政治设计是渐进的，重视传统改进现实"[1]。当某种理想主义的治国梦想随着历史的、人为的和经济条件的约束退出历史的舞台和人们的视野后，新的理想主义的治国梦想被新的学者所重新设计。从这个意义上而言，理想主义与现实主义的国家治理理

---

[1] 秦德君：《政治设计研究》，上海：上海社会科学院出版社，2000 年，第 8—15 页。

论的争论将永远存在下去。对伟大社会的设计也会永远持续下去。而政策分析人员所要做的就是将好的知识用于社会各种问题。

三、激进改革与渐进改革

激进与渐进改革流派是基于同意市场经济基本原则而引发的快速与缓慢的思想冲突。经济学意义上的价值主要是指经济平等、社会正义、发展效率、共同富裕、生活舒服，当前主要的表现为对自由开放的市场经济体制和完全自由的金融体系的追求，并不是与价格相对的产品的价值；经济学的事实指的则是制约经济发展的民众贫困、教育水平的低下、信息的不充分、知识的有限性、民众对改革的承受能力、体制的转化能力等等。政策选择的不同，基于研究方法论的不同。哲学上的理性主义与经验主义思路也引发了在经济体制改革上激进决策与渐进决策的分野，美国政治经济学家林德布洛姆（C. Lindblom）称之为"纲要式"决策与"战略式"决策的分野，林毅夫教授称之为"休克式"改革战略与渐进式改革战略的不同。虽然学者的称谓各不相同，但是其划分的标准却是相似的。"纲要式"决策与"休克式"改革战略同属激进主义，而"战略式"决策和渐进式改革战略同属渐进主义。价值目标与现实状况在决策中所起的地位、作用成为衡量激进主义与渐进主义的主要标准，重视完美目标的市场价值导致激进主义的路径选择，而立足于现实体制的逐步改善导致渐进主义的路径选择。俄罗斯的激进主义改革与我国的渐进改革就是价值与事实二维分野在经济学上的典型运用。①

激进决策主要观点：在理论预设方面，知识就是力量，通过科学知识精心设计，建构的理论、目标、规划、纲领与政策是正确的，可以实

---

① 张军：《过渡经济学》，《社会科学战线》1998 年第 5 期，第 13—26 页。

现的，会对经济发展起指导作用。社会精英被设想为完全掌握信息、富有知识并能够制定正确的政策的人。在实际运作方面，社会精英通过精心制定一套涵盖政治、经济、文化诸领域的改革方案来进行全面改革，社会成员只需按照大纲步骤完成就行了，通过任务的层层贯彻、分摊到人，改革者希望快速地转变局面。正如俄罗斯推行"休克疗法"，在价格、贸易、平衡预算等方面实行全面私有化，并推动全面式公开选举，实施政治民主化。① 这种模式要求社会成员有较高的承受能力与改革成本，要求社会经历现代化快速的阵痛，要求政府当局具有较高调控能力。这种模式认为，为了快速实现完美的经济纲领、体制、制度这样一个终极价值目标，可以暂时不考虑社会的经济条件、现实社会民众的代价和改革带来的社会动荡与不稳定，价值目标的重要性完全掩盖了现实事实的状况。而渐进主义则主张，人由于受制于所处的时代与生存环境，知识、理论和纲领都是不完整的、分散的、局部适用的、有缺陷的，故而也是很难实现的。相反，在传统法律、宗教、道德等资源的指导下，以问题为导向的方案比较合理，容易实现。正如缪瑞尔所说，社会改革好像登山者攀着石头爬山，每个登山者面对的是处于浓雾笼罩之中的山峦，每个人的信息只是限于他们所受的教育和已走过的山路。在此情况下，一个安全稳妥而且也是最恰当的策略是：小心翼翼。每行走一段距离便要对原有的山的信息存量进行一次修正，而那种跳跃式前进很可能导致命丧谷底。② 渐进改革的优势在于改革是一种能够保障现有体制中大多数人的经济利益的代价较少、比较稳妥的可行方案，相反激进改革很容易因为其过激性而失败。其次，在操作步骤上，渐进改革以稳定社会、创造一个平稳秩序为目标，针对需要解决的问题，利用公众的参与、讨

---

① 张军：《过渡经济学》，《社会科学战线》1998 年第 5 期，第 13—26 页。
② 张军：《过渡经济学》，《社会科学战线》1998 年第 5 期，第 13—26 页。

论、创新，制订出一个满意的方案，温和缓慢地、渐进地推进改革，"试错式"地解决问题与冲突。中国改革因具有明显的渐进性而获得国际社会的好评，逐步开放经济特区、价格双轨制的逐步改革，经济体制改革引导政治体制改革与公务员制度的缓慢改革都是在照顾社会各方面利益的缓慢改革。正如经济学家认为，我国渐进改革是"代价较少""摩擦成本较少""通过做大蛋糕、不触动利益阶层的'帕累托'改善"的合理化改革。① 这种模式以追求稳定为特征，改革的成本—收益函数较优，既能要求社会成员长久与耐心等待，又能满足社会成员暂时的要求，是在充分考虑现状基础之上稳妥的改革方案。

激进主义过分突出和强调完全开放市场的的重要性，在时间上和空间上一步到位，完全与充分的经济自由化，同时要求政治对经济完全让步，政府全面支持经济自由化改革，实际上是一种原教旨主义。渐进主义则充分考虑政治吸纳能力，强调政治的互动，考虑政治精英的利益。如果说激进主义突出和强调科学性的话，那么，渐进主义则充分考虑政治性和科学性互动。经济学激进主义为了实现这样一个崇高的目标，改革者可以暂时不考虑现实社会民众的承受能力，应尽快、彻底、全面地进行经济体制改革，建立一个完美的经济体制，由此实现经济的全面发展。而渐进主义却与此相反，他们认为快速全面地建立一个全新的经济体制不仅是很难的，而且即便建立起来也是很难维持下去的；经济改革应该是一条渐进发展、自我演进的长期过程，其目标是在立足于现实的基础上发现现有体制中的不足与问题，并想尽办法来解决它们；改革只能是局部的改进，在兼顾民众利益基础之上缓慢改进，问题不是要不要完美的目标，而是怎样选择稳妥、可靠策略的问题。激进主义与渐进主

① 盛洪编：《中国的过渡经济学》，上海：上海三联书店，1996 年，第 134—161 页、第 181—208 页。

义的分歧为建构主义与演进主义的分歧①，就像是应该"建一座漂亮的房子"还是应该"慢慢装饰与修补老房子"？激进主义者为了心中的美好目标，希望重新建造一座宏伟的宫殿，即使耗尽财力或者引发社会动荡也在所不惜，尽力实现理性的价值；而渐进主义者为了不引起社会的动荡，在立足于老房子基础上不断地修补，逐渐获得生活的改进。

四、利、义之间

中国儒学的分野说到底其实是道德和事功的纷争，也就是对价值与事实的看法不同。"内圣"派过分看重道德价值，违背道德的经济发展政策是不允许的；"外王"派则轻视那些不懂经济富强重要性的所谓"君子"。"内圣"学派强调修养个体道德（价值），由己推人，推己及人，推广到社会大众，人人皆可为圣人，注重教育导化，天下大治。这一学派突出道德价值的示范作用，探索提高道德修养的方法和心性工夫门径，反对外王家的功利学说。②"外王"学派推动社会政治革新，强调政治规定的改革，突出经济和财政条例的革新，注重政府实际财政能力和军事的增强，注重法律的调控功能，这一学派探索于礼论和王霸之术，注重实在功用，不喜空谈道德和说教。孟子和荀子分别侧重其外王学说的拓

---

① 对两种决策的比较研究可参见〔美〕查尔斯·林德布洛姆：《政治与市场》，上海：上海三联书店与上海人民出版社联合出版，1996年，第19节与23节；深入的研究，参见胡伟：《政府过程》，杭州：浙江人民出版社，1999年，序言与第385页。林德布洛姆对渐进主义合理性做了独到而又深入的分析，参见C.Lindblom："The Science of Muddling Through"，*Public Administration Review*，19（1959），pp.78—88；C.Lindblom："Still Muddling，Not Yet Through"，*Public Administration Review*，Vol.40.No.6，1979，pp.517—526。张世贤：《林布隆"渐进调试"的科学之研究》，《行政学报》1982年第14期，第37—59页。

② 王安石变法失败在中国历代改革中具有代表性，本节以其为例，以便看出中国传统文化过于重视道德性的时代困境，参见李觏：《李觏集》，北京：中华书局，1981年。

展和运用，前者基于性善论的王道和仁义之政，后者基于性恶论的霸政理论。

宋朝开明的政治传统，饱受外族的骚扰，以及内部财政的严重不足，引发儒家事功外王学说的创新与实际改革。学理代表为李觏，实践代表为欧阳修、范仲淹和王安石。针对现实的具体问题，重王霸义利之术，进行大刀阔斧的革新。政治方面，强调考绩制的重要，改革现有的只强调文学和道德品质的科举制度，代之以专门的培训未来官员的学校，并付之以长期的实践能力的考评。李觏看出科举制的致命缺陷，建立了一套功利主义和人事主义的人才选拔制度。① 王安石运动失败的原因主要是当时保守的道德主义阻挠的结果，以司马光、太后保守集团为主。很多官员反对过于全面与激进的大规模改革，反对弱化伦理道德价值等不能容忍的做法，如苏轼对技术性教育改革的指责，司马光对给予农民贷款等财政政策的批评。当时社会民俗观念比较保守，重农抑商政策仍然是经济发展的根本原则，所以在浙江鄞县等小地方能行之有效的经济发展政策在全国范围内不一定能获得运用。占有压倒性的思想是道德主义价值至上。改革的失败引发另外一条道路，即越来越陷入道德主义的个人涵养 ②，如明代儒学走入空谈心性的心学，清朝学术走向考据学。③

政治和经济改革巨大分歧背后的知识分野是价值判断与事实判断的冲突 ④，前者演变为理想主义、激进主义，后者演变为现实主义、渐进主义。就经济学的激进主义和渐进主义而言，他们或许都认为自由与开放的市场经济体制这一宏观价值的重要性。改革目标趋于将政策上升到专

---

① 余英时：《中国近世宗教伦理与商人精神》，合肥：安徽教育出版社，2001 年，新儒家篇。

② 谢善元：《李觏之生平与思想》，北京：中华书局，1986 年。

③ 外部民族的入侵、渗透、骚扰和刺激导致变革的产生。

④ 汪丁丁：《永远的徘徊》，成都：四川文艺出版社，1996 年，第 1—7 页。

业化、组织化与制度化水平，势必冲击当前的官僚制体系和人才选拔制度并遭到既得利益集团的顽强反对。在政治精英的选择标准和约束条件不做明显改变，在没有真才实学的政策分析家和实干家的情况下，任何带有超前性的改革都会由于缺乏支持者、后继者而丧失其原动力的。成功的改革往往建立在周全的谋划和审慎的运作之上，同时运用民主的程序和原则，充分发挥改革成员的智慧，调试和渐进的推进改革的发展。[①]改革内部存在着利益冲突、政策冲突和人际关系冲突。无论是地域性党争，还是政策分歧而引发的党争，都使得政治资源不能凝聚和整合。成功的改革者总是在兼顾大多数人和少数人的要求的基础上推动着改革前进，通过民主政治的手段双赢解决矛盾。较好的、和平的协调政治冲突的制度是民主协商的机制。即便是开明的皇权朝代，也不能成功地、和平地调节政治冲突，失势者总是会卷土重来，使得改革不断出现戏剧化和反复场面。林德布洛姆（C.Lindblom）认为良好的公共政策是兼具科学性与政治性，利用现代科学技术分析和民主政治程序，实现良性互动。[②]实现中国公共政策决策体制和政策制定体制的科学化和民主化，需要宽阔的胸怀和远大视野，这样才能把我们的社会建设得更加美好、和谐。[③]公共政策制定过程中高扬价值判断可能会造成政策的难以实现，即便是实现也有可能给社会和国家造成一定的破坏；同样，过于重视现实与世俗的物质考量，会导致社会风气的庸俗化。通过分析公共政策制定的结构和功能，折中价值判断与事实判断，运用历史学、知识社会学、政治学、经济学多元分析方法，可以打开中国公共政策分析的新视野。

---

① 波普尔认为改革是逐步社会工程，而哈耶克则认为传统不可破坏。

② 龙太江：《妥协理性与社会和谐》，《东南学术》2005 年第 2 期。

③ 我们需要借鉴传统进行现代化的创造性转化，需要同情的了解、对等式态度与细心和比慢的精神，尤其是"吹尽狂沙始到金""板凳需坐十年冷"。

第三节　稳健与渐进性试错夯实盛世的实践与理论

当代中国现代化表现为在中国共产党的稳健领导与马克思主义思想理论武器指引下市场经济体制的成长、民主法治机制的健全与传统优秀文化的复兴。40 年来，经济、政治与文化体制呈现出有序发展和不断调试的渐进主义特征，是与俄国的休克式激进改革完全不同的两条道路。当代中国现代化改革的渐进主义取向即实现国富民强、秩序稳定与社会和谐又最大程度减少改革的阻力、障碍和动荡，较短时间内实现和谐社会的科学发展。基于改革主体、过程和目标的渐进稳妥设计，是当代中国现代化取得快速成功的因素。

一、国家发展过程的渐进性考察

从一九七八年以来的改革开放政策采取一种政党领导社会式的权威主义发展模式，以快速的经济发展改善人民的生活、赢得人民的支持和取得其政权的合法性。经济体制改革的主要目的在于实现经济领域和政治领域的分离，按照自身交换体系自我运作和自我扩展，促进经济的自主性发展。当时的经济改革包含两个层面：即速度上的渐进改革（gradual reform）与数量上的渐进改革（incremental reform）。[①] 前者是指部分的、缓慢的（分步走）改革，后者是指在旧体制改革遭遇较大阻力的先在其周围发展起新的经济成分（如市场定价制度、各种形式的非国有制经济），随着这部分经济成分的发展和壮大、结构的完善和体制环境

---

① 黄德北：《渐进主义政治变迁的持续：中共十五届五中全会后政治的变化》，www.dsis.org.tw。

的不断完善，逐步替换原有体制中的不能满足经济发展要求的部分。从最开始的完全的计划经济到有计划的商品经济，再到计划经济为主、市场体制为辅的发展策略；再从计划与市场互相促进到以市场为主计划为辅，最后完成社会主义市场经济体制的全面建立，在这个过程中，我们党的发展策略是缓慢提出并付诸实施的，而且发展战略是一个与时俱进、不断调试和纠错的过程。在邓小平的领导下，经济体制改革成功地摆脱政府权威的控制，市场体系开始发育，成为一个自我演进的发展体系；在江泽民的继续带领下，市场体系发育比较成熟，社会主义市场经济体制得到完全的确立。经济改革的实际过程是一个渐进的、试点的和缓慢推进的过程，不仅表现为不同行业体制改革间的缓慢过渡性，主要是时间上和改革深度上的渐进性；还表现为单个行业内不同规章、规定和法令改革的渐进性。在事实上，经济改革是最先从农业部门，逐渐波及到工业、商业，再波及银行业、电信部门等，起步时间有先后，改革的重点也有先后次序。以农业体制改革，家庭联产承包责任制代替集体耕作制改革本身用了 5 年时间，其推进的过程是缓慢的，承包年限的慢慢延长也是微调试推进的，从刚开始的 1—3 年到 15 年（1984），再到 30 年（1993），实际上标志着农业经营权体制改革的完成。[①]

政治改革的主要目标是在政治稳定的条件下实现政府行为的高效化、政治运作程序的民主化和法治化，稳定、效率、民主和法治成为政治改革的四大价值取向。而要实现这么多重要的价值对于一个转型的并带有浓厚传统习俗的巨型政府而言并非易事。从经济改革到政治改革是一个后发国家转型遇到的必然过程，是"示范效应"在发展中国家的反映。转型社会不仅要解决遇到的经济困难，还要解决西方国家民主政治对民

---

① 学者徐湘林对我国政治发展作了深入分析，参见徐湘林，《"摸着石头过河"与政治改革的政策选择》，原载《天津社会科学》，转载 edu.beida-online.com。

众的诱惑问题，这更加剧后发国家改革的难度。经济的发展要求政治体制作出适应性改革。但是，社会的发展是一项宏大的社会工程，要求满足各个方面协调发展，也就是说经济改革与政治改革是不可能同时进行的。政治改革在我国要滞后于经济改革，这不仅是党的政治精英慎思努力的结果，也是当时政治、文化和国际气候影响的产物，更是一个超大型社会的必然选择，这也反映了我国渐进改革相对于其他小型与同质性国家而言，任务更加艰巨，所需时间更长。在社会经济发展到一定的条件的基础上，在经济发展提供充裕的财源和社会拥有巨大剩余的条件下，在政治精英和社会普通民众心理机制都能承受的前提下，在确保政治稳定的大局下，政治改革才有实现和成功转换的可能性。因此，在理解我国的渐进改革的过程中，我们就会发现这样的事实：我们的渐进改革是在党和国家主导下，经济改革优先于政治改革，政治改革服务于经济改革。政治改革是根据经济发展的程度和经济改革的进展而选择改革的力度、时机和内容的。也就是说，"政治发展遵循于经济发展的模式，政治发展成为经济发展的副产品"①，现实中的改革是一种以经济改革所带来的巨大成就掩盖政治改革不足的方式进行的。问题既然存在，那么，采用什么样的途径才能实现二者的互动呢？从经济改革到政治改革就要有一个连接的纽带。而这个纽带就是作为政治体制改革与经济体制改革结合部的行政体制改革。现实证明，政治体制改革恰恰就是从行政管理体制改革入手的。

从渐进的行政管理体制到政治体制改革的政治发展历程。我国40年来的政治改革大致可以分为行政体制改革和政治体制改革两个方面。政治改革的过程是由行政体制改革向政治体制改革缓慢式迈进。到目前为

---

① 胡伟：《经济转型中的政府整合：政治体制改革的维度》，《社会科学战线》1996年第2期。

止，行政管理体制获得巨大的成功，从政治领域中分离出来，在党的领导下实现权力和治理的独立性，建立一批高度专业化和制度化的文官队伍。政治改革也取得较大的成就，法治化建设初具规模，民主文化开始深入民心。其一，行政体制改革的根本取向为政府效率的提高，表现为党政分开、政企分开、干部制度的改革和四次政府机构的改革，实现行政管理体系结构与功能的科学化、合理化与专业化。党政分开是指党和政府部门之间进行必要的职能划分，减少和排除党内的非技术官僚，防止党的保守的意识形态对经济建设和改革产生影响。政企分开是解决政府职能部门对企业经营的过多干预，使企业成为自主经营、自负盈亏和自我发展的经济组织，促进经济发展。干部制度的改革是改变过去党的以阶级身份取向的用人制度，实行以经济建设为中心的党与政府精英的转变。80 年代进行的干部四个现代化建设和 90 年代推行公务员制度的改革，在公务员制度上建立了以绩效为基础、以年轻化和专业化等能力取向的人事选拔制度和离退休制度，满足新时期政治发展的要求。政府机构改革旨在精简机构提高效率，配合经济体制的转型，减少计划经济体制下设立的经济职能部门，转变政府职能，理顺职责和目标。其二，政治体制改革主要包括民主化和法治化建设。这一改革在 70 年代末 80 年代初开始，民主改革主要是在现有的政治体制的框架中进行渐进改革，使现行的政治体制在社会经济的快速变化中能够增强其体制的适应性。由于这方面的改革对国内和国外政治因素的影响十分的敏感，其进程时断时续，领导体制的逐步改进和制度化、人民代表大会制度和选举制度的改进，以及政治参与渠道的逐步拓宽等民主性体制和制度逐渐完善。同时立法工作取得重大进展，司法体系日趋健全；法律的实施体系日趋完善，党的十五大提出："依法治国"的治国纲领，据统计，到 1998 年底，全国有 26 个省、自治区和直辖市，80% 的地级市，70%的县（市、区）和60%的基层单位正式做出了依法行政和依法治理的决定和决议，并成立了相应的机构。①通过40多年的政治改革，中国的政治体制（包括行政体制）在制度化、民主化和法治化等方面都取得了一定的成就。正如台湾学者黄德北认为，采取这样的改革模式，在政治上取得许多惊人变化："政治制度化的建立、专家政治的形成、宪政主义的逐步发展。"②经过40多年的经济改革和政治改革，中国已经摆脱政治与经济一体化、政治行政一体化和行政集权主导的治理模式，形成一个初步的"政治民主化、行政集权化与政治—经济二元分化"三位一体式的经济与政治格局。③不仅市场机制能够建立和运行，行政决策日趋科学化、民主化与高效化，而且法治化建设表现在政府行为中，事实证明中国共产党领导的自上而下的系列改革是有效的。

但是，需要通过政治发展逐步减少束缚经济发展的制约性因素。如尽量减少现实中的经济不平等现象，包括继续加大贫困地区教育扶贫的力度、给予城市和农村无法生活下去的贫困民众合理的经济帮助，消除贫困民众的不平衡和仇恨情绪，实现动态的社会稳定。其贯彻的原则在于对最贫困的地方、领域给予最多的帮助以体现政府和社会正义。逐步、有间断和有步骤废除死刑以重建生命完整权，废除死刑从学理上说有很大的合理性，也符合中国逐渐履行世界人权公约和建设政治文明的

---

① 对经济发展的内在逻辑，经济学家做了艰苦的理论和实证的研究，有林毅夫、汪丁丁、盛洪、樊纲、张军、茅于轼、张宇燕等，代表性著作与论文有盛洪主编的《中国的过渡经济学》、张军的论文《过渡经济学：我们知道什么？》、汪丁丁的《永远的徘徊》等。

② 黄德北：《渐进主义政治变迁的持续：中共十五届五中全会后政治的变化》，www.dsis.org.tw。

③ 胡伟：《经济转型中的政府整合：政治体制改革的维度》，《社会科学战线》，1996年第2期。

要求，也可以避免类似传统社会政治冲突残酷性所带来政治精英损失的悲剧。[1] 政府重建一些完全公立性的大学以体现政府对困难学生的关怀和学术研究的支持。据学术研究分析，大学收费政策将导致 11% 的大学生因经济困难而辍学。由于中国实行类似美国的大学收费政策，但是在政策引进的过程中似乎过于高估贫困学生的经济承受能力。中国的大部分民众仍然是农民，与美国收费的价值取向的群众基础根本不一样，按比例收费的政策取向运用在中国应该充分分析民众特别是农民的承受能力。随着大学生失业人数的逐年增加和经济发展的不确定性，社会的不稳定因子可能爆发，这是需要引起政府精英的高度警惕。一个可行的办法是充分研究什么样程度的收费基数是切合现实的，同时减慢甚至停止收费逐年增加的政策，缓慢地调试。现在的问题在于收费政策在现实的运作中被执行过快、范围过大，容易使政策扭曲甚至失去其理论的高度认同度，容易加大民众对政府的不满情绪。高度发达的文明社会有高度和谐的生活秩序，提高政府权威公信力。社团的利益表达和整合功能应该得到展现，依法治国实现中观领域的彻底民主化，使民情能够传达和释放，使之成为联系政府和民众的桥梁，以避免类似台湾自力救济式民粹主义悲剧。中国政治发展的实质性突破仍然在于政治体制上的制度化创新，解决几千年来中国政治的固有弊病和长久缺陷。有学者指出，近几年的危机事件已暴露出中国政治的宏观层面出现重大问题。时不我待，建设有中国特色的政治文明是未来几十年政治精英、文化精英和经济精英的使命。无疑，探索一条适合中国政治的民主化道路，成为一项重要的选择。

---

[1] 《南方周末》2003 年 1 月 9 日。2002 年 12 月 9 日—10 日，死刑问题国际研讨会在湖南湘潭召开。绝大多数学者认为在中国实现废除死刑的理想应从严格限制死刑的适用开始，逐步过度到全面废除死刑，并认为这是中国通往废除死刑的现实之路。

二、国家发展稳健推进的渐进性内在逻辑

渐进主义（Incrementalism）是指在学术上坚持渐进改革取向或者是在实际的改革过程中坚持渐进改革取向，表现为渐进经济体制改革、渐进政治发展和对传统文化的弘扬、创造性转化。[①] 经济上，渐进主义经济发展战略反对激进的一夜到位的体制的全新转变，而是主张多元的、包容的经济体制渐进成长的发展方针，采取温和的、非暴力的体制转轨路径。[②] 文化上，渐进主义文化发展战略主张在坚持一元的核心意识形态上充分发挥传统文化的现代生命力，同时对外来文化也采取兼容并包的方针。[③] 政治上，渐进政治是指在坚持党的领导下，充分发挥其他党派、社团和各类组织的积极性，以协商民主为手段，逐步实现民主法治和自由的文明国家。

它既是一种学术理念，又是一种实践运动。渐进主义逐渐成为引导中国改革的主要价值，获得党和国家主要领导人的赏识。[④] 渐进主

[①] 对渐进主义的体系构建和阐发，分散于林德布洛姆的三本书中，可参见其《政治与市场》，上海：上海三联书店，1992年；《决策过程》，上海：上海译文出版社，1988年；《市场体制的秘密》，南京：江苏人民出版社，2001年。

[②] 诚如胡锦涛同志所言，我们的改革经历"从农村到城市、从经济领域到其他各个领域……从沿海到沿江沿边，从东部到中西部……从高度集中的计划经济体制到充满活力的社会主义市场经济体制、从封闭半封闭到全方位开放的伟大历史转折"。《高举中国特色社会主义伟大旗帜　为夺取全面建设小康社会新胜利而奋斗：在中国共产党第十七次全国代表大会上的报告》，新华社北京2007年10月24日电，参见新华网2007年10月24日。

[③] 目前，我国出现对传统中国学术的复兴，也就是"国学热"运动。"国学热"在坚持马克思主义的旗帜下，有利于民众思想文化水平的改善，有利于民众的精神面貌和智力思维的改善，有利于社会礼仪风尚的改进。

[④] 2005年6月26日，我国总理温家宝同志在亚欧财长会议上强调人民币汇率改革必须坚持"主动性、可控性和渐进性"三原则，以负责任的态度和做法推进渐进改革。人民币汇率上的渐进主义改革有助于减轻金融压力。无独有偶，前美联储理事本·S.伯纳克（Ben S. Bernanke）曾于2004年5月20日在由华盛顿大学和旧金山联邦储备银行在西雅图联合举办的"经济午餐会"上发表"渐进主义"的演讲。参见郑友林：《中国在人民币汇率上的渐进主义改革》，www.chinavalue.net，2005年4月4日新闻。

义的特征在于手段和途径的策略性，强调的是一种实现理想目标的方法论，这种方法论试图以一种最稳妥的方法实现这样的目标。渐进主义以稳定社会、创造一个平稳秩序为目标，针对需要解决的问题，试错式解决问题与缓慢式缓解各种社会冲突，既能要求社会成员长久与耐心等待又能满足社会成员暂时的要求。渐进主义一直以来是政治学界和经济学人思考现代化变迁的理论暗流。在这股思潮的暗流下，隐藏着一批卓越思想家的长久思考。在现代化转型的路径上，渐进主义体现为积极进取的缓慢变迁，事实上与传统主义、保守主义具有部分的相似。通过对渐进主义的逻辑起点作分析，比较西蒙、林德布洛姆、哈耶克和波普尔等人的观点。西蒙和林德布洛姆侧重从政策分析的角度探讨渐进式改革的合理性，哈耶克与波普尔侧重从政治哲学的角度论述渐进改革的必要性。在通往现代化的道路上，稳步经济改革与渐进政治是其公共政策的价值取向。在建设和谐社会的时代主题下，主张缓慢而又积极进取的渐进政治发展进路有利于政治文明的逐步成长。

（一）改革家治理的有限理性

西蒙认为，在选择改革道路的过程中，理性决策人模式有很大的弊端。因为，理性决策模式（或者说最优模式）要求改革决策者在一定情况下想到此情况下所有可能的行动，要知道每一个可能行动的全部结果；此外，改革者的价值系统要求选择一个在结果上能获得最高价值或目的的行动，"要求决策者有能力用某种一致的效用尺度，去比较那些后果，无论那些后果种类多么繁杂，性质多么不同"①。正如林德布洛姆认为，这不仅要求改革精英认清问题、目标和解决的先后次序，还要掌

---

① 〔美〕赫伯特·西蒙：《现代决策理论的基石：有限理性说》，杨砾、徐立译，北京：北京经济学院出版社，1989年，第79页。

握每一个目标的所有手段、政策及其这些手段与政策的成本、收益与后果预测，也就是说，试图以最少的损失达成最大利益的公共政策。① 诚然，改革者不仅要能准确预见社会生活的不确定性和复杂性，能够发现、设计和构造所有被选方案，还能精确计算和评估它们的后果和影响。这实际上就要求改革者是一个无所不能和无所不会的超人，具备完全和十足的理性，而"人类提出与解决复杂问题的智力能力同问题的规范相比，是微不足道的"②，显然这种政治精英在现实中是很难找到的。政治改革主要由政治精英来完成，通过分析决策主体的知识、信息、经验和能力之有限性，因而政治精英不可能实现全新和快速的渐进改革，渐进改革是必要的。为此，根据对棋局复杂博弈的关系和早期对管理行为的实际的调查研究，西蒙提出、丰富和发展了限理性理论，试图弥补理性决策研究"大刀阔斧的简化真实世界"的缺陷。③ 他认为：①在现实和实际的决策过程中，人只能想到少数几个选择。②人不仅不可能知道少数几个选择的全部的可能结果；实际上不容许考虑许多附带的结果，对其中的每一项选择的结果仅仅能知道一部分，不可能获悉某项选择的全部结果；更重要的是，对某项选择的许多可能包含行动及其结果，人们也很难想得到。③在某项选择之下，即使对一切行动之实际结果了解正确，在做决定时，对比结果的价值估量与得到此结果后之价值体验未必一致，从决定到实施完成时，价值观点也可能有变化，因而最终的决定未必一定正确。也就是说，改革者不可能具备一套完整、明

---

① C.Lindblom, "The Science of Muddling Through", *Public Administration Review*, 19（1959），pp.78—88.

② 〔美〕查尔斯·E.林布隆：《政策制订过程》，朱国斌译，王谨校，北京：华夏出版社，1988 年，第 25 页。

③ 〔美〕赫伯特·西蒙：《现代决策理论的基石：有限理性说》，杨砺、徐立译，北京：北京经济学院出版社，1989 年，第 79 页和第 56 页。

确和偏好一致的行为体系，因而不可能选择完美方案。④人的注意力只能及于一定范围，他不能在每一次的决定上全盘看到所有可能行动、行为结果及各方面的价值。一个刺激将人的注意力引向某个方面，就不可能再注意到其他的很多方面。所以他说，人的实际决定是由偶然的和不能控制的刺激所引起的反应，这种反应一部分是经思考的，大部分是由于习惯的。①西蒙对他的理论比较满意，认为相对于理性模式而言，有限理性决策模式更为有用，因为它在"不同方向上简化真实情景，它保留了较多的真实情景细节"，它"试图做出满意的决策，而不是最优的决策"，是"那些能使我们以比较有限的搜索量、在巨大的可能空间中找到稀少答案的启发式方法"，②因而既不要求确保决策的万无一失，也不要求决策者具备先知先觉的长远预测功能，在现实的决策过程中更为有效、更合理并更有针对性地解决问题。按照西蒙的研究成果，改革应该是不断微调的和稳健迈进的，这些看法深深地吸引了林德布洛姆。

（二）改革发展过程的渐进性

林德布洛姆认为"渐进政治"（incrementalpolitics）指的是小步伐式的政治变迁，是与激进变迁（drasticchange）相反的概念。通过早期与达尔的合作研究得出共识和妥协的渐进主义结论，通过对比渐进分析方法（incrementalanalysis）和全盘性分析（synopticanalysis）方法的优劣，通过对党派互相调试和渐进政治的分析，林德布洛姆提出和扩展渐进主义

---

① 华力达：《决策》条，《云五社会科学大词典》（行政学卷），台湾：台北商务印书馆，1960年，第56—57页；彭怀恩：《决策论奇才：西蒙》，台北：允晨文化，1982年，第98页；同样的论述亦可参见〔美〕赫伯特·西蒙：《现代决策理论的基石：有限理性说》，杨砾、徐立译，北京：北京经济学院出版社，1989年，第79页。

② 〔美〕赫伯特·西蒙：《现代决策理论的基石：有限理性说》，杨砾、徐立译，北京：北京经济学院出版社，1989年，第79页和第56页。

理论。① 激进改革的分析思路来源于全盘性分析（或根的方法），渐进改革思路则来源于渐进分析（或支的分析），方法论对分析改革的变迁具有很大的优势，因而他的研究特色在于从方法论的优劣评判两种改革模式的优劣。林德布洛姆认为，改革是一项复杂的社会问题，实际涉及的是如何选择较佳战略的问题，采用全盘性的分析方法是不能适用的。激进改革解决问题的模式在复杂社会是行不通的，其原因在于全盘分析对改革家的理性和科学知识要求太高以致不可能获得全盘的整体性知识，变动不定的社会形势的变化及社会生活的不确定性特征也使得改革者很难对改革设计和运行掌握十全十美，而且他认为激进改革只会带来象征性符号和掌权者人选的改变，不会给现实的经济和政治发展带来任何改变，将来的发展还得靠政策的不断改进、调试和社会互动，并只有在人类有限知识和信息范围内反复的纠正、尝试和温和的增量式改进才能满足上述因素的要求。林德布洛姆关注的是如何解决现实生活中的问题，而不是规范的应然的取向，在改革的实际进程中碰到的问题比理论更重要，问题导向而不是目标和理论导向才是解决问题的指导原则。他反复强调渐进调试思想并为他的渐进调试思想自我辩护对改革的重要性，强调渐进主义的可预测性、可掌握性、有用性、包容性和广泛性，对其他替代性政策的精心的、有计划的和可争论的排除而不是像全盘性分析的随意

---

① 全盘性分析（Synopticanalysis）于 1963 年提出，具体分为简单分析、断续分析和策略分析三个层次，一个比较难翻译的词汇。学者张世贤将之译为"周全分析"，胡伟教授将之译为"纲领性分析"，学者王逸舟译为"纲要性"分析，经过考虑再三，借鉴林毓生对传统社会的研究并为方便理解将之译为"全盘性分析"或"整体性分析"。参见张世贤：《林布隆"渐进调试"的科学之研究》，《行政学报》1982 年第 14 期，第 37—59 页，收入张世贤：《公共政策析论》，台北：五南图书，1986 年；胡伟：《政府过程》，杭州：浙江人民出版社，1999年，第 385 页；〔美〕查尔斯·林德布洛姆：《政治与市场》，王逸舟译，上海：上海三联书店与上海人民出版社联合出版，1996 年，第 19 节与第 23 节。

的排除，突出简化分析的优越性，几十年未变。实际上，渐进政治与激进政治相比具有很大的优势：①有错能改，是实验性的、小范围的和区域性的，好的可以推广，不好的再试验，直至能够产生一套较好的制度安排为止，不是一劳永逸的解决方式，是一种动态性和开放的解决模式。②容易实施，给民众以希望，容易获得百姓对基本价值和信念的支持，符合民众求稳的心理状态，不会给社会带来混乱和冲击。③适合一个强有力的国家推进市场体制改革，缓慢地推进政治民主化建设和推进政治体制改革。因为改革者并不需要做大规模的跳跃式迈进，只需在原有领导人的既定政策下推进改革，他的改革步伐是小范围的，逐步迈进的，使受损者忍受暂时的损失，不会破坏政治体系的稳定。④通过一连串快速的小步伐变迁也能够达成明显的政治变迁效果，而且这是"现实中可以实现的最快的变迁方法"。①

（三）改革发展知识的有限性

哈耶克关于社会改革的渐进性主要是从他早年批判计划经济中衍生而来的。他认为计划经济改革由于其对西方伟大文明传统的全盘性背离和放弃是注定要失败的。他认为一项社会改革应该在现有道德传统、文化传统和经济体制的缓慢的改进下才有可能成功。在早期的政治哲学类著作中，渐进主义改革观的论述不是很细致，大略的提及人类不能够预见将来，因而渐进演变是必要的；人的精力和能力是有限的，人的认识、了解和判断事物的能力也是有限的，人类没有实现乌托邦的能力，并没有详细分析为什么是这样子的。②哈耶克在其后的《自由宪章》尤其是《致命的自负》一书中详细地分析这方面的理论。他的渐进理论基础主要

---

① C.Lindblom："Still Muddling, Not Yet Through", *Public Administration Review*, Vol.40. No.6, 1979, pp.517—526.

② 〔英〕弗雷德里希·奥古斯特·冯·哈耶克：《通往奴役之路》，王明毅等译，北京：中国社会科学出版社，1997年，第21、54、55、61页。

为：人类无知说、自发秩序论和传统伟大论。

人类无知说（知识虚妄说）的理论基础是信息分散理论。信息分散理论指的是构成知识的要素之一的信息是分散的，主要指人类获得的信息是不完整的、局部的、零散的和有限的，人不可能掌握所有事情的各部分的信息。信息分散的原因在于社会经济和政治资源的广泛分散，在开放的市场经济中尤其如此。人类无知说主要表现为：第一，无知普遍存在。个人而言，个人所能掌握的知识只占实现他的目标所需知识的很少的一部分，其他很大一部分知识需要利用他人的知识。因而，个人对周围环境知识的掌握是微乎其微的，个人只能知道身边事物的一小部分，所以个人不可能获得整体性知识。专家也是一样，专家的知识也是"非常有局限性的观察的结果"①。他们所不知道要比知道的多得多。从对密尔顿、洛克、穆勒和白哲特等研究发现，这些著名的学者也承认人类的无知。所以，哈耶克认为专家与普通人之间的差别微不足道，所拥有的知识都很贫乏。从知识发展趋势而言，知识具有永恒的扩张性，人类对知识的认识和了解愈加的困难，"人们知道的愈多，人们掌握的知识在全部知识所占比例愈小"②。第二，无知是必要的，有利于社会前进和发展。无知有利于更好的认识社会，是智慧的源泉。人类的文明就是"突破无知的藩篱"而生成的。③社会生活存在很大的不确定性和偶然性，承认无知使人类能够清醒地意识到探寻"知识之外的黑暗区域"的必要性。④无

① 〔英〕弗雷德里希·奥古斯特·冯·哈耶克：《通往奴役之路》，王明毅等译，北京：中国社会科学出版社，1997年，第57页。
② 〔英〕弗雷德里希·奥古斯特·冯·哈耶克：《自由宪章》，杨玉生等译，北京：中国社会科学出版社，1999年，第49页。
③ 〔英〕弗雷德里希·奥古斯特·冯·哈耶克：《自由宪章》，杨玉生等译，北京：中国社会科学出版社，1999年，序言第4—5页。
④ 〔英〕弗雷德里希·奥古斯特·冯·哈耶克：《自由宪章》，杨玉生等译，北京：中国社会科学出版社，1999年，第53页。

知也为目前的观念和理想留有修正的余地，有利于人类心智和认识能力的增强。第三，无知应该与理性相结合才能够推动渐进变迁，不应该过分滥用理性。自发秩序论是哈耶克第二个主要政治哲学。自发秩序机制是一种非常复杂的自我运行与自我扩展的进化性机制。每个人都处于不确定性范围之中，每个人都不知道其他人的全部信息。每个人也不能够完全了解该机制运作的原因、规律与核心秘密。在这样的机制中，好像大家都进入了一个不能完全控制的急流之中，更多的遵循一种渐进演化、不断学习和不断反思的过程，并不是一种人为的可以被人类控制的过程，因而任何的人为式激进式改革都是不能奏效的。相反，渐进改革更有助于加快自我扩展秩序的演进和不断更新。正如哈耶克论述到，自我扩展秩序"使千百万人的不同知识形成外展的和物质的模式。每个人都变成传递链中的一环，他通过这些传递链接收信号，使他能够让自己的计划适应并了解环境。全面的秩序由此变得无限扩展性，它自动地提供着有关日益扩大的手段范围的信息，而不是仅仅服务于特定的目的。"[1] 传统伟大论是与理性相对而言的。传统指的是沿袭而来的财产、道德、习俗、惯例、自由和公正制度等，这些伟大的传统不仅仅是一两代人的努力的结果，更是三代及三代以上的人连续不断努力的结果。对于一些滥用理性的人而言，哈耶克认为，传统具有更久远、更优越、更聪明和更伟大之优势，不仅因为传统选择的对象是未证明和非理性的信念，超越人类本身的认知能力、范围、程度和深度，因而不能被发现和理解；还因为传统自身利用实际条件与自行运作的特点，比理性的认知范围更大。[2] 因

---

[1] 〔英〕弗雷德里希·奥古斯特·冯·哈耶克：《致命的自负》，冯克利等译，北京：中国社会科学出版社，2000 年，第 94 页。

[2] 〔英〕弗雷德里希·奥古斯特·冯·哈耶克：《致命的自负》，冯克利等译，北京：中国社会科学出版社，2000 年，第 84—85 页。

而，可以说，任何急遽改革对于传统的冲击可能是致命性的，可能导致传统文化和价值的断裂，造成几代人的伤痛和价值—结构体系的紊乱。从传统的上述特性出发，改进和完善应该是渐进的。

（四）改革发展目标是逐步实现的

波普尔从早年对历史决定论观点的批判得出反对类似乌托邦工程的激进改革，反对整个社会进行大规模激进改造的计划，主张一种零碎的（piecemeal）、试错的和逐步性的社会工程。由于社会现象的复杂性，人的因素带来的不确定性，"精确而详尽的科学的社会预测是不可能的"[①]，同哈耶克类似，他认为人类的历史发展过程受到知识增长的强烈影响，逻辑上，我们无法对历史未来做出精确的预测。波普尔把试错法作为渐进工程的理论基础，认为通过不断的实验、纠错和小心翼翼的发现，能够揭示和分析错误，社会才能进步；这不仅是一种批判的方法，更是对不可避免的意外情况的审慎心理，尽量少犯错误。[②] 与其他的学者不同，波普尔详细具体地提出他的可以实现的渐进社会工程理论："尽量减少可以避免的苦难"，并称之为国家政策的一般指导原则。以教育为例，政府和社会主要的任务应该最大限度的增加儿童的就学机会，那么，他认为这些机构应该尽可能减少不利条件，将注意力首先转向"教育设施最差、职员配置最糟、班级最拥挤、机房最简陋的学校"[③]，并优先改善这些学校的状况，因为与激进改革相反，这种改革方案是消除人们正在遭受的

---

① 〔英〕卡尔·波普尔：《历史主义贫困论》，杜汝楫、邱仁宗译，北京：华夏出版社，1987年，第10页。

② 〔英〕卡尔·波普尔：《历史主义贫困论》，何林、赵平译，北京：中国社会科学出版社，1998年，第77—80页；李海亮：《波普尔"逐步社会工程"的合理因素》，《内蒙古社会科学》（汉文版）2000年第1期。

③ 〔英〕布赖恩·马吉：《开放社会之父：波普尔》，南硕译，长沙：湖南人民出版社，1988年，第101页。

罪过，会更为实际、有效和有可能性，也是相对较为稳妥和谦逊的改革步骤。相反，激进改革是一项巨大的工程，"需要漫长的时间，会改变很大一部分人的生活方式，使他们迷失方向，导致普遍的物质灾难，并导致目标实现的遥遥无期"①。实际上，他的这番话正好预测俄罗斯休克疗法的后遗症。经过十多年的激进，完全市场化改革并没有极大的改善民众的经济生活，反而助长黑社会和反社会力量的泛滥，出现富和贫的两极分化，民众普遍表现出对人生、社会、国家和未来怀疑、彷徨和恐惧的心理倾向。痛定思痛，所以，马吉令人意味深长地说道，"人类就像茫茫大海上行驶的船只上的海员，虽然他们能够随意地改造他们所栖身的这艘船上的任何部分，能逐步的完全改造它，但不能马上改变它"②，这表达了经济和政治改革渐进性的必要。

---

① 〔英〕布赖恩·马吉：《开放社会之父：波普尔》，南砚译，长沙：湖南人民出版社，1988年，第127页。

② 〔英〕布赖恩·马吉：《开放社会之父：波普尔》，南砚译，长沙：湖南人民出版社，1988年，第128页。

第二章　盛世图景的中国传统治理之维

在我国历史上，老子、李觏、吴康斋、王阳明、黄宗羲与牟宗三都对美好社会有过系统的设想和具体的建设办法，呈现出传统治国理政的魅力，今天来看，仍然具有不可或缺的借鉴参考意义。

第一节　自然之治：老子对美好社会的构想及其建设方法

老子《道德经》是中国历史上著名的著作，也是中国传统文化的经典著作之一，其中有很大一部分是关于政治运转机制的论述，而这些政治思想对现代的政治发展有着较大的借鉴意义。挖掘传统经典著作对现代社会有着重要意义的具有永久生命力的思想，以现代政治分析的角度进行梳理、评价，并在传统政治智能创造性转化的基础上进行新的解释。结构—功能分析方法是当代政治学研究中最为常用的一种分析方法，是指一定的结构支持一定的功能，有什么样的结构就有什么样的功能，社会功能的缺失是由于结构的缺失、不完善所致，其中政治结构包含政治角色和政治机构两部分，所以提高角色的素质和完善政府机构可以弥补政府功能的不足，当然结构的缺陷也可以由功能给予满足，二者是互动互补的关系。

$$
\text{结构}\begin{cases}\text{角色}\begin{cases}\text{职位和人员（包括领袖、精英）}\\\text{政治体系机构、组织、部门、团体、政党}\end{cases}\\\text{功能：体系结构所产生对社会发展起支撑的作用}\end{cases}
$$

图1　现代政治分析方法论

　　《道德经》的思想可以分为人生哲学和政治哲学两大部分。其中，人生哲学毋宁说是老子的大和谐政治社会的理论基础。现在，对于老子的人生哲学思想研究得较多，而政治思想研究得较少。《道德经》蕴涵的国家治理思想博大精深，具有很强的理论色彩和分析深度。事实上，老子一书政治思想、国家治理理论不可小觑。深入地来看，大和谐国家治理梦想才是老子的《道德经》的主要思想和思考的落脚点。因而，以现代政治分析的方法来对老子的《道德经》进行诠释、演绎、比较和评价，具有极为重要的理论意义和现实意义。尤其是建设政治文明与和谐社会的时代主题下，重温中国的思想经典更有鲜明的时代价值和现代意义。

一、《道德经》的国家体系

　　国际政治学家阿尔蒙德的方法论认为，政治思想可以从角色、机构与功能三个方面来分析。考虑到老子思想的理论基础是道，哲学层面是老子思想的基础，政治思想是由哲学思想引发而产生的，因而老子的政治思想应该包含道的最基本的原理。所以，论述老子的思想可以从政治思想的哲学基础、政治角色的理想人格、政治机构的思想和有限政府功能等四个方面着手。即何为道？道与政治有何关系？

　　（一）天人合一的政治哲学

　　老子政治思想博大精深、体系繁杂，但是其政治思想的理论出发点并不是很难发现的。综观全书，老子的基点是道，道的概念贯穿了全书的始末。其中，人生哲学毋宁说是为老子的大和谐政治社会的理论基础。

深入地来看，大和谐政治梦想才是老子的《道德经》的主要思想和思考的落脚点。正是由于老子悟出道的原理，才令他构思了政治理想，并用道的各种特征来解释他的政治思想，因而，道是老子政治学说的理论基础和根本出发点。

> 天长地久。天地所以能长且久者，以其不自生，故能长生。(《老子》第七章)
>
> 人法地，地法天，天法道，道法自然。(《老子》第二十五章)
>
> 道常无为而无不为。侯王若能守之，万物将自化。(《老子》第三十七章)

老子眼中的道是一个意义极其深远的概念。道是世界上所有事物的产生与存在原因，是天地万物的根本。道是客观存在的。相对于自然界的万物来说，道是永恒的，是普遍的；但又是一般人难以感知的、把握的，特别的玄乎。通过这样的一个概念，老子便为他的政治思想设下铺垫。一切皆可以由道得到推理，包括统治社会的原理、指导社会的运转和调节社会关系等等。道的原理辐射整个宇宙，无论是天界神灵，还是地上凡夫，都应该以道作为其行为的根本原则，遵循道的自发秩序。

道如何能够来指导社会的运行呢？道的最根本的特征就是正反辩证法。无论是人间福还是祸，柔弱还是刚强，柔脆还是枯槁，雄与雌，荣与辱，胜与败，智与愚等都是可以互相转化的，也不存在永远的强或者弱。任何弱的都可以变强，由弱到强是自然界生生不息的普遍现象。那么，要实现社会的和平与繁荣，实现天下的国泰民安，解决民众的温饱问题，消灭民众的暴动倾向，既达到政治上的"有为"状态就应该从"无为"入手，顺应天地自然之道，顺应自然演变的发生规律。从社会领域而言，如果大家都不去争斗，也就没有人再愿意挑起争斗，那么大家都是最强的，社会就会获得一种均势的和平。人人的内心都安静、朴素、无欲，人人都慈祥、节俭和"不敢为天下先"。政治的治理之道在于无为。无为就是顺应自然，这里的自然不仅仅是我们通常意义上的客观自然界，更是一种不依靠强制力量的任其本然的状态，其核心思想是顺，也就是道法自然。如果统治者能够依道而行的话，天下万物会自然而然地达到一种大治状态，经济发展、百姓富裕、社会安定。在老子的心目中，道具有普世性，使个人得到安身立命，使自然生育不息、欣欣向荣，使国家永享太平，使社会大和谐，人人无忧无虑、丰衣足食，大家都过上幸福美满的大康生活。

（二）政治角色：超凡魅力的圣人

理想人格的塑造，一直以来是我国古代学者著书立说追求的主要目标之一。它是指在一定的文化环境与社会制度中，出于现实的需要，人们的信念、要求和期望，集中在某一个楷模身上，是一个社会、一个民族，在一定的历史条件下人们最为推崇的人格范型。老子作为道家学派的开山始祖，更是引导了这样一种风格。老子心目中的理想人格就是一个无为而无不为的圣人，能够救民众于水火之中全能式先知，能够礼贤下士、谦虚退让好圣贤。老子的理想人格充满人治色彩。首先，老子对统治者进行四种划分。在老子的心目中，圣人就是太上，就是最符合道的圣明君主。这种统治者甚至连老百姓都不知道他的存在，因为他无为而治，一切顺应自然，让老百姓自由管理自己，自然老百姓就觉得好像没有统治者一样。第二等的君主是老百姓感觉亲切的、并在民间受到赞誉的。这类君主比较多，多为贤明君主，他们关心民众疾苦，增产减赋，维持社会稳定，比如刘邦、李世明等等。第三等的君主是那些用武力维持社会秩序的专制君主，他们往往能够富国强兵，但是却让老百姓提心吊胆地过日子，比如秦始皇、隋炀帝，所以老百姓很害怕。最没用的君主就是那些连百姓都想侮辱的昏君、庸君，如历史上的小孩子皇帝和傀儡皇帝。在现代政治学的分析视野中，政治角色是社会民众希望政治领导者依靠拥有的才能所扮演的身份、地位和行为模式，由政治职位元和相应的政治人组成，是民众心目中对理想政治精英的象征。传统社会的政治精英（克理斯马的魅力类型）一般依靠赫赫战功、丰富的学识或者血缘关系的方式产生，而不是以现代社会的公开的、竞争性、固定的程序选举产生。现代政治人物，一经产生后，应严格按照宪法和法律行事，不能渎职。人治还是法治，是传统社会与现代社会政治角色的最大的不同。所以，在传统社会，由于经济的不发达，社会条件状况的恶劣，交通网络的限制、信息交流、沟通与联络的极度缓慢，就需要理想人格的引导、号召，需要具有超凡魅力的圣人。老子对理想人格的希望，代表了当时社会民众的一种普遍愿望。

圣人常无心，以百姓心为心。（《老子》第四十九章）

我无为，而民自化；我好静，而民自正；我无事，而民自富；我无欲，而民自朴。（《老子》第五十七章）

老子认为，一个圣人应该具备顺应自然、无为而治的精神，应该具备谦虚学习、忍让的精神，具备仁、善、爱之心，才能领导民众奔向幸福生活。具体特征如下：①圣人治理国家的原则应该是顺应自然、无为而治的。而无为的具体方式就是春风化雨式教育、节俭、好静、无欲、不行、不见、无执、无事，就是说，圣人应该尽量的少做、少说、少欲。②怎样达到"少做、少说和少欲"的境界？其方法和途径是什么？首先，圣人学习知识应该谦虚谨慎；其次，圣人即使建立了伟大的功绩，不居功自傲；再次，知道福祸互相转化的原理，急流勇退，明哲保身，善于保全自己，获得百姓的支持和保护，这是最重要的；最后，不应争霸四方，挑起不同地区的争斗，危害社会和百姓的福利。老子认为，只要国家领袖之间互不争夺、和平相处，社会也就没有战争了。正如现代政治学研究表明，领袖人物决定着国家的大政方针，拥有国家间是否发生战事的最后决定权。老子希望国家让圣人来领导，这样，国家之间就没有战争，整个社会就会太平。③衡量圣人的具体标准是什么？老子认为，圣人对待百姓应具有"善、爱、仁"三颗心。首先要有像水一样善的崇高品德，像深渊一样容纳万物，和善救人，化解怨恨。其次要具备爱的高尚精神，圣人的目的就是救人，大爱人间。圣人会把他的臣民当作自己的孩子来看待，不会把百姓像稻草人来看待；会把国家多余的东西分给贫穷的百姓；会用自然界水的原理来治理百姓。圣人治理百姓就应该像教育自己的孩子一样，关心他们，爱护他们。老子具有明显的人文关怀和慈爱精神，希望统治者能够以仁爱之心来统治社会，具有极强的道德理想化色彩。

我们发现，老子塑造了一个完美人格的政治化身——圣人，这是一个泛道德化的最高境界人格的象征，他无为却无所不为，拥有像水一样的广阔的胸怀，谦虚谨慎、以德化怨、以天下心为心、无所不能。这种人格的一个重要特征在于它的普遍适用性、超凡魅力、历史影响力和崇高价值。从此之后的历代皇帝、大将、学者、官员、诗人，甚至是深山老林的樵夫、渔民和老农，无不以老子的理想人物为自己的参照物、楷模，诸葛亮、吴与弼、王阳明、张三丰、张伯端、梁漱溟等都表现出圣人的气质和风格，可见思想对以后的社会、政治、文化影响之深。从政治演变的历史中可以看到，每一个新建朝代在经过几十年的战争破坏之后，都会有一段较长的时间"休养生息"，轻徭薄赋，勤政爱民，造就经济的复兴，这就是大家所熟知的"黄老之学"。比如历史上有名的"文景之治""贞观之治""康乾盛世"，都是由于最高执政者通过"无为"的休养生息、减轻赋税、开科取士的开明政策所带来的。在现代社会，无为而治的理想人格也具有极大的应用价值。我们仍然以理想人格来要求现代政治精英、领导者，特别是在民主社会和网络时代，这种理想人格在当代中国显现出诱人的魅力。我们正在进行着现代化建设，正在进行着自由放任的经济体制改革，此种"无为而治"式的思想应该有更大的应用前景。

（三）政治机构与功能：大和谐的小邦

当然，老子清醒地意识到，仅仅依靠一个全能式的圣人还是不够的，它需要配套的机构、制度、规章和职能设置。

> 小国寡民。使有什伯之器而不用；使民重死而不远徙。虽有舟舆，无所乘之，虽有甲兵，无所陈之。使民复结绳而用之。甘其食，美其服，安其居，乐其俗。邻国相望，鸡犬之声相闻，民至老死，不相往来。（《老子》第八十章）

在老子的心目中，理想的政府机构是小邦社会。政府规模越小，百姓越容易治理，因为不需要执政者的管理。那么怎样来维持社会的稳定和长远发展呢？老子并没有明显地说出来，但是，这个职能还得由家庭组织来实现。在这个理想国中，每一个小小的家庭就是一个完美的微型邦国，自行维持、自行发展和自行演变，家庭本身履行着国家的职能，家庭组成的小邦充当连接国家与家庭的中间纽带，家庭之间、邦国之间没有战争，整个社会形成一幅美好的、安静的田园史诗般的美丽的风景画。可以说，以后中国社会 2000 多年长期的自给自足的小农式的、封闭的自然经济模式的形成与老子的"小国寡民"思想有很大关系，这也是老子遭到众多学者非议的主要原因之一。他的思想与柏拉图、法国契约论学者卢梭一样，几位思想家都希望理想的政府越小越好，因为此类政府培养出来的公民素质很高。学者有感于所处社会的众多弊端，竭尽全力建构一个政治乌托邦，以道德治国，由富有知识和良好道德的圣人治理社会，推动社会的发展。在这样的完美社会，百姓无忧无虑、生活幸福，和平地享受劳动带来的快乐。此种社会只有在类似家庭般规模的小型组织中才能实现，越是大规模的社会，越是很难实现完美的乌托邦。这也是现代政治学研究的两难困境：质量与规模本身就是一对矛盾。

结构制约功能，政治机构的小型化决定了政府功能的有限化。老子是历史上最早提出对政府功能进行限制、反对极权主义的思想家。政府有为、统治者过多的管理社会，导致很多政策的失效，最后无能力控制社会秩序，结果民众生活秩序被打乱。所以，为了有效的管理社会，应该对政府进行限制。法令应该限制政府过多的征收税赋，确保民众过上温饱的生活；法令应该限制政府随意地颁布各种条例，防止民众的正常生活被打扰。一个良好的政府，是对百姓宽厚的政府，不是一个严格管理的政府。政府功能有限性的最高境界就是无为政府，统治者不治而治，顺应道的原理使社会达到稳定，从而实现无所不为、天下大和与百姓康泰的效果。在这里，我们也隐约地感觉到老子看出了人治政府、德治政府的致命缺陷，就在于它行为的随意性、不确定性、不可靠性和不安全性。老子于是想出用天地之道来指导政府行为，使其有一个行为的法则，循道而治，保证民众的福利与苍生的幸福。但是，应该指出，用无政府权威的道来代替政府的治理是远远不够的，这只能是一个不切实际的海市蜃楼。尤其是随着社会发展的日趋复杂和社会分化的加大，要求政府和社会组织承担更多的职能，要求现代法治政府承担更多的责任。后来，西方国家经济上采用市场体制代替农耕模式、政治体制上采用法治才最终解决了这一问题。不可否认，在几千年前的老子，能够观察到政府权威的危害和致命缺陷，的确需要一番深邃的洞察，足以可以看出老子的高瞻远瞩与非凡气魄。

二、老子的美好国家：超越时空的衡量

由此可以得出结论，老子政治思想有很大的历史影响力和实际参考价值。20 世纪的部分政治学者从阶级分析的方法论和社会动力学理论来解释老子的政治思想，在"文革"时代表现极为明显，老子的政治思想被谴责为小资产阶级性质的、落后的和反动的观点，老子也成为最不受欢迎的学者之一。当然，那是一个动乱年代，一切以阶级斗争为纲，学术评介也不例外，老子政治思想显然没有那样的色彩，因而，其理论被谴责是时代的舛误。改革开放后，学术研究趋于规范，各种各样的方法论层出不穷，学术研究趋于科学化，老子的政治学说逐渐受到重视。

与当时世界的思想家而言，老子的政治思想更显现出他的独特魅力。详细的比较见下表。

分析 / 人物	老子	孔子（孟子）	柏拉图	亚里士多德
政治哲学	道	仁与礼貌	合法性	合法性
政治角色	自然人	道德人	道德人	法律人
组织原则	天人同构	家国同构	人国同构	宪政
政治机构	小邦	家国	城邦	城邦
政治功能	无权	权威	无权	有限

图 2　老子与轴心时代的大思想家

政治思想运用于现实世界的目的是挽救苍生，为大众的福利考虑，

故在这一点上他们是一致的。在政治角色的理想人格的期待上，老子和孔、孟一样，都期望圣人的出现并各自提出对他们的要求，而且孔孟提出的更深入一点。不过，老子的圣人治国论与孔孟的圣人治国论的明显区别是前者着重于无为之道的追求，而后者着重于有为之德的追求，并且将这种德与仁、爱、义、善、智、礼统一起来。后人将孔孟之德称之为内圣与外王之学。对官员与民众的态度而言，老子是消极的，希望民众少智、无欲、不争；孔孟则是积极的，认为民众受教育并可以向善，而孟子仁政和王道思想表现的更为深刻，除了民众将获得有制之产外，他甚至认为民众可以推翻不为民众谋福利的不合法的政府。孟子不仅将人际关系间的仁法则运用在民众与政府的关系上，实际上代表最早的个人产权所有制思想和民主思想的萌芽。西方学者与中国学者似乎有异曲同工之妙。柏拉图的理想人格是追求智能、集所有美德于一身的爱智者，这种全能人物会安排并管理好所有的事情。而亚里士多德的政治角色带有现实主义色彩，这种人遵守法律，具有自由、民主和平等的思想，试图修正他的老师对于政治人格的过于理想性，代表了现代政治思想的萌芽。在政治机构思想这一块，孔子并没有提出明显的论述，而后代学者补充为家国同构思想，应该说孔子的论述中有一些模糊的隐含意思。而孟子的外王思想则是明显的表现出这一点，而且他本人亲力为之，鞠躬尽瘁。柏拉图希望由正当之人来建构正当之国，强调秩序、理性和身份在机构管理中的重要性；相反亚里士多德向往立宪政体，坚信中产阶级和精选的官员是平衡社会冲突和稳定政治秩序的主体，强调分化的政治机构的功能。而老子在这方面表现出一种超越时空的考量，反对任何形式的产权、秩序和权威，完全的超越历史的、时间的和空间的限制。就政府功能而言，中国儒家和西方柏拉图强调政府的福利功能，积极的干预；而道家老子和亚氏则相对的温和一点。从上述三个大方面的比较而言，老子的思想非常的奇特。就其本源而言，他想达到一种天人合一的境界，在深奥的道的学理引导下，强调一种自发式大治梦想与天地自然宇宙大和谐，从而使得他的思想很难划入人治还是法治的模式。以现代的学术方法论而言，相比较其他学者，老子的政治思想的分析框架与政治梦想的构思是比较完整的，从而更凸现其思想的巨大魅力。

三、老子美好国家的评价

20世纪70年代曾经有一位华裔学者以圣人的素质要求为主题写过一本博士论著外，后来少有人对圣人治国论进行系统与完整的整理。用现代政治学的方法论来分析老子政治思想的现代意义，很少见。过去研究老子的政治思想的学者多以史学、哲学为专业，少以西方政治学的方法论来分析，比如结构—功能的方法论。老子的政治思想博大精深，具有极大的原创性和可读性，很难通过某种单一的方法论将其思想包括进去，需要不同学科的互动研究。结构—功能的方法论是一种可以探讨的分析方法。本书只是用现代政治学分析方法来思考一种尝试。

老子的政治思想之所以在传统社会不能被运用，既源于当时的政治局势和经济的发展条件，也源于其政治思想的理想性，正如王安石改革之所以会在北宋失败一样。当前我国正在进行着政治和行政机构与职能的精简化改革，进行着减少政府权威控制与凸显市场经济自发秩序的现代化建设。从我国现实来讲，老子的政治思想具有一定的适用性和合理性。老子的无为而治的精义与哈耶克的自发秩序有着很多相似，香港学者石元康教授、中国学者毛寿龙教授曾做过详细的分析，笔者不再分析。老子与哈耶克都强调经济发展和风俗的变迁等有其内在的自我演化的秩序和秘密。就目前而言人类的智力远远没有达到能够自我设计的能力。诸如波普尔认为，人类在自然和社会秩序面前仍然是无知的，政治生活仍然充满着不确定性，这实际上指出在政治设计、政治理想的过程中人类仍需渐进调试，不断的实验，不断的犯错、纠正和修改。从近代西方政治发展史来看，自由放任的政府管理模式一直占主导地位。从一个侧面说明，21世纪进行的现代化，需要政府不断退出经济和法律领域，老子的无为思想还是有可取之处。而这也就是近来中国政治学者为什么要对老子的政治思想进行研究以探索政府治道变革经验的原因之一。

老子思想的精髓在于自发秩序和无为政治，及其对政治领导人物理想人格的设定。在结构—功能分析的框架中，精英角色尤其是高层领导者的行为模式一直是一个很重要的分析对象。一般来讲，政治角色期待理论与有限政府理论是现代西方政治学的发明，是对于现代法治政治和民主政治而提出的。但是，早在2000多年以前，一位默默无闻的饱览历史书籍的老丈，一位在图书馆闭目瞑思的思想家，发现政府权威的巨大危害。老子的思想具有无限的超前性，他似乎预见了我们会限制政府的权威，通过法治而不是人治来管理国家。这就是老子思想的真生命和永久魅力。或许未来社会，一个人的全面、自由发展的美好社会，就是一种完全不需政府权威就能自我运作和运行的社会。

第二节　宋儒李觏的技术化礼治

李觏（1009—1059，号泰伯，江西抚州南城人）虽出身于贫穷的农民家庭，却是北宋的大思想家。与北宋四先生相比，他是其中一位很重要但并不引人注目的学者，但其重要性在于他的礼治政府观。每逢国家危难和需要变革之际，他的著作总是被一次又一次的被印刷，南宋理宗朝、明朝万历年间、清朝光绪年间即为例证。虽然他生于农家，但是心怀天下，从小遍阅四书五经，像江西很多学者一样，他对功名一点都不感兴趣，却对治国平天下的思想非常感兴趣。他认为孔子之道并不在于他的言论，而在于他的为民服务的治道思想。而且他的礼治政府观经其临近不到一百里的同乡王安石所学习、发展、创新，在王安石的改革运动中得到实现，影响宋朝政府改革几百年。胡适说，"他的大胆，他的见识，他的条理，在北宋的学者之中，几乎没有一个对手"，他从礼乐刑政一方面来做那个功夫事业，而程颐朱熹一班人想从身心性命方面做那个功夫事业，故李觏是中国历史上最能代表外王精神的人。① 李觏的"完全注重人事的哲学"，不斋为石破天惊，不仅比周敦颐、孙复、范仲淹、刘牧、陈种的"道士派"技高一筹，亦比欧阳修（非道士派）外王功夫具体、细致地多。② 陈钟凡分析李觏的"变通的、内外一贯的、务实的"礼治政府说"务为笃实，不取高远之谈"，比当时"要炒之辞，神秘其说，使人眩惑不知所"的理学家高明得多。③ 李觏自己也说，"孔子之言满天地，孔子之道未尝行。以行其言者为富贵，得其道者为饿夫，悲夫。"④

　　当时的北宋政府，一方面，王府消费和政府工作人员开支逐年增加，农民人均收入逐年减少，即便某些地方采用多季稻的高产技术，农民生活仍然困苦。农民不仅要承担一定的政府劳役，还要忍受沉重的赋税，因此出现了农民弃农经商和土地大户吞并小户农民土地的现象。政府采

---

① 胡适：《记李觏的学说：一个不曾得君行道的王安石》，《胡适文存二集》，北京：东亚图书馆1928年影印，第71页。深入的研究，参见（宋）李觏：《李觏集》，北京：中华书局，1981年。

② 胡适：《记李觏的学说：一个不曾得君行道的王安石》，《胡适文存二集》，北京：东亚图书馆1928年影印，第58—59页。

③ 陈钟凡：《两宋思想述评》，北京：商务印书馆，民国丛书，1928年影印，第二编，5卷，第150—157页。

④ （宋）李觏：《潜书》，《李觏集》，北京：中华书局，1981年，第220页。

取苛刻的商业税收政策和严厉的禁止农民弃农的政策，没有收到明显的效果。为了百姓的福利和社会的稳定，有识之士和山间隐士纷纷出谋划策、著书立说。①针对当时的问题，李觏充分吸收儒家和法家的思想资源、周公治国经验与《易经》变化原理，较早的对儒家政治学说进行批评。②早在 23 岁，他就从荀子、韩愈和柳宗元的先贤思想中提炼出文明的演进观，认为具有理想人格的圣王是社会演进和发展的主要领导者与开创性先锋，他们发动的变革是社会发展的动力。要达到人人丰衣足食、天下大和的美好境界，要经历人类与自然的搏斗、人与人的搏斗等阶段。为了维护社会的和谐秩序和促进社会之稳健发展，需要礼来规范和制约社会冲突。礼涵盖并超越仁、义、智、信的狭隘范畴之更为复杂和全面的概念，带有德治和法治精神，道德化的礼在李觏这里系统化、理论化和实用化。③

李觏对周朝"丰衣足食，恒产恒心"理想社会充满想象，憧憬"八家九顾，以足其食；五亩树桑，以为其食；媒氏以财其婚姻，痒塾以贤其子弟；疾疡有医，买卖有平，管微司隐，王心察察"的仁义制度。④

---

① 据谢善元教授的研究，从 997 年到 1034 年政府录取的进士总数从 109 人增加到 499 人，将近原来的 5 倍之多；而军人从 960 年到 999 年约 540 年间从 22 万增加到 66 万，近 3 倍。上述人员的生活来源均为政府税收，参见谢善元：《李觏之生平与思想》，北京：中华书局，1988 年，第 8—12 页。对李觏思想的研究，参见姜国柱：《李觏思想研究》，北京：中国社会科学出版社，1984 年；姜国柱：《李觏评传》，南京：南京大学出版社，1996 年。
② 李觏对儒法调试的学术努力，参见《李觏之生平与思想》，第 83、89、92、93 页。
③ 林毓生：《政治秩序与多元文化》，台北：联经公司出版，1989 年，第 368—369 页；《中国传统的创造性转化》，北京：生活·读书·新知三联书店，1988 年。他对"藉思想文化以解决问题"的评判似乎触及中国所有发展问题的核心，即价值与事实命题的混淆，运动者总想藉价值性道德说服而不是现实的政策分析来提出解决中国问题的出路。从这个角度讲，李觏实用主义思想试图对传统政府治理资源进行创造性转化。
④ （宋）李觏：《潜书》，《李觏集》，北京：中华书局，1981 年，第 218 页。

政治方面，批评宋朝官员职业素质的低下，批评强调资历、没有竞争的官员升迁机制的缺陷，强调考绩制，主张建立专门培训未来官员的学校，付之以长期实践能力的考评。没有受过专门学校培训出来的人，要么是品德上很差的小人，要么是没有实干才能的假道学。通过长期的训练、学习、评估和甄别，主要侧重于其实际行为能力的考核与挖掘，这样可以弥补考试制度重言不重实行的缺陷，高才能和品德于学校中，培养出为国家发展所需真正才德兼备的复合型人才。[①] 经济方面，他说"知井地之法，生民之权衡……井地立则田均，田均则耕者得食……天之于君……不以天下之大私一人也"[②]，较早提出平均土地的改革设想，给农民一定的经营权。军事方面，增加君主和将领的信任，提高军备工艺水平和以民兵养军。

因此，有效政府构建需要爱民、尊民、养民、保民、教民，政府应该道德化和现实化。他较早地意识到政府体系内部君民关系、地位和角色的不对称，即君主并不总是为民服务，虽然民总是为君提供赋税。他说，"君取其一，天取其十。天恶最大，唯君王多行仁政，否则天疾速且有以助，国亡乃天之追也"[③]，上天立君却并不能够使君为民服务，爱养民众；民众由于得不到君主的爱养，民心就不再对君主有原来那么大的认同。君主为了能够使百姓安定，总是勤奋不倦地为民服务，来获得天下民心的支持。天、君各有其职，天立君，君养民。李觏的政府观与现代政府的合法性起源是一致的，政府是建立在民众的认可基础上的。只不过这种认同建立在天命、天意的基础上而已，如"天聪明自我民聪明，

---

① （宋）李觏：《安民策第三》，第 171—173 页，《李觏集》，北京：中华书局，1981 年。中国古代的官僚体系具有自我维持的毛病，参见〔美〕许倬云：《中国文化与世界文化》，贵阳：贵州人民出版社，1999 年，第 40—47 页，第 130—134 页。
② （宋）李觏：《潜书》，《李觏集》，北京：中华书局，1981 年，第 214—216 页。
③ （宋）李觏：《潜书》，《李觏集》，北京：中华书局，1981 年，第 219—220 页。

天明畏自我民明威"，"养民者，君也。"①

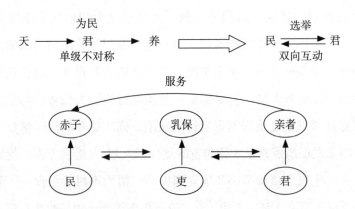

安民不仅是使民众得到丰衣食足，也使民众安分守己。管治大众，首要在教育和导化。有的人认为，管理百姓要重刑法，轻礼义。其理由在于礼仪教化对付那些奸淫作恶之人无丝毫的威慑作用，而苛刑能够使那些人惧怕，甚至把某些地方刑不胜恶的原因解释为教育的过错。李觏以修养身心为例，把教育当作导养身心的德治，把病后用药比作刑治。不善于观察身体的人，看到药不能治理疾病，就误认为是导养的过错，不能因为药治不了病，就说导养更加不行。法家刑治主义者认为刑治的方治根本上是正确的，严格法令的无效并不是刑治措失的不得力，而是教育的不得力。他主张"教以开其前""刑以策其后"，先"养天性，减人欲"，培养六德（知、仁、圣、义、忠、和）、六行（孝、友、睦、姻、任、恤）和六艺（礼、乐、射、御、书、数）。②德治是第一位的，刑治是第二位的，要先对民众进行德育教化，只有在教化起不到效果之后，才用刑治。根本之务在于敦化风俗，倡导教育。而后才配之以刑治，因

---

① （宋）李觏：《安民策第一》，卷18，《李觏集》，北京：中华书局，1981年，第168—169页。
② （宋）李觏：《教道第一》，卷18，《李觏集》，北京：中华书局，1981年，第111—112页。

为各种礼节荒废，所以社会之恶士多。婚姻之礼、乡饮酒之礼、丧祭之礼、聘觐之礼诸废，天妇道苦、长幼失序、臣子恩薄、君臣失位，所以各种各样相应的罪恶就产生了。其政策在于大兴教育，使民接受一套系统的礼节，包括子孝、弟友、臣忠、友信、谦贵、让美、男女有别、上下之节等入手，做到父子、夫妇、君臣、朋友、尊卑、宗族、乡党之间和谐有序、礼让互敬的在同太和局面，社会上出现安肃雍让的不争财、不斗力的大中状态。①

李觏注意到仅仅依靠礼和德是不够的，需要法，提出"严令以安民君"。民众所遵守的是法令、规定和制度，而不是单纯的服从君主。君主应该爱护的并不是国家，而是国家的法令。这样一种重事功不重人情的说法事实上与法治国家的基本精神相契，可以避免"人息政存、人亡政举"仁君、贤臣治政的困境。

这样，一定意义上他推翻了民众心中一直以来的道德式的忠君思想，为南宋浙江永嘉事功学派的兴起提供思想资源。因此，李觏认为政策过于人情，法令重于贤君，君常变，而令不常，无疑具有历史的进步意义。② 为了使政府的法令能有效和长久的自我贯彻，法令的制定和颁布应慎重，要经过仔细的研究和讨论。随意出令，不如不出；一旦制定，就必须贯彻到底。借此，他批评宽者、猛者、自守者和自异者四种政府管理方法的缺陷，吏治民应宽猛并济，于善则宽，于恶则猛。③ 他反对赦罪和赎罪两种做法，认为那只是圣人的怜恤和侧隐之心而已，只对少

---

① （宋）李觏：《安民策第一》，《李觏集》，北京：中华书局，1981 年，第 168—169 页。
② （宋）李觏：《安民策第六》，《李觏集》，北京：中华书局，1981 年，第 176—177 页。
③ （宋）李觏：《安民策第七》，《李觏集》，北京：中华书局，1981 年，第 177—178 页。

数人有利，对大多数人有害；而且有可能增加犯人的犯罪欲望，可见他的法制观具有理性化倾向。①

当然，李觏的这种礼治政府观仍然是建立在等级制度之上的。他虽说"君子位高而德……修恭俭以下人，恩泽以结物"，"倚君之贵而不能爱民，国之丧王也"，但君子之道"定名分，分贵贱，定天下"。② 在政府管理日常行为中，他主张等级化，即官民有贵贱，官员内部亦有等级。③ 这一点上，我们不能苛求古人的。在李觏新王道观的影响下，王安石等后起之秀对北宋政府进行激进的政府改革，重用一些能力低下的官员，遭到大多数下级官员的反对，如苏轼对技术性教育改革的指责、司马光对给予农民贷款等财政政策的批评等。王安石开创的变革起伏跌宕，当时北宋的财政体制还没有发展到"数目字管理"④ 层次，民俗观念比较保守，在浙江宁波勤县等小地方能行之有效的经济发展政策在全国范围内不一定能通用。王安石政府改革运动的失败是个人、社会体制与经济发展状况诸多因素博弈的结果。

第三节　明儒吴与弼的社会网络治理方法

吴与弼行政管理思想的另一个特点是，他试图"重振理学转化社会和个人的力量"⑤，把国家秩序构建在地方的家族中，通过地方家族的自

① （宋）李觏：《安民策第八》，《李觏集》，北京：中华书局，1981 年，第 178—180 页。
② （宋）李觏：《潜书》，《李觏集》，北京：中华书局，1981 年，第 217—218 页。
③ （宋）李觏：《道教第七》，《李觏集》，北京：中华书局，1981 年，第 118—119 页。
④ 参见匹茨堡大学历史学家黄仁宇：《中国大历史》，北京：生活·读书·新知三联书店，2011 年。
⑤ 〔美〕包弼德：《历史上的理学》，王昌伟译，杭州：浙江大学出版社，2010 年，第 132 页。

觉参与公共秩序建设以达到社会和谐的目的，美国历史学家包弼德认为吴与弼延续朱元璋地方社会化的自治倾向①。事实上，吴与弼的行政管理思想有宗族化、家族化、地方化和伦理化倾向，"再一次把注意力转向""在士人中间建立网络"②。这与梁漱溟所说的中国行政管理学术思想凸显在家族内解决公共事务，突出礼仪、孝等伦理关系在君臣官民政府运行中的指导性地位，缺乏团体生活、法治本位的精神，具有浓厚的"伦理本位"、个人不被发现等特质是一致的。③

吴与弼惜笔如金。在吴与弼撰写的 55 篇族谱序言中，其中，因亲戚关系而写的 3 篇，为自己学生所修族谱而写的 22 篇，因交往的学友 7 篇，因自己内心仰慕而主动去写的 3 篇，还有几篇是应居抚的外地官员而写的，还有几篇是未标明特别原因的。其中，族谱撰写时期较为明显，分别集中在他 1442 年左右应政府邀请往临川郡教学时期（时年 52 岁，9篇）、1453 年往南京求医问药途经徽赣时期（时年 63 岁，8 篇）、1458年春将有北京之行时期（时年 68 岁，14 篇）。

作为一个以师道自居的有着报国之心的教育家，他的行政管理思想的实践应该寄托在他所希望的人身上，最可靠的是自己的嫡系学生，其次是自己交往多年的学友，最后才是那些有着远见的外地官员。江西各个地方的族谱序，作为主修族谱的人来说，一般由德高望重名宿来撰写，既可以提高族谱的真实性，又可以提升本宗族的社会声望。而作为江西最有学问的教育家（其父亲吴溥是国子监司业，江西不少秀才举人进士曾受知门下），吴与弼自然是首要人选。但是，吴与弼为人清高独立，一

---

① 〔美〕包弼德：《历史上的理学》，王昌伟译，杭州：浙江大学出版社，2010 年，第 129 页。

② 〔美〕包弼德：《历史上的理学》，王昌伟译，杭州：浙江大学出版社，2010 年，第 130 页。

③ 梁漱溟：《中国文化要义》，上海：学林出版社，2000 年，第 83 页。

般的泛泛之辈，他是不愿意答应为其撰写族谱序的，序文中他自己也是多次提及的。比如，丰城曲江熊某维托吴与弼的两个学生来求序言，"婉承亲命属所知张循、戴禄，征予文。予以病辞，婉恳请之，必欲得而后已"①，吴与弼觉得颇烦，只得答应。前面有几篇是未标明特别原因的，其中就有一个序言，"先施之辱于予，乃六月丁丑肃将其族姓之书，不远百里，冒暑谒告，曰惟世代之念，敢踵门而陈恳"②，吴与弼是怎么推迟都推迟不掉的，原因是老者不远百里冒暑而来的。一个敢于冒不孝之名焚烧"路引"，被父亲骂为不孝子的倔强勇敢之人，其对族谱序的敬畏之心可见。也正因为如此，他在族谱序中，所提出的行政管理思想，对于他这样一个述而不作的教育家，尤具意义。

明代在刑法上有九族牵连之规，只是一般民众对刑法讳莫如深。针对当局的严格法规，作为饱学之士，也在思考防范对策。而基于家族的自治和自我规劝，加上历来民不与官斗的一般观念，广修族谱，严谨持家，进学修德，规劝青年，是一条好办法。尤其是政府当局高压之下，15 世纪中期的大规模修谱行为，不是偶然的。吴与弼对修族谱的热情可能与其前辈、父亲上司方孝孺的大规模提倡修族谱运动有关。按照方孝孺的理解，修族谱，既可以达到训诫子孙安居乐业的目的，也可以达到加强族人间的联系，达到保存血脉、净化社会风气的道德目的。③另一方面，政府当局在乡村设立里甲制度，通过有德性的老人领导地方乡村的自我管理，一定程度上有助于族谱修缮运动。④作为国学大师的吴与弼，对促进和推动江西抚州地区的大范围的修谱行为，应该是领导

① （明）吴与弼：《康斋集》，卷 9，《丰城曲江熊氏族谱序》，第 552 页。
② （明）吴与弼：《康斋集》，卷 9，《吕氏族谱序》，第 540 页。
③ 李文治、江太新：《中国宗法宗族制和族田义庄》，北京：社会科学文献出版社，2000 年，第 65、70 页。
④ 赵秀玲：《中国乡里制度》，北京：社科文献出版社，1998 年，第 39—40 页。

者。① 在吴与弼写的族谱序言中，对家族在国家发展、家族发展和个人发展都有专门的论述。作为一份传承千年的族谱序言，吴与弼的道德训诫意义值得研究、挖掘。

（一）地方公共事务管理的师生间网络

南方的经济在 15 世纪"开始复苏"，而"经济的复苏表示有更多的家族可为子弟提供教育"，参加科举考试的学生逐渐多起来了，有更多的学生对学习文化的需求一定程度上刺激了书院的复兴，对教师和书籍的需求增加了，由此而产生的读书人、知识分子和士人"重新投入到地方社会建设"的激情，读书人开始走上把自身的学问奉献给对"社会有意义"的事情。② 在经济发展和教育复苏的大背景下，吴与弼被参与到地方族谱的修缮运动。

吴与弼在给他早期最欣赏的学生胡九韶所做的族谱详细论述了时代变迁与家族盛衰的互动关系，他提出唯有进德修业才可以防止家道衰落，修养德行是家族长盛不衰的主要原因。他说"近里之某家冈、某家园。闻之长老，其盛时，户多者百余，少者不下五七十三五十。经其地名，则是事已非矣。高甍百楹为他姓之室者有焉，荒墟野蔓为狸鼯之薮者有焉。访其嗣，不一闻也。当其快意时，或贵耀乡间，或富夸阡陌，挟其所有，孰不欲传其子孙以百千其世，而一旦如彼何哉！礼义不循，而惟知利以为利故也"，他得出"盛衰靡常，惟德是视"的观点，并趁机表扬九韶先辈的努力，他说"胡氏亦尝盛于萝溪，而子孙乃犹弦诵于其地，愈久而新者，岂非世有以遵夫周孔之名教，而然耶！德之淑慝，戚

---

① 台湾学者钟彩钧注意到吴与弼推动修谱的积极意义和时代特点，参见钟彩钧：《吴康斋的生活与学术》，台北：《中国文哲研究集刊》，1998 年第十期，第 269—316 页。

② 详细研究，参见〔美〕包弼德：《历史上的理学》，王昌伟译，杭州：浙江大学出版社，2010 年，第 87 页。

休以之，岂不较然哉。后之览者，亦将有激于斯欤"。① 在经历过百余年的战争，"虽荐罹兵燹"，"谈吾乡诗书家必曰胡氏，语胡氏又必归之萝溪"②，可见吴与弼对当地大族崇仁大塘胡氏历来诗书传家的敬佩之情，也反映出萝溪胡氏其实就是吴与弼心中宗族行政管理的理想类型。中国历来有齐家治国的行政管理传统，家国同构，因此，好的家庭治理模式应该就会成为国家的行政管理模式。诗书治家蕴含着明分和礼数的微妙哲理，一直以来成为等级化中国行政传统的两大核心价值，即身份化的等级秩序和自我对等级秩序的自觉遵守和维护。一旦朝代更替，有气节的读书人往往选择投湖自尽表达自己对传统秩序的维护、感激之情，这在明末最为明显。在吴与弼的多年教育下，他的第一个大弟子胡九韶淳朴的从事耕读传家的生活，私人生活具有浓厚的家族性。据《明儒学案》载，胡九韶"家甚贫，课儿力耕，仅给衣食。每日晡，焚香谢天一日清福。其妻笑之曰：'饘粥三厨，何名清福？'先生曰：'幸生太平之世，无兵祸，又幸一家乐业，无饥寒；又幸榻无病人，狱无囚人，非清福而何？'"③，展现一个浓厚宗教情怀的真儒风范。当他听说胡九韶等"鼓乐导葬"，吴与弼很生气地说"务必得免，则幽明俱拜，大德不浅"④，可见他是提倡节俭治丧的。

在给临川郡庠生周观、周圻、程庸、李章、余忠、周邦大、王常、李恪、张循、朱邦政、朱邦宪等十数士写的族谱序言中，多鼓励学生进学修德。临川五峰李章"游于寓馆之二载，以交之厚也"，吴与弼说"代有闻人德业，修而声猷远也。然则门户重轻，不在于章乎。诗云'无

---

① （明）吴与弼：《康斋集》，卷9，《萝溪胡氏族谱序》，第533页。
② （明）吴与弼：《康斋集》，卷9，《五峰李氏族谱序》，第533页。
③ （明）黄宗羲：《明儒学案》卷二，《崇仁学案二》，北京：中华书局，2010年；
　　（清）张廷玉等编：《明史》卷282，列传170，《儒林一》。
④ （明）吴与弼：《康斋集》，卷8，《与九韶子濡帖》，第523—524页。

竟惟人'，章其似之"。① 临川五峰余忠资质平实，他说"所谱，虽可知五六世，然皆实也。且族之显晦在人。如忠者，年方殷，可以积学而有待，惟笃其志以不懈"。② 对韩家岭的周邦大，吴与弼甚为喜欢，他说"游从之好，问学之功，为尤笃。每相与谈复古矫俗等事，未始不慨然增气，恒誓以诗书世其家业……嘉邦大志"。③ 对于跟随吴与弼求学最久的临川樟溪王常，他说"诚能尊其所闻以自新而不已焉，必有以淑于家以及于其族"。④ 对于吉塘的张循，他告诫其要"流俗滔滔"的时代中"廓是心用宏于德"。⑤ 在与学生周圻讨论法制问题时，吴与弼说"承喻诸葛武侯治蜀，服罪输情者，虽重必宥，理则然矣。染所谓必宥者，谓如律之自首，法也。自首款内有云，其损伤于人于物，不可赔偿云云，并不在自首之律。若无斟酌之宜，而一概从轻，正朱子所谓只见所犯之人为可怜，而不知被伤之人尤可念也"⑥，可见他很赞赏诸葛亮的法制观，心中坚信执法必严、威令如山的原则，安全的国家秩序是他所追求的。

在 1448 年戊辰，时年 58 岁的吴与弼迎来了他第二位高足、上饶籍的娄谅（1422—1491，字克贞，号一斋）。娄谅（时年 27 岁）承其府主命来崇仁小陂，得寒疾归，吴与弼有《赠娄谅归上饶并序》诗歌⑦。1453 年癸酉冬，时年 63 岁的吴与弼往南京求医，归道上饶探望娄谅（时年 32 岁，此年中举人），算是督学吧，晚留宿娄谅家，登其家芸阁，书

① （明）吴与弼：《康斋集》，卷9，《萝溪胡氏族谱序》，第535页。
② （明）吴与弼：《康斋集》，卷9，《五峰余氏族谱序》，第535页。
③ （明）吴与弼：《康斋集》，卷9，《韩家岭周氏族谱序》，第535页。
④ （明）吴与弼：《康斋集》，卷9，《樟溪王氏家谱序》，第536页。
⑤ （明）吴与弼：《康斋集》，卷9，《吉塘张氏族谱序》，第536页。
⑥ （明）吴与弼：《康斋集》，卷8，《答周圻书》，第525页。
⑦ （明）吴与弼：《康斋集》，卷3，《赠娄谅归上饶》（并序），第414页。吴与弼记载到，"上饶郡庠生周文、娄谅承其府主命来学。谅得寒疾归，裁此且赠其行：稚志谆谆在广居，闲侯盛德远吹嘘。独怜樗散空衰迈，丽泽何时重起予"。娄谅另一同学周文，颇勇迈，游学约半年归家，吴与弼赠有《赠周文东归》。

"芸阁"二字①，写《与周文、娄谅二生》诗②，做《上饶娄氏家谱序》。吴与弼说，"昔上饶周文娄，谅承其父兄之命来游小陂。未几，谅得疾归行，祖之赠有'丽泽何时重起予'之句。后五年，予自金陵经贵郡，暂留宾馆，接诸父兄子姓而观厥世谱焉……虽然学之方，凡目视耳听口诵，心惟善者，从而否者改，皆足以发吾聪明，而崇吾德业。此古人所以贵于能自得师也。况生也，观光礼闱，俊游日富，樗散如予。虽日同堂而共席，奚能以资丽泽之万一哉！厕名芳籍，愈以自歉耳！"③ 1456 年丙子仲冬，时年 66 岁的吴与弼往上饶访娄谅（时年 35 岁），宿其家怡老堂。④ 当然，毋庸置疑的是，作为学生的娄谅自然去老师崇仁访学的次数比老师更多一点。据娄谅的嫡传学生夏尚朴的回忆，娄谅来往师门"十有余年"⑤，并在 1464 年中进士，时年 43 岁。据载，"昔一斋受业康

---

① 吴与弼第四大弟子胡居仁有类似记载，他说，"上饶娄君克贞，予同门友也。所居东有重屋，为燕朋讲学之所。每遇有学之士，则延于其间，相与讨论。景泰癸酉冬，吾康斋先生尝登焉，因书'芸阁'二字以贻之"，（明）胡居仁：《胡敬斋集》，北京：中华书局，1985 年，卷 2，《芸阁记》，第 46 页。

② （明）吴与弼：《康斋集》，卷 4，《与周文、娄谅二生》，第 428 页。吴与弼吟诗道，"自欢虚名忝士林，殷勤孤负二生心。莫云春树他年梦，杰阁高轩记短吟"。

③ （明）吴与弼：《康斋集》，卷 9，《上饶娄氏家谱序》，第 545—546 页；卷 4，《宿上饶娄氏怡老堂》，第 432 页。在给娄谅同村学友周文的族谱序中，吴与弼说，"正统戊辰，文与其友娄谅游馆下以语予。后五年，予自金陵经贵郡，青灯话旧。娄氏之堂，昔者之来，跋涉晨昏，忘其饥渴。盖当是时，惟懿德是。尚而不知疏薄之无，足与徒虚誉是信，而不知实德，则病是以误生之辱也。虽然予覆辙宜戒，而生凤志，不可以不笃世德，不可以不求坚金兰之谊，增华谱之重！顾自力何如耳？"可见其劝学生求学之心。参见（明）吴与弼：《康斋集》，卷 9，《上饶周氏族谱序》，第 546 页。

④ （明）吴与弼：《康斋集》，卷 10，《天恩堂记》，第 560 页。按吴与弼的本意是入闽，迂道上饶看望娄谅、周文，但看其诗歌，没有福建区域的诗歌，可能是天气原因，最后，吴与弼放弃入闽计划。在 1462 年壬午，72 岁的吴与弼去福建，跋涉武夷山水，访朱子遗迹，申愿学之志，过建阳考亭书院、武夷、崇安等地。

⑤ （明）夏尚朴：《东岩集》，四库全书第 1271 册，卷 5，《娄一斋先生行实》，第 41 页。

斋之门。康斋一见，喜之云：老夫聪明性紧，贤契也聪明性紧，小儿睿聪明不性紧"①，可见吴与弼教法上以鼓励、启发、开悟为主。另载，"康斋一日填地。使人召一斋来看。云学者须亲细务。一斋早年豪迈，不屑细务。由是折节向学。在书馆岁，扫除之事必躬自为之，不责备家童"②，吴与弼针对娄谅不踏实、浮夸的缺点要求其劳作，可谓因材施教。据夏尚朴载，"先师一斋，家居以正风俗为己任。凡邻里搬戏迎神及划船之类，必加晓谕禁戒。每每以此得罪于人，有所不恤"③。正是在吴与弼的精心教育与影响下，娄谅的私人家族生活充满浓厚的官府气息。据载，娄谅"声闻已著，前后郡守皆知其贤。往往偕僚佐候之，先生皆不服谒。惟俟其初至，及解任去时，往途次一拜而已……早起，深衣幅巾，拜虞家庙，出御厅事受家人诸生楫，唯二苍头侍马。内外肃然，凛若朝廷。虽达官贵人至者，必整饰襟裾而入……每读邸报，见行一善政，用一善人，则喜动颜色。若事有病于政治之大者，必忧形于色，不啻身立其朝，日击其弊……郡邑政令，有不便于民者，必陈止之，有不善惟恐先生知之，田里赖之稍安……岁有旱潦蝗虫之灾，先生忧叹不已乞天祈祷，辄有响应"④，这样的行为无疑体现一代儒家忧国忧民的精神风貌和价值追求。娄谅参与地方公共事务的热心确实如包弼德所说的"明代社会政策的核心是建立以理学的道德理想为基础的地方社会。这个政策允若安定、福利与教育，以及重视家庭与道德操守在社会关系中的重要性"⑤，15世纪的地方公共事务的治理具有浓厚的家族性。其长子娄性继承其学。娄性，字原善，号野亭，1481年（成化十七年辛丑）中进士，历任南京兵

① （明）夏尚朴：《东岩集》，四库全书第 1271 册，卷 1，《语录》，第 9 页。
② （明）夏尚朴：《东岩集》，卷 1，《语录》，第 9 页。
③ （明）夏尚朴：《东岩集》，卷 1，《语录》，第 15 页。
④ （明）夏尚朴：《东岩集》，卷 5，《娄一斋先生行实》，第 41—42 页。
⑤ 〔美〕包弼德：《历史上的理学》，王昌伟译，杭州：浙江大学出版社，第 163 页。

部武库司郎中、南京吏部考功司郎中、南京太仆寺卿等职。1494 年（弘治七年）修高邮湖堤，即"康济渠"。1498 年（弘治十一年），应江西提学金事苏葵邀请，主持白鹿洞书院。后又主持鹅湖书院。期间，娄性遵从父亲遗愿，按照娄谅所定 40 篇目录要求 ①，分尊德性、道问学、端好尚、戒嗜欲、畏天戒、悲人穷、崇正道、辟异端、导成献、重储贰、立孝敬、专仁惠、亲儒臣、敬耆宿、开言路、乐改过、审兴替、辩贤邪、公荐举、慎铨衡、明赏罚、严考课、兴学校、育人才、表忠节、厚风教、正法令、恤刑狱、勤政事、节财用、却贡献、薄征敛、课农事、赈荒歉、修武备、儆无虞、定礼乐、谨祭祀、固封守、御蛮夷 40 篇 452 条 ②，仿照《贞观政要》格式，收罗明太祖至明英宗一百多年国家大事，费十余年，与 1491 年（弘治四年辛亥）著成《皇明政要》③，后于 1503 年（弘治十六年）十月一日上报朝廷。此书后来于 1507 年（正德二年）建阳刘洪慎独斋刊刻。

　　1454 年（景泰五年甲戌，吴与弼 64 岁），吴与弼第三位高徒广东番禺陈献章（时年 27 岁）与何潜、谢胖等人来学。④ 陈献章学半年后归。在这段半年时间里，吴与弼在讲课的时候，"无所不讲"。陈献章每日待人接物，端茶研墨，从事田间劳动，从一个懒散的秀才成为一个刻苦自立的学者，奠定重要的条件。家童南归，吴与弼为陈献章作《孝思堂记》，"人之生乐，莫乐于父母之具存，番禺陈生献章方娠而严亲弃世，则不幸之大者也。赖三迁之教，中戊辰乙榜进士。笃漆雕之信，复淹吾

① （明）娄性：《皇明政要后序》，《皇明政要》，四库全书存目丛书史部第 46 册，台南：庄严文化事业有限公司，1996 年，第 343 页。

② （明）娄性：《皇明政要》，四库全书存目丛书史部第 46 册，台南：庄严文化事业有限公司，1996 年，第 191—193 页。

③ （明）娄性：《皇明政要》，四库全书存目丛书史部第 46 册，台南：庄严文化事业有限公司，1996 年，第 344 页。

④ 陈献章（1428—1500），字公甫，号石斋、白沙，广东江门新会白沙人。创立江门学派，万历十三年（1585）被崇祀孔庙。

馆。每痛鲤庭之永隔，感孟机之多违，闻者动心焉。家童之返，予为大书'孝思'题其白沙之堂，而文以广其意曰：君子之于亲，跬步不忘于孝，矧幽明之异，侍养之旷哉。然全其大必当略其小，慈颜无恙，伯氏综家，正自求多福之时也。及是时，悉其心以立乎已。俾人知陈氏之有子，先君为不亡矣，陈生勉乎哉！伯氏朝夕为我申其说于定省之余，亦足少慰倚门之况云"①，吴与弼谆谆告诫其忠孝之心，应该对其将来的造化有引导作用。1472 年（成化八年）陈献章（时年 45 岁），二月丰城友人某以吴与弼讣至。接到老师仙逝的消息，立刻写了一首诗来表达当时的复杂而又悲痛的心情，"忽看华表鹤来还，白首书生尚掩关。四海未应无汝水，千秋只合对巴山。声名老去乾坤大，衣钵相传父子间。今夜越南思巅北，灯前空有泪阑斑"②。他自己回忆道，"先师康斋遗稿，某藏之十二年矣，出入必偕。天顺初，先师膺聘入京，途中纪行诸作，皆当日手书，寄白沙凡七纸。成化己丑春三月，行李出北京，是日次于析木之店，以示东吴张声远。镇一见惊绝，阅之竟日不目瞬，以手抚弄，以口吟哦，某怜之割一纸。是岁六月，过清江，以手书问先师，尚无恙也。明年秋，镇书来求跋。又二年壬辰二月，丰城友人始以讣来，先师之卒在己丑十月，至是三易岁。当镇求跋语时，属纩来一年矣。呜呼！悲乎！先师道德名誉倾一世，妇人小子知之，华夏蛮貊咸知之。平生爱一字一辞，不以假人，某之所得，徒以一日在门下。然诵其言，想见其丰采，而得其为人，则宜其有惕然而感，勃然而兴者矣。某犹望此于百世之下，况其迩者乎！后生可畏，镇其念诸。门人某谨识"③，这段声情

① （明）吴与弼：《康斋集》卷十，《孝思堂记》，第 559 页。
② （明）章衮：《陈白沙挽康斋诗》，《章介庵文集》卷 11，《四库存目丛书》集部，齐鲁书社，1995 年，第 81 册。
③ （明）陈献章：《跋张声远藏康斋真迹后》，《陈献章集》卷 1，孙通海点校，北京：中华书局，1987 年，第 67—68 页。

并茂的文字记载了学生对老师书法的爱好，同样作为书法高手，则陈献章对老师遗墨的保留，无疑体现师生间的特殊联系。吴与弼作为当时道德修养最高的典范，平时很少写应酬之作，对自己的学生却例外。吴与弼很愿意给自己的学生写族谱序和祝贺的记，明显体现出他的王道之心。而作为学有所成的学生，陈献章也把这样的感情寄托在老师的追怀上，这些都是中国行政伦理化的表现方法，也是他们都有强烈的公共事务献身之心，只是当时的行政体制不愿意给予他们应该有的合理官位，当时的威权体制的保守性明显缺乏接纳他们的足够真诚而已。1482 年（成化十八年壬寅），陈献章（时年 55 岁）九月应诏吏部文选清司赴京复试、面试，九月二十八日，陈献章在南安横浦驿读张东海《玉枕山诗话》，他对老师吴与弼的诗歌评价较高，他说"东海平日自谓具只眼，能辨千古是非人物，而近遗夫康斋，又何也？康斋易知耳。予年二十七，游小陂，闻其论学，多举古人成法，由濂、洛、关、闽以上达洙泗。尊师道，勇担荷，不屈不挠，如立千仞之壁，盖一代之人豪也。其出处大致不暇论，然而世之知康斋者甚少……则东海之康斋，其为晏婴之孔子乎，了翁之伯淳也"①。十月过丰城，祭拜学友罗伦墓，作《告罗一峰墓文》。十一月过崇仁曹坊熊家村，祭拜老师吴与弼墓，作诗《过康斋吴与弼先生墓》七律，他说"桐园三尺聘君坟，犹有门人为扫云。此日英灵应识我，斯文风气莫如君。吟残老杜诗千首，看破伊川易几分。未了平生端的事，九原风露倍酸辛"②，这首诗歌与他十年前所作同题材哀悼老师的诗歌，因为获得朝廷即将给他的翰林院检讨的荣誉性职位，心情迥然一新，平添了几分自信和坚定。他作《祭先师康斋墓文》说，"维成化十八年，岁次壬寅，十一月□日，门人新会陈某被征赴阙，道出剑江，谨具牲醴，

---

① （明）陈献章：《书〈玉枕山诗话〉后》，《陈献章集》，第 70—71 页。
② （明）陈献章：《过康斋吴与弼先生墓》，《陈献章集》卷 5，第 496—497 页。

告于先师聘君康斋先生之墓，曰：于乎！元气之在天地，犹其在人之身，盛则耳目聪明，四体常春。其在天地，则庶物咸亨。太和氤氲。先生之生，孕三光之精，钟河岳之英，其当皇明一代元气之淳乎！始焉知圣人之可学而至也，则因纯公之言而发轫；既而信师道之必尊而立也，则守伊川之法以迪人，此先生所以奋起之勇，担当之力，而自况于豪杰之伦也。先生之教不躐等，由涵养以及致知，先据德而后依仁，下学上达，日新又新。启勿助勿忘之训，则有见于鸢鱼之飞跃；悟无声无臭之妙，则自得乎太极之浑沦。弟子在门墙者几人，尚未足以窥其阈。彼丹青人物者，或未暇深考其故而徒摘其一二近似之迹描画之，又焉足以尽先生之神。某也生长东南，抠趋日少，三十而后立志，五十而未闻道。今也欲就而正诸，而悲不及先生之存。先生有知，尚鉴斯文，尚享！"①第二年正月，陈献章56岁，在南京江浦会同门娄谅弟弟娄谦（字克让，号莲塘）、学友庄定山于白马庵，随后在北京又遇娄谅子娄性、娄谦门人蒋世钦、娄谦。但可惜的是，陈献章似乎和他的同门前辈娄谅终生未见面，绝对是15世纪中国学术界的最大缺憾。他自己也说"（提学南畿侍御上饶娄克让）侍御之兄克贞先生与予同事吴聘君，予来京师，见克贞之子进士性及其高第门人中书蒋世钦，因与还往。居无何，侍御官满来朝，予卧病庆寿寺，之数人者，无日不在坐。师友蝉联，臭味相似，亦一时之胜会也……予以景泰甲戌游小陂，与克贞先后至，凡克贞之所修而执之者，予不能悉也。书予说于莲塘图，侍御质诸克贞先生以为何如？"②可见，对于未能见到娄谅他是表示出惋惜之情，而对于同门之间的学术联系，陈献章是比较在意的。在吴与弼的精心教育下，陈献章静坐十年，感悟到了天理就在人的主观之心的道理，坚定以后献身地方公共事务的

①　（明）陈献章：《祭先师康斋墓文》，《陈献章集》卷1，第107页。
②　（明）陈献章：《书莲塘书屋册后》，《陈献章集》卷1，第64—65页。

意志和信仰，培育一大批优秀的教育人才，其中最出名的是湛若水。而在位居礼部尚书湛若水努力下，陈献章的心学风动 16 世纪，一度成为显学。陈献章不仅敦促抚州知府出版《康斋集》，还捐助自己的画给吴与弼的外甥，这些都是吴与弼教化之功。

1454 年（景泰五年甲戌，吴与弼 64 岁）冬，吴与弼的第四位高徒江西余干胡居仁来学。① 胡居仁（时年 21）自己说，"甲戌冬，将小学习读，略有所感。于是往受教于临川吴先生之门。乃知古昔圣贤之学，以存心穷理为要，躬行实践为本，故德益进，身益修，治平之道固已有诸已。是以进而行之，足以致君泽民，退而明道亦可以传于后世，岂记诵词章智谋功利之可同日语哉"②，指出吴与弼教给自己治理天下的学问具有正义性，首先靠自己一己之力去实现的。1456 年，景泰七年丙子，吴与弼 66 岁，与学生胡居仁（时年 23）等人入闽，迁道上饶访周文、娄谅（时 35 岁）及上饶郡庠生，宿其家。③1462 年，英宗天顺六年壬午，吴与弼 72 岁。是年三月，吴与弼往余干县访学生胡居仁，赐匾"礼吾书舍"，鼓励其讲学。④ 或此年，胡居仁《春秋》师于世衡官满福建崇安茂宰，将赴上海松江通判。故老师康斋与胡居仁共游福建诸地，看望于世衡，诸人一起共回江西。⑤ 胡居仁与老师们多有酬和诗，或如"数

---

① 胡居仁（1434—1484），字叔心，号敬斋，江西余干县梅港人有《胡文敬公集》《居业录》等书。万历十三年（1585）被崇祀孔庙。
② （明）胡居仁：《胡敬斋集》，卷 1，《奉于先生》，北京：中华书局，1985 年，第 9 页。
③ （明）胡居仁：《胡敬斋集》，卷 2，《芸阁记》，北京：中华书局，1985 年，第 46 页。
④ "壬申岁始师于于先生准，至甲戌岁复游康斋先生之门，始知圣贤之学，不在于言语文字之间，而在于身心德行之实，故追前非欲求自新之实。但终以驽庸之才，不堪鞭策而进也。思与二三同志，别求燕闲之地，以共讲其所闻而不可得。于是乡党某等捐割已资，即幽旷之地，构屋数间以为，群居讲学之所至。壬午三月师吴与弼经历至所，赐之扁曰礼吾书舍。盖因其地而寓号焉。"卷 1，《上邑宰》，胡居仁：《胡敬斋集》，北京：中华书局，1985 年，第 24 页。
⑤ （明）吴与弼：《康斋集》，卷六，《适闽稿》。

仞师门力学真，明乎庶物察人伦。芳塘活水今犹昔，喜际龙潭复有人。抱膝茅檐盖世豪，管教得志失萧曹。登攀自是男儿志，谁道龙门特自高"（《奉吴先生二首次于先生韵》）、"四龙冈上记行踪，往复师门九载中。每愧光阴虚度也，从头重拟更加功"（卷三《行至四龙冈绝句》）①。1463 年，天顺七年癸未，胡居仁年 30。或此年，看余干东山书屋旧趾，有"十年勤苦读书心，绿树阴中认故岑。成已功难增永叹，愚蒙空数岁华深"②。1464 年，英宗天顺八年甲申，吴与弼 74 岁，或在此年，胡居仁写《丽泽堂学约并序》，云"方今海内之士，学明德尊，足为师表者，康斋先生一人而已。愚往复从游数载，仿佛有以得其依归，但志卑质鲁，又相去之远，不获常相亲炙。恐离群独学，终无以成德也。于是乃与同志某等，构为丽泽堂，相与肄业其中……读书务以小学为先，次四书以及六经，与周、程、张、朱、司马、邵之书，非理之书不得妄读"③，高度总结老师吴与弼学问的独特性与高尚性。1472 年，成化八年，是年，胡居仁赴上饶访同门学友娄谅，并登其家芸阁，累日共相讲学。或在此时，畅游著名风景名胜弋阳的龟峰，多有诗赋。④ 胡居仁少年早熟，加上他特别聪明，吴与弼对之自然偏爱有加，两次福建游都带着他，更不用说馆资辅仁了。在吴与弼的精心培育下，胡居仁两次主掌中国四大书院之首的庐山白鹿洞书院，并培养具有正义性、执政一方的余佑。

　　正是在吴与弼精心构建的网络里，胡九韶培养了丰城籍弟子杨崇，而杨崇教育出自己的儿子杨廉（1452—1525，江西丰城人，号月湖），而杨廉

① （明）胡居仁：《胡敬斋集》，卷 3，第 82 页，北京：中华书局，1985 年。

② （明）胡居仁：《胡敬斋集》，卷 3，《看东山书院旧趾》，第 82 页，北京：中华书局，1985 年。

③ （明）胡居仁：《胡敬斋集》，卷 2，《丽泽堂学约》（并序），第 72 页，北京：中华书局，1985 年；杨希闵编《胡文敬公年谱》，《宋明理学家年谱》第十册，北京：北京图书馆出版社，2005 年，第 237—238 页。

④ （明）胡居仁：《胡敬斋集》，卷 2，《芸阁记》，第 46 页，北京：中华书局，1985 年。

一生从政 36 年（1487—1523），从庶吉士、南京户科给事中、南京兵科给事中、南京光禄寺少卿、南京光禄寺太仆卿、顺天尹、南京礼部右侍郎，最后到南京礼部尚书，可谓把一生献给了国家的公共事务管理。另外，从政之余，他利用自己手中的资源尽心推动吴与弼、陈献章、胡居仁三人文集的出版、修订和推广，而且亲自祭拜娄谅墓，撰写悼文，弥合和增进与娄谅、陈献章、胡居仁等门人与王阳明等学友间交往①，可算是 15 世纪末期至 16 世纪初期崇仁学派后劲中与阳明心学互动的重要人物。娄谅嫡传弟子夏尚朴（1466—1538，江西上饶人，号东岩）从政 20 多年，历任南京礼部主事、广东惠州知府、山东提学副使、南京太仆寺少卿，先生于国家公共事务管理。陈献章弟子辈出，尤以湛若水（1466—1560）为最，从庶吉士编修开始，历官南京祭酒、礼部侍郎、南京礼部尚书、南京吏部尚书、南京兵部尚书。而胡居仁晚年嫡传弟子余祐（1465—1528，字子积，江西鄱阳人，号韧斋）历官南京刑部员外郎、南京刑部贵州司主事、南京刑部广西司员外、福州知府、山东按察司副使、徐州兵备副使、河南按察使、广西按察使、湖广右布政、云南布政使②，为官 30 载（1499—1528），多次遭同事诬陷，不改其为民之志，可谓能臣廉吏。其对中国历代行政管理思想研究颇深，尤以对宋代大思想家、政治家、教育家朱熹的文集、语类专门研究。在 1514 年（正德甲戌）四月，经过多年的精心研究，按照人主心术、人主学术、储君、择相、大臣、谏奏、监司守令、学校、使馆、科举、荐举、纪纲风俗、官制、法制、礼制、历数、农田、经界、赋税、财用、

---

① （明）杨廉：《杨文恪公集》，卷 62，《祭一斋先生文》，续修四库全书集部别集类，影印山东省图书馆藏明刻本，第 1333 册，第 116—117 页。

② （明）张岳：《吏部右侍郎韧斋余公祐神道碑》，焦竑：《献征录》，卷 26，《吏部三》(侍郎)，《续修四库全书》史部第 527 册，上海：上海古籍出版社，2002年。张岳（1492—1553），字维乔，号净峰，福建惠安县人，1517 年进士，历广西提学佥事、四川总督等，著有《小山类稿》(林海权、徐启庭点校，福州：福建人民出版社，《八闽文献丛刊》，2000 年)。

工作、徭役、按劾、辞免、刑罚、狱讼、选将、兵制、荒政、盗贼、夷狄、灾异、异端淫祠、杂类总计36类分16卷对卷帙浩繁的朱熹思想进行最专业的分类，便学者"检览"①，使朱熹的圣贤之学"明于天下"②，有补于天下"治道"。其书在1522年（嘉靖元年）由河南按察司刊刻③。后，余祐"内召为太仆寺卿，未及行，又擢吏部侍郎，未闻命而病卒"④，令人惋惜。胡居仁另一位私淑弟子魏校（1483—1543，苏州人，号庄渠）历官南京刑部主事、南京兵部郎中、广东提学副使、江西兵备副使、河南提学、南京太常寺少卿、南京大理寺、南京太常寺卿掌祭酒事，一度为太子师。正是在吴与弼和其弟子等人的多年精心教育下，崇仁学派后学之间密切联系，互相扶持，并出现多位为国贡献的能人志士，为15世纪末至16世纪初大明江山的秩序的维持和社会发展提供有效的智力支持。

　　吴与弼其他高足不少。1460年，天顺四年庚辰，吴与弼时年70岁，浙江衢州常山象湖郑伉（1436—1478，字孔明，号敬斋）来学，赠诗"残经讲罢慨虞唐，步月归来兴未央。诗卷写阑吟更好，又挥余墨两三行"⑤。游学归家后，郑伉"执丧极哀，祠墓殡葬，一本之家礼。设义学，立社仓，事事皆着实地上作要……盖有得之康斋者矣，然挟经济之术，三谒公卿而不一试"⑥，行政管理思想崇尚礼仪，以礼制为主，似乎偏于发展型政府一路。吴与弼在《东游稿》中写道，"依稀余墨象湖傍（堂扁拙墨存焉），鹤去山空事渺茫。嗣续喜看仁爱重，灯前聊跪告新章"⑦，

---

①　（明）余祐（辑），《文公先生经世大训》，四库全书存目丛书，子部第6册，台南：庄严文化事业有限公司，1995年，第699页。

②　（明）余祐（辑），《文公先生经世大训》，《文公先生经世大训序》，第697页。

③　（明）余祐（辑），《文公先生经世大训》，《文公先生经世大训序》，第697页。

④　（明）余祐（辑），《文公先生经世大训》，子部第7册，第53页。

⑤　（明）吴与弼：《康斋集》，卷六，《诗》，《书郑伉卷子毕偶成》，第464页。

⑥　（明）郑善夫：《墓表》，载焦竑编：《国朝献征录》，第140卷，《儒林》。

⑦　（明）吴与弼：《康斋集》，卷六，《诗》，《宿郑氏村居》，第480页。

指出借出游之机，吴与弼与郑伉有深度交流。据《象湖郑氏宗谱》卷三第69页记载，郑伉有三子一女，分别是郑性、郑心和郑道，女儿则名郑适①，"所著有《易义发明》《卦赞》《读史管见》《观物余论》《蛙鸣集》，凡数十万言，惜以毁烬，其存者仅十之一云"②，其行政管理思想因资料毁烬，难以深入挖掘。

1464年，天顺八年甲申，吴与弼时年74岁，安徽宣称祁门学生谢复（1441—1505，字一阳，号西山）来学，其后有济世之术，"修躬行，日率其弟嘉侍亲侧，馔具必躬治，坐立不敢南面，退与其妻叶孺人相敬如宾，与弟嘉敦友爱。亲殁，不御酒肉……复率族人即城南建祠祀始祖唐金吾公以下。冠婚丧祭，悉遵古礼，为乡人倡。平居，寡言笑，接人和易，有问应答，如悬河然。入市，整容徐行，不苟一步……尝聚徒南塘，每开迪以孝弟为先。然穷年一室，讨古论今，遇感有作，多悠然发□养。弘治中，与修邑志。太守幸庵彭公，深敬礼之，造诣既久，远近知名……令郑公问政，曰辨义利，则知所以爱民、励己，时以为名言"，其严谨束身、贴身涵养，俨然大儒，行政管理思想上与吴与弼的德性政府观一致，推己及人，以一己之涵养推广至国家公共事务的治理，人治思想的表现。吴与弼在其游学归家时，有诗歌"朱乡遥忆旧年怀，今喜名邦四子来。寄语家乡多俊秀，好将朱学剩栽培"③；后吴与弼上饶游，师生又见，又赠诗歌"今日良朋果盍簪，还家各务惜分阴。新春有约龙潭上，好与儿曹共此心"④。其所著《西山类稿》（四卷）只见于四库全书目录，吾辈尚难以深入分析

---

① 笔者于2010年9月29日上午，趁第三届衢州国际儒学论坛会议之便，我从衢州到达常山县招贤镇，途中转车去象湖村（常山最大的自然村），在象湖村民（多有中老年妇女）帮忙下，尤其是村民郑立红的指引下，得以在郑尚仁老人家里查阅其珍稀族谱。

② （明）郑善夫：《墓表》，（明）焦竑编：《国朝献征录》，第140卷，《儒林》。

③ （明）吴与弼：《康斋集》，卷七，《诗》，《赠祁门四生》，第485页。

④ （明）吴与弼：《康斋集》，卷七，《诗》，《别旧生祁门谢复、谢希、林饶晋》，第490页。

其行政管理思想。但其典型的正学家形象与胡居仁一致。如他评论同门前辈陈献章心学可见其维护正道之心。他说 "景泰甲戌尝游先师康斋吴先生之门，甚见推许，遂以所学倡东南。后十年，复始至小陂，闻其名，渴欲见之而未能也。弘治辛酉与方进士纯吉评诗，及接先生石翁近稿，心窃疑之。适小儿归自岭南复得先生所为诗，读之晚年所得，专主于静，似有戾乎先师之说。盖其所与者，定山、太虚诸人，日积月累，与之俱化，故其形于篇什者，多空寂长生之术，而君子有不屑焉。世之高明，递相祖述，以为吾道之宗。仆惑滋甚噫! 安得起先生于九原而解此惑耶?" [①]，体现出他对陈献章心学与老师吴与弼心学的分歧，当为的见。

1465 年，成化元年乙酉，吴与弼时年 75 岁，是年临川籍贯学生程庸任云南同知，牛演任江西赣州千户，为之饯别，赠诗 "云南万里正新任，赣上千山复旧官。武艺共瞻中土重，文韬总喜远隅安。壶浆柳柏春风软，灯火云窗夜雨寒。慎勿轻为儿女态，功名留与后人看" [②]。程庸多年受学康斋门下，奉安人，康斋为其写族谱序，甚得康斋欣赏 [③]。第二

---

① （明）谢复:《书白沙先生诗稿后》，黄宗羲编:《明文海》，北京: 中华书局，1987 年，第 259 卷。

② （明）吴与弼:《康斋集》，卷七，《诗》，《赠别程庸牛演》，第 493 页。

③ （明）吴与弼:《康斋集》，卷九，《序》，《丰安程氏族谱序》，第 534 页。吴与弼曾宿其家，也与其在杭州西湖游玩。程庸颇爱读书，抄录《朱子语录》。吴与弼赠诗歌 "陈迹依稀慨昔游，寒窗遥夜意悠悠。他年萍水重相念，何处西风独倚楼"（《程庸以种湖所书拙字及邮句见示怅然有作》）、"准拟名山复并游，朔风无奈日飀飀。金陵已失连枝喜，无会仍为落叶愁。南指片帆应迅速，北来行李莫淹留。丹枫黄菊同归梦，定约三衢兴信州"（《钱塘留柬程庸》）、"旅思摇摇倦淹泊，息肩重喜登新阁。阁中无物不堪夸，举目咫尺皆真乐。赋诗不尽析薪情，负荷丁宁二雏学"（《题程庸读书阁》）、"皇华岭畔又奇峰，峰上新亭结构雄。亭子主人良得意，来游多侣共春风"（《同程庸诸生游集庆亭》）、"二生忽喜后先来，无德相资愧尔才，黄卷有师当自勉，闽关濂洛是梯阶"（朱子云四子六经之阶梯近似缘四子之阶梯《程庸承府主命李观光，章取则皆集小陂讲颜子》）。吴与弼写道: "程庸、李章者尝一宿于其家而承其父祖之欢。庸族父志宏尝述其世系一通，尊公希善仿欧阳法复为之谱，命庸以请序"《丰安程氏族谱序》。

年，吴与弼又有诗歌赠牛演，"晴山联骑度花音，驻勒频倾故旧心。彼美禅关清夜宿，玉壶春酒又同斟"①。牛演父亲为临川五峰主人牛琛第三子，其千户为世袭职位②。

（二）地方公共事务管理的亲友间网络

明代乡村公共事务管理体现出浓郁的宗族性，在江西尤为明显。在吴与弼的宗族行政思想体系内，其学生属于核心圈，亲友属于中圈，而与其熟识地方官员和旅途所遇之人属于外围圈。

吴与弼第一篇序言是为其妻子的哥哥所写，意义犹属特别。吴与弼在对其妻娘家一番赞扬和敬意之后，鼓励其妻兄说，"嗣其世者，能不思所以奋拔，而可甘同于流俗哉"③。吴与弼在13岁的时候，母亲离世，算是单亲家庭长的孩子。在位其母亲家的族谱，吴与弼说"周，吾母家也，世居务东。有文五府君者，娶裴氏。府君殁，二子皆幼，鞠于舅氏，遂因舅姓而家于裴坊，今四世矣……周君颜仲与其从子元昂作谱以复其姓……文五府君而上莫得而考，惟乡邻尚能谈周氏之盛，皆曰楼下周焉……与弼十岁别母京师游，又十岁归。母卒七寒暑，踏地号天墓侧，欲绝不能。今又四十年矣。每瞻望裴坊云物，与经是山川，心辄如割，尚忍题斯谱耶！"④，不仅追述了楼下周氏改裴氏四世后恢复周姓的缘起与过程，而且吴与弼还沁入自己的母子真情，体现出一代大儒对娘家山水风物的感恩与缅怀，令人感动。随后在娘家族谱序中，吴与弼说"与弼，周出也……与弼幼来外氏，辱府君家惠爱厚，故不敢以不敏辞夫裴君伯

---

① （明）吴与弼：《康斋集》，卷七，《诗》，《下窑寺赠牛演》，第493页。
② （明）吴与弼：《康斋集》，卷十二，《铭》，《牛君墓志铭》，第590—591页。吴与弼与其家族交往较多，说"我实由于仲氏而君固一致焉。托门墙仅四十载，偶然而已哉"。
③ （明）吴与弼：《康斋集》，卷9，《临川陈氏家谱序》，第531页。
④ （明）吴与弼：《康斋集》，卷9，《务东周氏家谱序》，第539—540页。

仲谱牒……若其立身立德，如传所云，则尤裴君之素愿，而后人所当尽心也"①，表以感恩和勉励之情。

吴与弼对其父亲的少时老师多表敬意，他说"昔先子学邑庠时，受《诗》于困学李先生，继受《春秋》于先生尊府中山君子。小子与弼于闻孙子俨族孙公迪皆辱爱焉。而公迪数来讲于学。去年秋，公迪致子俨君之命，以其族之谱来属序……叔权谓旧谱往往简略，遂推源寻派，访求悉纪，善矣。志道以书官书名寓劝惩为尚史例。时之序引者，同声相和，以为真得史氏法。夫谱牒不为尊祖敬宗收族而作，徒为予夺之书耶。其间固有非劝非惩而著之若法院李等，抑又何叹"②，指出族谱撰修以"寓劝惩"道德训诫为主要原则，表明自己创修族谱有助于地方秩序和谐的道德立场。对自己的学友潘宏道，吴与弼说"吴兴潘君宏道训导临川郡庠，访予种湖之上，而遣子学焉。再访予小陂风雪中，又联镳石井先陇，而登金石之台……予为赋潭江先址诗以述其情意……亦足畅孝思之万一云耳……君子之用心且曰不敢辄有附益，惟传信是尚，尤得作者之体云"③，并对学友复兴族谱的传承意义和对学术的执着进行表扬。对于自己的邻居，吴与弼说"予复居故里，于韩为同社……（韩）惧丘垄之或芜以湮也，率众修治而封树焉；惧昭穆远而日忘也，谨祀田以勤拜扫焉；惧族属日繁而日疏也，合少长以笃其伦焉。复作谱以为纪载之本而属予为序。予以二公相与之厚也，故不辞而为之书"④，表现出对乡友的敬意和修族谱支持的义不容辞。对乡友的复姓，吴与弼极表推崇，说"向予拜扫于紫石之坑，识地主黄君克从、吴君旭高。今年秋，克从以其

---

① （明）吴与弼：《康斋集》，卷9，《裴氏族谱序》，第540页。（明）吴与弼：《康斋集》，卷9，《务东周氏家谱序》，第539—540页。
② （明）吴与弼：《康斋集》，卷9，《彭原李氏族谱序》，第539页。
③ （明）吴与弼：《康斋集》，卷9，《潭江潘氏家谱序》，第537—538页。
④ （明）吴与弼：《康斋集》，卷9，《种湖高街韩氏族谱序》，第538页。

所作族谱属旭高，将其中子亢宗来谒。黄本姓金……以逃难易今姓……远山公惧忘其本初也……与其表姓于名，孰若复其姓之为愈哉"①。对儿时故旧，吴与弼念旧情，说"予幼侍亲京师，闻先子每乐道元氏……家藏遗墨，既遭元兵，复罹水患，残编断简……尝亲德于德高翁，蔼然故家文献之裔。间以谱序见属……予亦久淹于疾……感叹存殁之余，谨识而归之"②。吴与弼与故人黄季恒友情颇深，不仅为其子婿写序，还为其友人写序。吴与弼说，"尝与故人黄季恒论五峰旧族，因及其子婿黎淳家世……四世号月楼，读书尚书坟……当宋末罢官复于尚书坟所构日新书院以教授。元累征不起……故有谱，近毁于其族人之手……为之谱者，不尤难乎！淳也其于是举，良足嘉哉"③，一方面哀叹族谱中断而重修的困难，同时表彰学者传道授业的伟大。在给黄季恒友人的族谱序中，吴与弼说"昔友人黄季恒，尝从予省墓紫石坑，经荆溪，指华氏伯良之居曰，'是盖素仰先生者，何一访诸？'予辞未遑也，后十载，重经焉，质诸其邻友吴子通氏，而黄君之言为信。时黄君物故久，而平时误向往予者，率晨星矣。惟伯良年过七十而迎侯康强，适华庭新构，境物春明，暄妍之至，童稚咸欣，而嗣子广告予以畴昔之夜，实梦夫子染翰于斯，宛然今日也。予既答以纪梦之诗，而伯良相好无已也"④，颇显与有德之人交往的美妙画面，同时感叹老友不再的苦闷。

在给另一在世好友胡子贞的族谱序言里，吴与弼将族谱的行政学意义讲得很明白，他说"一以祖宗视之而收其族，不以族之贫富异其心，故吾一派独以贫而见系于全谱者……为子贞者，其率夫同派之亲，渐摩

① （明）吴与弼：《康斋集》，卷9，《种湖高街韩氏族谱序》，第538—539页。
② （明）吴与弼：《康斋集》，卷9，《吴营桥元氏族谱序》，第541页。
③ （明）吴与弼：《康斋集》，卷9，《五峰黎氏家谱序》，第546—547页。
④ （明）吴与弼：《康斋集》，卷9，《荆溪华氏族谱序》，第549页。

乎礼乐，涵泳乎诗书，日新又新，上可追前代声华之美，下可贻子孙无穷之谋，又何贫富之足论哉！若夫齐家之要，睦族之方，具有圣贤成法可考而知，褒然而倡。在子贞，固宜勉翕然而和，又众人所当踊跃也"[1]，可见族谱撰修不以贫贱富贵悬殊一并纳入，具有保全历史资料的意义，同时以耕读持家，重建社会秩序。在给邻里孙坊孙绍先族谱的序言里，吴与弼说"天顺戊寅春，予将有北京之行……清所翁，先友也。先子寄诗有，'藕花溪畔竹林幽，步屧西风记昔游'之句。予儿时拜仪表于先子官舍。翁既归乡，辱为忘年之交……与恭者，念予尤厚。夫既叨友朋之谊，重以亲戚之好，安敢吝于绍先之勤哉"[2]。对于老朋友小孩的教育，吴与弼比较上心。在给他相知多年临川的老朋友傅秉彝的信中说，"欲更上一步做好人，以光祖宗以大门户，以垂后昆则宜，偕令嗣至山中，有以相告，区区居家远俗事外，日与二三子读书，穷理乐尧舜之道而已，此外非所敢知也"[3]，展现一个醇儒的爱人之心。在他看来，有效地教育既可以确保小孩成为对社会有用的人，也作为传播自己祖宗事业的手段。

（三）地方公共事务管理的官员间网络

吴与弼生性淡泊，"绝迹公门"[4]，难得主动与官府打交道。唯一一次主动与官府打交道是因为自己常年在外游学，祖坟被侵占事。他自己交代到，"谨遣弟与性稽亲拜书于宪使河南大人钧座前……与弼自幼随亲宦游于外家，山丘墓旷于祭扫。年岁既久，不免为人占侵盗葬。已尝遣弟与畴具诉于官人，顽健讼，慢延至今，不遵迁改"[5]，似乎最后在当地政府的干预下，事情得到解决。政府官员与吴与弼打交道主要有如下几个

① （明）吴与弼：《康斋集》，卷9，《胡氏族谱序》，第550页。
② （明）吴与弼：《康斋集》，卷9，《孙坊孙氏族谱序》，第549页。
③ （明）吴与弼：《康斋集》，卷8，《与傅书》，第517页。
④ （明）吴与弼：《康斋集》，卷8，《答黄季恒书》，第527页。
⑤ （明）吴与弼：《康斋集》，卷8，《上石宪使书》（庚申），第525页。

原因：或者是因为吴与弼父亲曾任国子监司业的关系，某些官员想拜访、结交吴与弼，如参政陆友谅曾赞助吴与弼，吴与弼赞其"仁人君子之高风雅度，邈乎其不可及也。其于师友之谊厚矣，于风俗激昂多矣"①；或者是官员出于地方事务需要请吴与弼去讲学等公干，如 1466 年，当时吴与弼 76 岁，江西建昌知府谢士元（1425—1496）派遣郡学生来学乡射礼②；或者官员自身需要请吴与弼题字、画画、写族谱序等，以抬升自己的名誉、影响力；或者，官员举荐吴与弼出仕，希望促进国家事业的发展，如 1439 年，当时吴与弼 49 岁，清漳王太守推荐吴与弼出仕③。

对于参政江西三年的浙江余姚籍杨文琳，吴与弼说"余姚杨侯文琳参政江西之三年，奉敕以军务临敝郡，束书遣使命仆……昔杨侯初迁秩画省时，适仆叨聘寓金台，兴道致治之诚，溢于承颜，接辞之顷，寻征舆论，夙著兰台。夫以潇洒出尘之资，蕴瑰玮奋拔之志，笃兹以往名门，华谱安得不益大而益重，矧族之后人观感而兴起者"④，颇有佳其志向、华其人生的豪气。

而在给江西进贤宰吕廷和三年任期将有北京之行的送别留言中，吴与弼系统的抛出自己对地方政府管理理想类型的具体画面，他说"窃尝论邑宰之美，必以武城、单父、晋城为巨擘焉。一则弦歌播闻，一则不下堂而治，一则学者风靡，三邑生灵，何幸际于斯日也。有民社之责者，闻风能无兴起，桐庐吕侯廷和之宰进贤也。名其退食之所曰'正心'，治之左曰'善教'，右曰'善政'，社学曰'涵养良心'。非志于希贤者乎？三载考绩，将赴天官。愿攀辕者众口一辞，亦可以见秉彝之在人心，固

① （明）吴与弼：《康斋集》，卷 8，《答陆参政友谅书》，第 526 页。
② （明）吴与弼：《康斋集》，卷 8，《复建昌郡候谢士元帖》，第 527 页。
③ （明）吴与弼：《康斋集》，卷 8，《回清漳王太守书》（正统己未），第 524 页。
④ （明）吴与弼：《康斋集》，卷 9，《余姚杨氏族谱序》，第 552 页。

无古今之异矣……夫言、宓二子，亲炙圣人之化，程伯子亦学圣人之学者。学固当以圣人为依归。去圣虽远，微言尚存。玩其言，以得其心，何远之不可到哉！日知其所无，月无忘其所能，吾于吕侯是属"①，细玩文字，颇能感受 15 世纪中国行政管理学术思想的精髓。在这段建有规范和经验双重描述的字眼里，吴与弼所提出的古代地方政府治理的最高境界是"弦歌播闻""不下堂而治"与"学者风靡"，而武城、单父、晋城三座城市治理一直是中国行政管理学术思想熟练应用的最好模板，给后人展现一幅无为而治、政教和谐与高歌不断的盛世景象。而在 15 世纪中期的江西进贤县，在吕廷和的精心治理下，狠抓道德教育，正风俗，出现了以"养良心"为道德修养论的"善政"，是难能可贵的。吴与弼对善的政府管理一直充满期待，其内心的开心与感动是显而易见的。

在为表扬江右金宪吕某执政多年的时候，吴与弼说"一有贤知，非其生质之良，必其务学之懿，如江右金宪吕侯是也。侯之言曰'为官二十余载，事事不逮于人'……耻者，吾所固有羞恶之心。惟其梏之反复，而失是心也，漫不觉知，诐诐自广，人莫已。若人欲肆而天理微矣……心，一也。胜于物，则灵。掩于物，则昏。人，一也。有耻则可教，无耻大不幸"②，羞耻感是为官之道的一个重要方面，羞耻感可以克制外物欲心对公共利益的腐蚀，从而保证政府官员坚持自己的个性，在流俗滔滔的大时代中彰显政府官员的道德责任。在给另外一位官员浙江永嘉籍官员吕本让和时任江西监察御史洪的赠言中，吴与弼说"兰之为卉，禀二气之清。根既殊科，香固绝伦，吾人于学可不务厥本哉！涵养者，立本之方也，日新又新，则积中者日盛；发外者日著，岂直播誉一时，会应流芳百世，增兰故事，为他日美谈，大丈夫当如是矣"，并以

---

① （明）吴与弼：《康斋集》，卷 9，《送进贤邑宰吕廷和序》，第 553 页。
② （明）吴与弼：《康斋集》，卷 10，《耻斋记》，第 563 页。

"能子"、"君子玄德"赞其在江西执政的表现，而自己虽"窃伏山林，侧聆余韵，喜而不寐"①。

　　在给江西提刑按察使原某三年期满的留言中，吴与弼说"霜台诸贤，最乃绩曰所在著廉、能之誉……夫廉者，德之符；能者，才之施，德一而才二，才施于所宜施也。其在已为吉人端士，其示人如青天白日，人之仰之如景星庆云，其及物如和风甘雨焉。然学有纯疵，志分淑慝。从古以来负聪明卓荦之资而枉其才者，多矣"②，对德才兼备的治理思想作了较为细心地分析，提出德一才二的德主才辅的人事行政思想，同时对当时能同时具备德、才的官员人才表示自己的担心。同时，吴与弼对原侯寄予自己的期望，说"若吾原侯者，善于用其才也欤，扬休光动群寮，岂偶然而已哉。抑闻儒者逢时生灵之庆，圣明在上，正豪俊有为之秋。功高社稷，名重丘山，又仆之私于吾原侯者焉"③。而在称赞上饶太守简铣治政有方时，吴与弼说"希贤之志哉！宜乎其民之多誉也"，肯定他的治绩，同时勉励他"动容周旋无不中理""随事致省不敢违理"，希望他获得"无极之妙充盈宇宙而该贯吾心"的治理境界。④

　　在"流俗滔滔，知德者鲜"⑤、"富贵易得，名节难保"⑥的15世纪中期，中国地方行政管理遭遇到功利主义的挑战，德性在政府官员的实际执政中淡化，以权谋私，争权夺利，中饱私囊，甚至鱼肉人民。"流俗滔滔，知而信者恒少"⑦的道德淡化的时代里，即便最高政府当局推广德

①　（明）吴与弼：《康斋集》，卷10，《兰轩记》，第563—564页。
②　（明）吴与弼：《康斋集》，卷9，《送按察使原侯序》，第553页。
③　（明）吴与弼：《康斋集》，卷9，《送按察使原侯序》，第553页。
④　（明）吴与弼：《康斋集》，卷10，《省庵记》，第564页。
⑤　（明）吴与弼：《康斋集》，卷9，《丰城曲江熊氏族谱序》，第552页。
⑥　（明）吴与弼：《康斋集》，卷9，《临川冈上李氏族谱序》，第554页。
⑦　（明）吴与弼：《康斋集》，卷9，《荆溪吕氏族谱序》，第548页。

性治国，其地方政府的实际治理绩效事实上遭遇重大的阻力。吴与弼的呼唤，无疑是天外来音。加上他自己在 68 岁推辞皇帝要求他做太子老师（"左春坊左谕德"）的聘请，"有德者尚不能委以重任，何苦那些无德者或德才不全者呢？"吴与弼深刻地意识到政治不可为、政治难为而不得不独善其身、继续隐居偏僻江西乡野的时候，他的憋屈、郁闷和彷徨，谁又能够理解呢？但是，他培养了一大批优秀的、具有独立人格的大学者，而这些学者注定要引领 15 世纪中后期的中国学术发展和政府治理思维方式的道德化再造，他们就是娄谅、陈献章和胡居仁。

在吴与弼看来，要复兴汉唐之治，更重要的是复兴大学的德性教育，实现学政互动。他说"昨日读真西山《大学衍义》，观其叙尧舜三代之盛，君之所以为君，臣之所以为臣，皆本于大学格物致知，诚意正心修身之功。汉唐之治，君之慕学，虽或甚笃；臣之辅导，虽或甚切。然于大学之道不明，是以卒于汉唐而已，然则人之为学而不本于大学，皆非也"[①]，从而提出从根本上复兴皇朝伟业需要强大的学理支持的必要性。

一般认为，《春秋》一书蕴含中国政府管理的最高、也是最精深的智慧。1440 年，时年 40 岁的吴与弼说："昔伏羲书于龙马之图而文籍生，列圣继作，记载渐繁，皆所以出治道、立民极焉。后世风气日殊，诸子百家杂出而塞圣途，害人之心者非一。此文籍之弊，世道之不幸也。任道者，每忧之。所以正人心、息邪说、距诐行、放淫辞者，无所不用其极，而后列圣之绪，赖以不坠。然自古有志者少，无志者多，知而信者恒寡，能不为他歧所惑而卓然自立于斯道者，尤难其人。呜呼！世患不读书，读书又患不能以正而入于邪。夫惟善学者，必本之圣人以教，居

---

① （明）吴与弼：《康斋集》，卷 8，《与傅秉彝书》，第 517—518 页。

敬穷理以修其身，积力久，然后知彼一切世俗之学，举不足为。而吾所以参天地、赞化育者，道弘矣"①，一针见血地指出当时的皇帝和政府要员没有远大志向，不刻苦读书，甚至不屑于读书，即便读书又过于拘泥于二手三手的著作，遗忘以《春秋》为核心的一批经典。而吴与弼所要求的读书，就是要读第一等书，立志做第一等人，为国家发展做第一等事，也就是顶天立地，即"参天地、赞化育"的弘道者。他继续说道："昔孔子感麟而作《春秋》，故后世目为麟经焉……先儒之说是经者有曰'经世之大法'，又曰'穷理之要'，有曰'非理明义精殆未可学'，又曰'必优游涵泳，默识心通，然后能造其微'……刊落浮华，一味道真，俛焉日以孜孜"②，可见在古代读书人心中，《春秋》居于大经大法的政治与学术地位。因此，对《春秋》的系统与深入的学习，吴与弼认为要用心去感悟，需要"神交心契圣人于千载之上，以免于画笔拟化工"③的学习态度，最后获得潇洒出尘的学习效果。

晚年，吴与弼对自己的行政管理思想进行总结，他说"倦卧仰思古今国家治乱得失及人家盛衰得失，为之凛然！"④这与他前几年所持有的"清议不可犯也"⑤、"志在浮议，则心不在内，不可应卒遽事"⑥论点是一致的，清楚显示出他的保守主义行政观特点。他对政治参与保持一定的距离，甚至不公开发表意见，也可以是说保持一定的距离，他是不信任政府当局的。他对权威的敬意，显示出他对重新再造德性政府表示出现实的无奈。正如，他特别怕小人一样，他说"君子与小人斗力，不惟不

① （明）吴与弼：《康斋集》，卷10，《唐山书阁记》，第556—557页。
② （明）吴与弼：《康斋集》，卷10，《麟经轩记》，第558页。
③ （明）吴与弼：《康斋集》，卷10，《麟经轩记》，第558页。
④ （明）吴与弼：《康斋集》，卷11，《日录》第312条，第586页。
⑤ （明）吴与弼：《康斋集》，卷11，《日录》第211条，第581页。
⑥ （明）吴与弼：《康斋集》，卷11，《日录》第280条，第584页。

能胜，亦不可胜也"①，所以他情愿躲在山间，流连于清泉山色之间，做个山间行者，读书教书，为国家发展储备教育人才，绝迹公门。

正是由于吴与弼内心对教育的狂热，对亲人和学生、朋友和官员的爱，这样浓郁的情感使得他开创的崇仁学派影响了 15 世纪中后期到 16 世纪早中期明代政府当局行政管理的日常运行，有效的延长明代朱氏皇朝的统治时间。吴与弼精心的教育他所认识的所有的人，对自己的小孩也格外热心，而且颇具诗情画意。如他说，"江山随处倚高秋，一榻时从药局留。明月满城更向寂，缓携儿子语街头"②，充满浓浓的父子情深。每次出游，他都尽量带着旋庆同行。在推己及人的家国同构的关爱理念下，吴与弼所强调的是何等行政精神？在充满诗意化的教学氛围下，吴与弼所传输的王道理念，无疑是充满爱心的王道行政，这是我们需要大力挖掘和汲取的行政管理的思想史资源。

吴与弼直接感觉并享受朱元璋及其后代的诚心治政带来的盛世局面。他虔诚地养成每天烧香祭祀的习惯，在长期的读书、教学中，他不断传播诚心治政的治政思想，从学术上总结诚心治政思想并从学理上开出心学格局。沉思山间半个世纪，系统地提出以德性治政的政府观，并精心设计、构建师友间社会管理网络，借续修族谱的时机宣传他的宗族行政观，美国历史学家包弼德认为他的行政管理思想是地方自主治理国家事务的先声。在行政管理思想的构建中，吴与弼发现人心的神妙性。吴与弼的广东籍弟子陈献章继承老师吴与弼的心学思想，发展和创新心学，提出感化人心、收拾人心的行政管理思想，也培养一大批聪颖智慧的弟子，但他的思想停留于理念层面。16 世纪心学大师王阳明则把感化人心

---

① （明）吴与弼：《康斋集》，卷 11，《日录》第 202 条，第 581 页。
② （明）吴与弼：《康斋集》，卷 3，《九月壬午承王九鼎同省石井先陇，罢宿惠民药局。丙丁夜虚堂隐几，思及之固成此句》，第 410 页。

推展到激励内心的良知，针对混乱的地方局势，通过严密的保甲制度来引导人们的行为和思想，摒弃军事化的高压政策，重用柔性政策来戡平地方叛乱。吴与弼江西余干籍弟子胡居仁坚持老师刻苦治学的精神，接续程朱的理学思维的传统主义保守治理模式，通过构建礼法和客观之理，着力于恢复井田、培育精英和发展教育的路子，建立一套庞大的行政管理思想体系。胡居仁幻想着政府当局恢复荐举人才的选拔制度。事实是，在15世纪40年代，已经运作70余年的荐举制被正式的科举考试制度所取代，"通过荐举任官之途从招收人才的制度中消失了"①。1450年，政府当局向国家特别贡献粮马的人给以"例监生"身份，例监名额为1000名，极大地降低了太学的教学质量，降低了太学的教学声誉。② 在这样的历史背景下，胡居仁提出恢复荐举制，自办私人书院培养真才实学的精英人才，是可以理解的。

第四节　王阳明的契约式治理方法

在我国传统治国理政思想里，道德力与技术力总是处于相互冲突却又相互耦合的过程中。从某种程度上说，虽然国家治理是个技术问题，但却又是个道德问题。国内著名政治学者俞可平教授认为，目前全球政治过程的重心正从统治（government）通往治理（governance），从善政（good government）通往善治（good governance）③。其实，阳明夫子

---

① 〔美〕牟复礼、〔英〕崔瑞德：《剑桥中国明代史》（下卷），《明代政府》，第28页。
② 〔美〕牟复礼、〔英〕崔瑞德：《剑桥中国明代史》（下卷），《明代政府》，第30—31页。
③ 俞可平：《经济全球化与治理的变迁》，《哲学研究》2000年第10期，第17页。

的治政思想呈现出他作为全能儒的高度灵活性，不再是道德化的说教，不再是极权的高压控制，而是"力图发展起一套管理公共事务的全新技术"①，融合社会参与的多方位的国家稳固方法，结合道德力与技术力的彼此优点。阳明夫子的治政思想，不仅体现明代大儒对公共利益的表达、综合、确定、实现与维护的全面建构②，也体现对我国传统治理技术道德力与技术力的创造性转化与创新性发展。阳明夫子的政治思想不是迂腐的空谈心性，其治政思想就很好的体现德法融合的特点，是有一定时代意义和当代价值的。

王阳明（全名王守仁，1472—1529，字伯安，余姚人）是 16 世纪初期乃至明朝最著名的思想家、军事家、教育家，更是一位卓有建树的行政管理思想家。年轻时，年方 15 岁的王阳明曾经出游居庸关月余，体察民风，感觉民情，就有平定四方的大志向。③28 岁中进士后，阳明担任刑部云南清吏司主事，审录江北囚犯，秉着教育为主的原则，平反不少冤案。后来阳明还主持山东的乡试，提拔一批年轻有为的经世之才。④34 岁在北京为官期间，他就与方献夫、湛若水、黄绾等人以昌明儒学为己任，读书讲学，提高当时政府官员的道德修养和为治之道。⑤他敢于抗争，为正义倡言，结果得罪当时的宦官刘瑾，结果被流放贵阳龙场驿。在偏僻西部龙场驿的三年时间里，王阳明并没有自暴自弃，相反他闲暇之余默写经书，撰写了十余万字的《五经臆言》⑥，以自己的注解心得重新诠释五经思想。

① 俞可平：《治理与善治引论》，《马克思主义与现实》1999 年第 5 期，第 41 页。
② 〔美〕阿尔蒙德：《比较政治学：体系、过程与政策》，曹沛霖等译，上海：上海译文出版社，1987 年，第 38 页。
③ 《王阳明全集》第五册，据民国 22 年万有文库本《王文成公全书》繁体转简体版，北京：北京线装书局，2012 年，卷六，《年谱一》第 4 页。引用出处下同。
④ 《王阳明全集》第五册，卷六，《年谱一》，第 6—7 页。
⑤ 《王阳明全集》第五册，卷六，《年谱一》，第 7—8 页。
⑥ 《王阳明全集》第五册，卷六，《年谱一》，第 9 页。

同时，在贵州时，他接受当时贵州官员席书的邀请，担任多所政府学校的讲官，为教育、文化落后的地区布讲先进的文化理念。在1509年三月十八日至九月之间，39岁的王阳明担任江西吉安地区庐陵县知县，正式开始他的行政管理之旅。在他短短6个月的地方政府首脑任职期间，他提出德性政府的理念和政策，提出先德后法的责任政府建设，表示他要以模范、自责的精神带领全县人民治政。阳明的庐陵治政首创现代契约精神，明确提出官、民之间要双方均须遵守公告的具体规定，具有现代意义上的法治和契约精神。阳明的《告谕庐陵父老子孙》①本为他治政庐陵6个月后将要前往北京述职对庐陵全县人民的工作总结，其内涵的契约精神就是后来《南赣乡约》的先声，"近于现代地方自治制度"②。

阳明在《告谕庐陵父老子孙》公告中首先指出庐陵县民"以健讼称"，这与庐陵一直以来被誉为的"文献之地"不相称，作为知县"甚为吾民羞之"，故而，阳明庐陵治政就是要息讼，要恢复理学之乡文教繁荣的状态，建设一个开化而又文明的地方政府。③众所周知，吉安人独立、有气节，却也带来不肯妥协的倔强特性，"健讼"之比由来已久。为了息讼，建设礼让的美丽乡村，王阳明与全县民众约定，他说，"今与吾民约，自今非有迫于躯命，大不得已事，不得辄兴词。兴词但诉一事，不得牵连，不得过两行，每行不得过三十字。过是者不听。故违者有罚。县中父老谨厚知礼法者，其以吾言归告子弟，务在息争兴让。"④在治理中，他首先界定知县受理诉讼的范围，就是涉及身家性命的案件，除此之外的案件应该有里老负责解决。在讼的规定上，阳明通过地方分

① 《王阳明全集》第四册，卷五，《续编三》，《告谕庐陵父老子孙》，第125—129页。
② 萧公权：《中国政治思想史》，北京：新星出版社，2005年，第372页。
③ 《王阳明全集》第四册，卷五，《续编三》，《告谕庐陵父老子孙》，第125页。
④ 《王阳明全集》第四册，卷五，《续编三》，《告谕庐陵父老子孙》，第125页。

权的办法，鼓励里老处理诉讼的积极性，有利于地方秩序的建设。另外，为了提高阅读诉讼受理的效率，他限定 60 个字的讼词，设定一事一讼的办法，都是从行政效率上着眼。最重要的是，阳明采用"约"的方法，拉近官民之间的距离，确定官民之间权利和义务，明确官民各自的职责，有利于民众诉讼事务的解决。最后，阳明恢复朱元璋时期的乡间里老处理民间一般性民事纠纷制度，德高望重的乡间里老处理民间纠纷有利于社会秩序和谐。除了诉讼制度的设计，阳明还出台了一系列勤政爱民、体恤民情的公共政策。首先是面对庐陵全县"大行"，"汤药饘粥不继，多饥饿以死"的疫情，王阳明除了号召大家"出入相友，守望相助，疾病相扶持"，互相帮助，有钱的出钱，有力的出力之外，"官给之药"，赈济全县买不起药的贫民；并"已遣医生，老人分行乡井"，分派医生老人到各个乡镇救灾。① 对于那些有能力帮助大家解决灾疫的优秀人士，阳明提出自己会亲自拜访，体现出其救民于难的担当精神。其次，面对全县的旱情，阳明发布了"停催征"的规定，缓解民众的焦虑感和生活压力。② 针对亢旱引发的"不下千余"家的大火，王阳明仔细分析大火绵延的原因，"衢道太狭，居室太密，架屋太高，无砖瓦之间，无火巷之隔"，接受乡民"民居夹道者，各退地五尺，以辟衢道；相连接者，各退地一尺，以拓火巷"的街道房屋设计提议，提出"凡南北夹道居者，各退地三尺为街；东西相连接者，每间让地二寸为巷"，"沿街之屋，高不过一丈五六，厢楼不过二丈一二"，并官府出钱，"助边巷者为墙，以断风火"，有效地解决木质结构房子火势容易蔓延的弊病。③ 再次是面对全县的盗情，阳明接受"父老豪杰"的提议，建设了保甲制度。

① 《王阳明全集》第四册，卷五，《续编三》，《告谕庐陵父老子孙》，第 125—126 页。
② 《王阳明全集》第四册，卷五，《续编三》，《告谕庐陵父老子孙》，第 127 页。
③ 《王阳明全集》第四册，卷五，《续编三》，《告谕庐陵父老子孙》，第 128 页。

所谓保，就是乡村者，村自为保；城市者，十家为甲。保甲制度的成立，阳明试图运用父老的道德影响力，通过父老与民众的交流，"平时相与讲信修睦，寇至务相救援"，并对子弟中"平日染于薄恶者"采取父老教诲的保甲政策，而不是命有司抓捕，体现出浓郁的德治特色。① 最后，在处理军民"互争火巷"的纠纷的过程中，阳明采取一视同仁的公平态度。总之，阳明庐陵治政时期，针对当时旱灾、疫情与火灾接连而至的比较危急情况，王阳明敢于为民请命，"连名具呈"②，向上级打了个"乞蠲免以苏民困"的报告，陈述了"旱灾相仍，疾疫大作，比巷连村，多至阖门而死，骨肉奔散，不相顾疗。幸而生者，又为征求所迫，弱者逃窜流离，强者群聚为盗，攻劫乡村，日无虚夕"的严峻现实③，同时反映上级赋税"增至一万余两，比之原派，几于三倍"的现实④，并承担由此可能带来的"有迟违等罪，止坐本职一人，即行罢归田里"的政治风险⑤，体现出其诚心治政的勇气和智慧。同时，在地方事务治理中，阳明恢复很多朱元璋时期的公共政策，缓解地方矛盾，保护乡民的利益，如"清驿吏以延宾旅""绝镇守横征"等等。⑥

专权的太监刘瑾被诛杀后，阳明从正德五年冬十二月至九年四月不到三年半的时间内，历南京刑部四川清吏司主事（其 11 年前的职级）、吏部验封清吏司主事、文选清吏司员外郎、考功清吏司郎中、南京太仆寺少卿、南京鸿胪寺卿⑦，仕途平步青云，算是朝廷对其龙场驿三年谪居时期的回报。此时的王阳明，才华传天下，深得尚书王琼的欣赏，恰好

---

① 《王阳明全集》第四册，卷五，《续编三》，《告谕庐陵父老子孙》，第 127 页。
② 《王阳明全集》第四册，卷五，《续编三》，《庐陵县公移》，第 130 页。
③ 《王阳明全集》第四册，卷五，《续编三》，《庐陵县公移》，第 129 页。
④ 《王阳明全集》第四册，卷五，《续编三》，《庐陵县公移》，第 129 页。
⑤ 《王阳明全集》第四册，卷五，《续编三》，《庐陵县公移》，第 130 页。
⑥ 《王阳明全集》第五册，卷六，《年谱一》，第 11 页。
⑦ 《王阳明全集》第五册，卷六，《年谱一》，第 12—16 页。

汀漳诸处贼寇犯南、赣，于是满腹才华的王阳明在正德十一年九月升为都察院左佥都御史，巡抚南、赣、汀、漳等处[①]，并在次年九月改提南、赣、汀、漳等处军务[②]。在随后的日子里，阳明事实上充当了一方诸侯的封疆大吏角色。除了众所周知的盖世军功外，阳明的省级性地方政府治理也颇见精彩。在江西、福建、广西、湖北四省交会的剿匪中，还有在南昌平定宁王的过程中，阳明融儒学于军务、政务，公共事务的治理技巧达到很高的艺术境界。

　　首先，阳明尊重当地居民的建议，先后上书奏设清平县、崇义县与和平县，其中崇义县与和平县奏疏最终获得批准。通过在边界地区重新设置县府，不仅有利于对地方经济和社会的长期管理，更有利于对四省交界的偏远地区的秩序管理。在南靖县义民乡老曾敦立、林大俊看来[③]，正是由于各乡镇地处大山峻岭之间，地理遥远，交往不便，政教不及，导致不知法度的民众聚众闹事，抢劫乡村，有的甚至相诱相劫，导致群匪猖獗的局面。而唯有新立县治方可以加强对贼巢的控制，同时通过学校教育的普及，移风易俗，长治久安方可以形成，故县治是"御盗安民之长策"[④]。此年闰十二月初五日，王阳明在平定江西横水、桶岗寇贼之后，再疏升上犹县崇义里为崇义县[⑤]，以免出逃之贼寇复来聚会。[⑥]在《立崇义县治疏》疏文中，阳明分析江西赣州贼寇源于广东流动而来的畬贼，

<hr>

① 《王阳明全集》第五册，卷六，《年谱一》，第 18 页。
② 《王阳明全集》第五册，卷六，《年谱一》，第 22 页。
③ 《王阳明全集》第二册，卷三，《奏疏一》《添设清平县治疏》（十二年五月二十八日），第 57 页。
④ 《王阳明全集》第二册，卷三，《奏疏一》《添设清平县治疏》（十二年五月二十八日），第 59 页。
⑤ 《王阳明全集》第五册，卷六，《年谱一》，第 27 页。
⑥ 《王阳明全集》第二册，卷三，《奏疏二》《立崇义县治疏》（十二年闰十二月初五日），第 88—90 页。

这批畲贼开始只是砍山耕活，后来就慢慢干起杀人抢地的勾当，并拉拢附近万安、龙泉诸县逃避徭役、百工技艺游食之人，"分群聚党"，数以万计，从抢劫乡村，到打劫郡县，最后居然设立总兵、自封为王，扰民日甚。① 因此，盗贼剿平之后，招人垦田，兴修学校，建设"礼仪冠裳之地"②，维持长治久安，设立县治是首要之务。次年五月（1518 年），王阳明在平定广东大帽、浰头寇贼之后，疏升"山水怀抱、地势坦平、人烟辏集，千有余家"的龙川和平为县治地③，建议改和平巡检司于浰头以遏要害④，此县设立意在"控制三省贼冲之路"，防止"流贼复聚"⑤。

其次，阳明通过彼此之间订立契约的方式推行乡约，大力推进德治政府建设。王阳明深知，凭借单纯的设立县政府的方式只是从外在权威方面给予盗贼以打击，尚不足以治理乡村、安定民心，必须从改善人心、增进民俗等内源式方面全面推进社会稳定工作。因此，阳明在江西和广东交界处平定盗贼的两年时间里，大行乡约，移风易俗。十家牌法的建设，从军事上有效地遏制盗贼的活动空间，挤压盗贼的活动地带，也团结广大人民群众，是一种依靠群众军民合一的管理体制。而乡约则是利用社会自身力量，通过去恶从善的内在道德行为，利用人类自身的忏悔和反思的能力，提升自身的道德修养。《南赣乡约》是王阳明自己对乡村秩序自治政策不断发展的结果，是对其在庐陵知县任职期间

---

① 《王阳明全集》第二册，卷三，《奏疏二》，《立崇义县治疏》（十二年闰十二月初五日），第 88 页。
② 《王阳明全集》第二册，卷三，《奏疏二》，《立崇义县治疏》（十二年闰十二月初五日），第 90 页。
③ 《王阳明全集》第二册，卷三，《奏疏三》，《添设和平县治疏》（十三年闰五月初一日），第 105 页。
④ 《王阳明全集》第五册，卷六，《年谱一》，第 32 页。
⑤ 《王阳明全集》第二册，卷三，《奏疏三》，《添设和平县治疏》（十三年闰五月初一日），第 105 页。

的《告谕庐陵父老子孙》的推进。王阳明每到一地，必有劝谕地方民众修德行善、齐家治身的《告谕》，如《告谕各府父老子弟》①、《告谕新民》②、《告谕》③、《告谕父老子弟》④，内容大多以道德性劝诫为主，要求地方民众要有容忍的美德，要安居乐业，要生活朴素，要谦让等等。在《南赣乡约》中，王阳明强调乡民自己对内心"一念"的控⑤，要求大家始终要树立善念，所谓念善成善、念恶成恶。由于个体的道德修养在群体中容易被同化，因此阳明制定一套复杂的去恶从善的程序和仪式，有着严密的"纠过"方法⑥，在群体行为中每个人的道德素质不断得到提升。《南赣乡约》的目的就是要让乡民之间以契约的方式解决乡村公共事务，其核心机构有 17 个人组成，其中德高望重者正副约长 3 人（正职 1 人，副职 2 人）、公直果断的约正 4 人、通达明察的约史 4 人、公直果断的约正 4 人、精健廉干的知约 4 人、礼仪习熟的约赞 2 人。乡约机构负责乡村大到上级赋税小到民间丧娶的各类公共事务，主要目的就是维护乡村秩序，使个个乡民成为"良善之民"⑦，防止乡民最后成为流寇。

最后，阳明大兴教育，通过地方政府的力量，发展州学、社学，延请名师，重视贤才，通过普及文教的方式提高地方民众的文化水平。王阳明不拘一格的启用人才，身体力行的到处讲学，提高地方的文化知识水平。其中，阳明于正德十三年四月立社学，教育乡村儿童；七月，刻《古本大学》，改变朱子注《大学》的一家独尊的学风；九月，修濂溪书

---

① 《王阳明全集》第二册，卷三，《公移一》，第 262 页。
② 《王阳明全集》第二册，卷三，《公移一》，第 268 页。
③ 《王阳明全集》第二册，卷三，《公移一》，第 293 页。
④ 《王阳明全集》第二册，卷三，《公移一》，第 296 页。
⑤ 《王阳明全集》第二册，卷三，《公移二》，第 324 页。
⑥ 《王阳明全集》第二册，卷三，《公移二》，第 326—327 页。
⑦ 《王阳明全集》第二册，卷三，《公移二》，第 324 页。

院，馆待诸生。① 正德十五年，阳明劝留南康府教授蔡宗兖，"修葺学宫，供给薪水"②，以表示对德高望重学者的尊敬。嘉靖七年正月，阳明给予士人谭劼、苏彪社学师名号、乡老黄永坚耆老名号③；四月，兴思田学校；六月，兴南宁学校，其中陈逅主教灵山诸县，支持建设敷文书院④，并延请博通经学的季本主教敷文书院⑤，馆待福建莆田前来游学的陈大章⑥，奖励有功儒士岑伯高⑦，大力推进了圣贤之学在广西地区的传播。

　　王阳明行政管理思想的内在逻辑遵循着古代士大夫理想人格崇拜。在王阳明的心里，学者型官员的崛起会带来学术风气的好转，而学术风气的好转必定会带来官场士风的丕变，官场风气的好转自然会带来天下的和谐，这种思想体现出古代读书人典型的"学而优则仕，仕而优则学"学士双仕的逻辑。在孔子的眼里，"达则兼济天下，穷则独善其身"，体现出我国古代读书人轻重有余、进退自如的行政管理境界。故而，时在广西的阳明针对当时嘉靖初年的行政管理形势，他说"今夫天下之不治，由于士风之衰薄；而士风之衰薄，由于学术之不明；学术之不明，由于无豪杰之士者为之倡焉耳"⑧，因此治体核心重在朝廷要善于选拔德

---

① 《王阳明全集》第五册，卷六，《年谱一》，第31—34页。

② 《王阳明全集》第二册，卷三，《公移二》，《仰南康府劝留教授蔡宗兖》，第341页。

③ 《王阳明全集》第二册，卷三，《公移三》，《批立社学师耆老名呈》（嘉靖七年正月），第348页。

④ 《王阳明全集》第四册，卷五，《续编五》，《批苍梧道创建敷文书院呈》（九月初六日），第129页。

⑤ 《王阳明全集》第五册，卷六，《年谱三》，第91页。

⑥ 《王阳明全集》第二册，卷三，《公移三》，《牌行南宁府延师讲札》（八月），第358—359页。

⑦ 《王阳明全集》第二册，卷三，《公移三》，《犒奖儒士岑伯高》，第362—363页。

⑧ 《王阳明全集》第三册，卷四，《外集四》，《送别省吾林都宪序》（戊子），第183页。

才兼备的豪杰让他们主持政局，"明学术，变士风，以成天下治"①。而事实上，王阳明在担任江西和广西行政长官的时候，推荐了一大批优秀的地方政府官员，竭力提倡以"致良知"为核心的道德修养论②，诚心治政，鼓舞并接洽后学，共成天下之治。在同时代的豪杰中，王阳明无疑算是善于发掘人才的典范，因此在其显赫的军功中，其发掘的足智多谋的人才都是当时最优秀的豪杰者。阳明赞当时福建市舶副提举的舒芬（1487—1531，江西进贤人），说其"志行高古，学问深醇，直道不能趋时，长才足以济用，合就延引，以匡不及"，要求当时泉州府"措办羊酒礼币，赍送本官"，"前赴军门，以凭咨访"，这样就把因谏止武宗南巡而贬官的舒芬提拔重用了。③阳明对于优秀的官员不吝奖励，其赞兴国县主簿于旺，"操持清白，处事详审，近委管理抽分，纤毫无玷，奸弊划革，抚属小官之内，诚不多见"，在"近来所属下僚，鲜能持廉守法"的官风下特别难得，因此阳明令有司"即便支给商锐银两，买办花红、彩缎、羊酒各一事；并将本院发去官马一匹，带鞍一付，备用鼓乐，差官以礼送付本官，用见本院奖励之意"。④阳明对由监察御史贬为揭阳县主簿的季本（1485—1563，绍兴人）评价甚高，赞其"久抱温故知新之学，素有成己成物之心"，"委以师资之任"，出任南宁敷文书院教事。⑤对于地方儒士岑伯高，阳明雅重之，赞其"素行端介，立心忠直，积学待时，安贫养母。一毫无所苟取，而人皆服其廉；一言不肯轻发，而人

---

① 《王阳明全集》第三册，卷四，《外集四》，《送别省吾林都宪序》（戊子），第184页。
② 在近现代中国哲学领域研究范围内，国内学者对王阳明的良知学是研究最多的，对王阳明全集的整理版本特别多，对阳明良知学研究成果也最多，可参考近人陈荣捷、陈来、杨国荣、钱明等学者在良知方面研究的著作。
③ 《王阳明全集》第二册，卷三，《公移二》，《礼取副提举舒芬牌》，第323页。
④ 《王阳明全集》第二册，卷三，《公移二》，《奖励主簿于旺》，第332页。
⑤ 《王阳明全集》第二册，卷三，《公移三》，《牌行南宁府延师设教》，第355页。

皆服其信"，阳明任其所长，"使之深入诸夷，仰布朝廷之德，下宣本院之诚，是以诸夷孚信之速，至于如此，本生实与有力焉"。① 而对于当时阳明派去侦查宁王是否有谋反的部下后来被宦官诬陷下狱而亡的冀元亨（1482—1521，湖南常德人），阳明为其"具舟差人扶柩归葬"，并亲自为其鸣冤②，冤案得以申诉后，命有司释放家属，其家财产等项给还收管，对其妻子特加优恤③。

　　通过设立县府、举办乡约、大力推广文教、重视贤才等众多举措，王阳明的行政管理思想充满浓郁的人文色彩，其身体力行，军功卓著，而其提倡的德治政府建设更是深得民心，提升南赣和思田地区的文化水平。而其《南赣乡约》"协助官府劝令同约完成纳粮的任务，劝助投招新民改过自新、各守本分，以及劝戒同约维护地方安定"④，因其体现的乡村整合意义在嘉靖年间得以推广，并经吕坤、章演、陆世仪等明清儒家的完善和发展，有力地推进明末"乡约、社仓、社学和保甲四合一的地方自治制度"⑤，具有现代自治制度的精神而被杜克大学著名政治学家牛铭实教授所深许。学者王金洪、郭正林也指出王阳明的乡村治理思想体恤乡民，举办乡学，"把乡里体制、保甲制度同乡规民约结合起来，构建了一个集政治、军事、教育诸功能于一体的乡村社区共同体，形成了一套较前人更完备的农村基层控制体系"⑥，挖掘了儒家道德主义和中国传

---

① 《王阳明全集》第二册，卷三，《公移三》，《犒奖儒士岑伯高》，第 362 页。
② 《王阳明全集》第二册，卷三，《公移二》，《咨六部伸理冀元亨》，第 331—332 页。
③ 《王阳明全集》第二册，卷三，《公移二》，《湖广布按二司优恤冀元亨家属》，第 340—341 页。
④ 〔美〕牛铭实：《从封建、郡县到自治：中国地方制度的演变》，《开放时代》2004 年第 6 期，第 81 页。
⑤ 〔美〕牛铭实：《从封建、郡县到自治：中国地方制度的演变》，《开放时代》2004 年第 6 期，第 78 页。
⑥ 王金洪、郭正林：《王阳明的乡村治理思想及实践体系探析》，《华南师范大学学报》（社会科学版）1999 年第 6 期，第 9 页。

统民本思想，"在乡村治理的界想及实践方面也是一位集大成者"①。葛荃教授则注意到王阳明行政管理思想所蕴含的平民主义精神开启王艮、何心隐具有平等主义的乡村道德秩序重建活动。②法学专家张中秋教授则认为王阳明的乡约"有其时空性、价值性和法律性……在乡民的实际生活中发挥着法的作用，是中国传统社会秩序构造链中的重要一环，其内贯一极二元主从式多样化的文化原理，与传统中国社会的结构和文化理念相契合……有益于中国类型法治社会的建立"③。

　　王阳明在多年的行政管理实践中，重视地方精英对地方事务的参与，善于吸取地方管理的行政智慧（"地方性知识"），包括他对地方教育事业的倾心支持和热情投入。在师生关系上，他特别善于接纳人，善于倾听学生的意见，特别容易鼓舞人、感染人。在哲学思想上，他提倡万物一体的博爱思想，因此反映在行政管理思想上，他特别爱护村民和乡民的正当性利益，重视倾听平民的需求和呼声，也重视对平民的教育和宗族化管理，特别重视乡村的自治，而乡村自治的思想与明太祖的地方自治是一致的。王阳明的乡约、保甲法、推广教育、重视贤才等公共管理制度安排与实践是对明太祖的粮长制、老人主持乡村诉讼、申明亭建设、老人敲锣提醒、兴社学等地方性管理技巧的推进与发展。在王阳明的支持、鼓励和人格感染下，其门下江苏泰州学派的学生及其后学重视对平民智力的开发，致力于乡村道德秩序的重建与维护，兴起一股强大的启蒙主义运动和思潮。这股风潮振动天下，影响深远，伴随着一场世俗化

①　王金洪、郭正林：《王阳明的乡村治理思想及实践体系探析》，《华南师范大学学报》（社会科学版）1999 年第 6 期，第 15 页。
②　刘泽华、葛荃：《中国古代政治思想史》（修订版），天津：南开大学出版社，2006年，葛全撰写第二十一章《王守仁"心学"及其后学的政治思想》，第 497 页。
③　张中秋：《乡约的诸属性及其文化原理认识》，《南京大学学报》（哲学·人文科学·社科版）2004 年第 5 期，第 51 页。

与平民化的乡村改革运动。

王艮（1483—1541，号心斋，江苏东台人）出生于盐业之家，中道日渐富裕，遂有志于圣学①，自在王门多年学有所得后，心斋专以感化下层民众为己任，授课对象多为农夫、樵夫、陶匠、盐丁等下层人士，在中晚明的教育史上贡献特别大。这样的教法已经与明初醇儒吴康斋专门向读书人传播学术的旨趣不类，完全是朝着平民世俗的方向前行，可谓启蒙运动的前声了。正如方志远教授指出，明朝中后期社会出现了对精神和文化的需求②，社会出现多元化，官僚体系日渐腐败，读书人作为正义的承担者已经不足够来领导整个社会向着清明的方向前进，地方社会秩序失范，而强调"安身立命"的泰州学派的文化普及运动恰恰适合当时社会的需求，化觉最广大的乡民、市民才是当务之急，才真正有助于乡村秩序的维持和巩固。王心斋凸显的重视基层民众的教育、提升底下人群的道德修养的人文普及运动有利于地方秩序的和谐，是一种更为扎实稳固的政策取向和教育方向。③在王艮的教育影响下，其子王襞（1511—1587，江苏东台人，号东崖）继承父亲的遗志，往来江苏各地传播良知学；其学生朱恕（1501—1583，号乐斋，大丰人）由樵夫成长为知书达理的儒者，并获得当时的儒臣胡直的敬重。④王东崖的学生韩贞（1509—1585，号乐吾，江苏兴化人）从陶瓦匠成长为地方儒士，"以化俗为任，随机指点农工商贾，从之游者千余。秋成农

---

① （明）王艮：《王心斋全集》，陈祝生主编，南京：江苏教育出版社，2001 年；（明）王艮：《重刻心斋王先生语录二卷》，中国科学院图书馆藏明刻本，四库全书存目丛书子部第 10 册，济南：齐鲁书社，1995 年。

② 方志远：《明朝百年的社会进步和社会问题》，《中国社会科学文摘》2013 年第 2 期，第 83 页。

③ 葛荃：《王艮、何心隐以"平等"为特色的理想政治》，刘泽华、葛荃主编：《中国古代政治思想史》(修订版)，天津：南开大学出版社，2006 年，第 505—510 页。

④ （清）黄宗羲：《明儒学案》，下册，卷 32，《泰州学案一》，第 720 页。

隙，则聚徒谈学，一村既毕，又之一村，前歌后答，弦诵之声洋洋然也”①，因乐吾卓越的教育贡献而被地方县令嘉奖。在被县令问及为政之方时，他回答道，“凡与侬居者，幸无讼牒烦公府，此侬之所以报明府也”②，表示出他自立于周围乡民的道德教育，也表达出通过自身的教育来实现地方秩序的好转，展示其对无纠纷的仁治政府与和谐地方政府的追求。

颜钧（1504—1596，号山农、耕樵，江西永新人）③先后从学于阳明弟子刘师泉、徐樾、王艮，可谓尽得阳明学脉真传，故而其学术颇为自信，其讲学内容以批评当局的公共政策而著称，甚至超越当局容忍的范围，被诬陷入大狱，几致死。颜山农与王阳明一样，自视甚高，精通兵法，受到当时能臣胡宗宪的器重，参与“征剿海寇”的军舟山一战，“倒溺千百倭寇于海”④。颜山农后因参与两广总兵俞大猷剿灭海寇战役有功而免除其“罪人”身份，可惜其已年近七旬了。应该说，颜山农的一生是献给了国家的公共事务的管理，讲学启民，敢于担当，如黄宗羲所谓“赤手博龙”，这与王阳明一样。山农应母亲要求创立由乡邻700余人自愿参与的萃和会，通过山农讲课的方式提高乡民行善积德的民间组织。萃和会虽运行2月，但是村里的风气明显好转，村民重视孝道，增强了村民的乐观情绪。⑤而山农所设想的公共政策充满公共性与科学性，他提倡的“三年免征”与重视贤臣的政策如果可以实行，必定有助于民困的疏解和社会的安定。

---

① （清）黄宗羲：《明儒学案》，下册，卷32，《泰州学案一》，第720页。
② （清）黄宗羲：《明儒学案》，下册，卷32，《泰州学案一》，第720页。
③ （明）颜钧：《颜钧集》（《韩贞集》），黄宣民校点、重订，北京：中国社会科学出版社，1996年。
④ 黄宣民：《明代平民儒者颜钧及其思想特色：新版〈颜钧集〉前言》，《中国社会科学院研究生院学报》1995年第3期，第76页。
⑤ 吴震：《泰州后学颜山农思想绪论》，《浙江社会科学》2005年第1期，第135页。

梁汝元（1517—1579，后更名号为何心隐，号夫山，江西永丰人）学于地方乡贤颜山农，秉承老师萃和会讲学修身的宗族化传统，发扬老师为公共事务服务的精神，建立了高度组织化的聚和堂①，"身理一族之政，冠婚、丧祭、赋役，一切通其有无"②，其倡行的师友化的"会"创新地方乡村行政管理的制度安排③，专业化的"会"所倡导的"集体生活"具有现代性意义④。聚和堂是一个类似王阳明"乡约"的组织，下设"率教"1人、"率养"1人、"辅教"3人、"辅养"3人、"维教养"4人，共计12人，规矩全在《聚和率教谕俗俚语》和《聚和率养谕俗俚语》两文中，该组织具有浓厚道德修养的公共性。⑤如果说，江苏泰州地区的泰州学派的讲学立教重在地方基层秩序的道德化重建，受此鼓舞，江西吉安后起的颜山农、何夫山则以批评中央政府的公共政策，积极参与公共行政，何夫山更是不顾自身生命危险敢于直面公共问题，建立带有"议政色彩的学者组织"⑥，虽然最后以惨举告终，但是以"公德"、"社会整体利益"⑦为出发基点的师友型"会"的建立对于推进当时政府改革正视民生要求是有积极历史意义的。

总之，王阳明的良知学在凸显心灵的知觉虚明和经世致用上不自觉

---

① 对何心隐聚和堂的研究，参见胡雪琴：《何心隐聚和思想研究》，南昌大学 2007 届硕士论文，第五章《何心隐"聚和"思想的外化组织形式：聚和堂》，第 22—29 页。

② （清）黄宗羲：《明儒学案》，下册，卷 32，《泰州学案一》，第 720 页。

③ 葛荃：《王艮、何心隐以"平等"为特色的理想政治》，刘泽华、葛荃主编《中国古代政治思想史》（修订版），天津：南开大学出版社，2006 年，第 510—513 页。

④ 容肇祖整理，《何心隐集》，北京：中华书局，1981 年，序，第 1 页。

⑤ 吴震：《十六世纪心学家的社会参与：以泰州学派的何心隐为例》，《云南大学学报》（社会科学版）2007 年第 3 期，第 36 页。

⑥ 季芳桐：《泰州学派何心隐思想初探》，《扬州大学学报》（人文社会科学版）2013 年第 1 期，第 69 页。

⑦ 季芳桐：《泰州学派何心隐思想初探》，《扬州大学学报》（人文社会科学版）2013 年第 1 期，第 69 页。

地柔合胡敬斋的经世本心之学与陈白沙的静养端倪之学，远通于吴康斋的"养性灵"修养论，在中明时期依靠自己的军功和诚心教学感染一大批学子。王阳明在哲学上提出"知行合一"的良知学，号召人们利用自身的良知克服内心的私欲和恐惧，致力于身心之学的践履；在行政管理实践上，他善于结合当地的风情发挥地方性知识致力于有效的治理制度的实践和创建，创造性地提出乡约治理模式，为中国落后地区地方秩序的维护贡献最好的时代智慧，他设立的乡约法规，沿用长久，并具有现代法治的精神，因此从这个意义上而言，王阳明不愧是中国行政管理思想活学活用的典范和先驱，并间接鼓励了以曾国藩为代表的一批近现代豪杰致力于乡村秩序和民族自治制度的智力探索，可谓对中国民主化进程影响深远。

总之，在家学、博览、游历、从政、外放、静坐、交友、军旅生涯、大起大落与生死之悟的长期磨炼中，阳明通过对内心良知的自信与扩充而建立起卓越的军功与不朽的教育事业。王阳明在哲学上提出"知行合一"的良知学，号召人们利用自身的良知克服内心的私欲和恐惧，致力于身心之学的践履；在行政管理实践上，他善于结合当地的风情发挥地方性知识致力于有效的治理制度的实践和创建，创造性地提出乡约治理模式，为中国落后地区地方秩序的维护贡献最好的时代智慧，他设立的乡约法规，沿用长久，并具有现代法治的精神，因此从这个意义上而言，王阳明不愧是中国行政管理思想活学活用的典范和先驱，并间接鼓励了以曾国藩为代表的一批近现代豪杰致力于乡村秩序和民族自治制度的智力探索，可谓对中国民主化进程影响深远。作为宇宙本体的精灵之学不仅要在内圣学脉上鲜活，也应该在积极服务地方发展上实践，真正从知行合一的维度上传承与推进良知学脉，从而为人与社会的双重现代化服务。阳明夫子执政思想将治理的技术力发挥到了高度艺术化的程度，同时坚持治理的道德性，体现道德力与技术力的完美耦合，对当前的国家治理具有重要的参考价值。

第五节　黄宗羲的启蒙发展治理思想

黄梨洲（1610—1695）的学问主要来源于自己的政治生活实践和学问的反思，壁立千仞，是中国思想启蒙的重要代表。[①] 近年来，对于梨洲的学问，研究者越来越多，范围涉及世界各地，形成一股不可小觑的趋势。浙江宁波大儒朱义禄教授通过多年的默默苦读，在先生近 60 岁的时候，为学术同仁奉上大作《黄宗羲与中国文化》，从新的角度对梨洲的学问进行分析，值得我们一读。

一、治国理论的展开：梨洲的新王道

梨洲在明清学术史上的重要地位首先来源于他对传统君主政治体制的批评，并尝试开创一种新的政治治理范式。整体的看来，梨洲《明夷待访录》侧重"开外王"等实用主义风格，与宋代大儒李觏的医国之书类似。[②] 但是，梨洲政治思想的特色还在于他自己本人就是传统政治体

---

① 黄宗羲，字太冲，号梨洲、南雷，浙江宁波余姚明伟乡黄竹浦（今黄埠镇）人，从学于著名哲学家刘宗周（1578—1645），得蕺山之学，主要著作有《明儒学案》《明夷待访录》等。朱义禄，1942 年生，浙江宁波人，复旦大学学士，后师从华东师范大学哲学家冯契先生，获哲学硕士，现同济大学教授，主要著作有《理想人格与中国文化》《黄宗羲与中国文化》等，主要研究领域为黄宗羲思想研究。

② 泰伯偏重于富民强国，以天下苍生之苦、忧为自己之苦、忧。因而其学术之重心在于找出一套可能的政策来挽救社会问题。虽然他终生未得志，但是他的思想却由王安石承续并付之于新政之中。梨洲侧重于批评的角度。二者价值取向不同，但一样有历史魅力。李觏（1009—1059），字泰伯，人称"吁江先生"，著名思想家，北宋南城县高阜镇（今属资溪县）人，"庆历新政"理论上的支持者。李觏则是实用主义（开外王）成功的学理典范。现代思想家胡适较为全面的分析泰伯的政治思想。参见胡适：《记李觏的学说：一个不曾得君行道的王安石》，胡适：《胡适文存二集》（影印本），亚东图书馆，1928 年，第 45—72 页。

制的受害者，因而他更能深刻的批判这样一种高度固化的保守体制，一种缺乏人性的集权制度，重建现代公共性理论和思维，从而开启现代民主思想的大门。① 公共性观念的形成标志着明清之际启蒙思潮的展开。而梨洲显然是民主思想的领航者。那么，梨洲是怎样推导出公共性这一现代政治分析思想范畴的呢？

政治禁欲主义与人性恶（自私与自利的人性论）有着内在的联系。民主政治的目的仍在于阻止人性恶之展开，于是设立三权分立与互相制衡，保护社会之人。现代民主制度建设的核心在于教育、引导民众和扼制人性恶。禁欲主义是美国清教徒的一种心理治疗方法，是一种宗教式净化人类心灵的有效方法。通过固定时间的沉思与自我规劝，来达到不危害他人的目标。学者郭齐勇指出，性恶论是建立在性善论的基础上的。② 西方民主是通过防止少数人的犯错来保证大多数人的利益。从理论上来讲，这种制度安排是一种比较安全、可靠的制度安排。孔孟两位大思想家，前者是理想主义，后者是现实主义；前者强调人的心与身的保养，后者侧重政治领域人际关系的展开。王政、经世致用是孟子的主张；浩然之气、赤子之心则是孟子的风度。

朱元璋的专权主义实是人治政治极度变态的表现。其本人惨杀功臣，破坏了大宋开明政治的先例，亦为本朝的暴政和灭亡打开一个"潘多拉盒子"。历史地看，君权与宦权存在着较为密切的关系。在文化领域，八

---

① 需要指出的是，那是一个学者思想高度发达的社会，很多学者的书里都有"公共性"思想的萌芽，反对专权政治，渴望民主社会，如王塘南、孙夏峰等。王时槐（1521—1605），号塘南，江西安福人。在《塘南王先生友庆堂合稿》（四库存目丛书，集部第114册）卷五，第274页上，就有"生生，天地人物所公共之理"语句。孙奇逢（1584—1675），字启泰、锺元，世称夏峰先生。河北直隶容城人。《夏峰先生集》（中华书局，2004年）语录有多次讲到"公共的理"。
② 参见郭齐勇：《中国哲学史》，北京：高等教育出版社，2006年，论述孟子章节。

股文泛滥，自由启蒙的思想得不到传播，压抑人性的作品反而成为经典。在某种思想被确定为正统之后，其他的解释性文献慢慢变成经典，阻碍学者的创新和自由探索研究。比如，陈淳的内圣之说带有某种宗教般的性格，而《明夷待访录》的启蒙地位不置可疑。[1] 在这样的这种制度下，家法等于国法，家国同构得到扩充和延伸，国家的结构和功能类似于家庭的结构与功能，国家的财产变为君王家族的私有产权，公共的法变为君王个人统治的工具和手段，从而丧失其为民造福、申冤的功能，社会变得缺乏创新的精神和和谐的生活氛围。因此，学生运动、农民起义就有可能产生。专制主义体制下的学生运动反映了一群善良而好动的积极分子为了百姓的福利而舍生取义，从而实现孟子之豪杰人格和价值魅力。学生本身的可贵性这一特质表明他们的真诚、理想主义和浪漫主义。比如，在汉代，李、陈等人领导的太学生运动就表现了伸张正义的历史价值和魅力。历史总以相同的方式表达类似的政治诉求，主体仍然是以有良知的文化人士为代表。专权政府的暴政与学生运动之间似乎有着永远的张力。梨洲的"公其是非于学校"立足于学术研究、民意表达等层次。[2] 一些西方学者认为，学生参与运动表明社会矛盾之惨烈。然学生在古代似乎并不能有效的抗衡政府当局。因为学生群体聚集政治资源能力太低。这样看来，缺乏制度性制约的传统王权不可避免会走向悲剧，直到被另外一个朝代取代。

二、民富国富：梨洲的新商道

16 世纪中国的地方经济发展、民间娱乐和社会风俗呈现西方资本主

---

[1] 参见陈淳：《北溪字义》，北京：中华书局，1983 年。
[2] 详细的分析参见朱义禄：《黄宗羲与中国文化》，昆明：云南人民出版社，2001 年，第 85—93 页。

义关系的萌芽，然重农主义、宋明理学传统以及官员的封闭心理阻挡了这一历史潮流。这样使得一种先进的生产手段始终处于一种隐蔽、非法的与被排挤的非正式地位和层次。梨洲的"工商皆本论"不仅突破了儒家先贤的道德主义思维视野，也表明世俗生活体制下一般民众对于物欲的正当性追求。① 在我国，很多新的技术、手段和生活方式总是先出现于民间层次。思想家李觏富国的经济方法并没有摆脱重农主义的农业本位主义。梨洲却提出了一种商业治理的新理论，这确实是需要深刻的洞察力和超前的视野。历史在明清之际呈现出一种"石破天惊"的戏剧性场面。这样看来私有产权的梦想自然具有合理性，信用货币体系也要扩展。② 市场经济是一种自发扩展秩序（spontaneous order），中国早在16世纪就出现了。③ 而中国政府当局和部分官员的短视和封闭的心理使这一自发进程演变减慢。

学术民主是学术自发、争鸣和昌明的核心。当年朱熹与陈亮、叶适之争，现在看来就别有一番味道，有利于国家学术的发展和政治民主化的转型。学术上的分歧与共鸣应该是学者们自己的事情，旁的不应

---

① 朱义禄：《黄宗羲与中国文化》，昆明：云南人民出版社，2001年，第105—117页。

② 需要补充的是300年后的今天，在中国共产党的强有力领导下，国家正式确定物权法，保证和提高民众的财产性收入。参见中国共产党《十七大报告》。这也说明时代主题和思想深度与广度的密切联系。

③ 自发秩序机制是一种非常复杂的自我运行与自我扩展的进化性机制。每个人都处于不确定性范围之中，每个人都不知道其他人的全部信息。每个人也不能够完全了解该机制运作的原因、规律与核心秘密。在这样的机制中，好像大家都进入了一个不能完全控制的急流之中，更多的遵循一种渐进演化、不断学习和不断反思的过程，并不是一种人为的可以被人类控制的过程。自我扩展秩序"使千百万人的不同知识形成外展的和物质的模式。每个人都变成传递链中的一环，他通过这些传递链接收信号，使他能够让自己的计划适应并了解的环境。全面的秩序由此变得无限扩展性，它自动地提供着有关日益扩大的手段范围的信息，而不是仅仅服务于特定的目的。"〔英〕弗雷德里希·奥古斯特·冯·哈耶克，《致命的自负》，冯克利等译，北京：中国社会科学出版社，2000年，第94页。

该干涉。当政府搀和进去的时候，学术的自由势必扭曲、变形。学术民主是学者创新学术的前提条件。学者不具有独立、刻苦和顽强的人格，不能成为御用文人，那么对学者本身、学术创新和国家发展都是一种伤害。①

　　学道与事功是中国文化的两大根本性命题。价值（内圣的道德）和事实（外王之事、事功之事），特别是王道取向，在传统社会为什么一直很难有突破性进展？孔孟应该论是"内圣外王"的典范，这样一种思想典范并没有很好的展现出来。或者论只表现为学理层次，即便在学理层次上，仍有偏向内圣或外王之极端思想。当然，价值与事实二者本身就存在着永恒的张力。休谟（D. Hume）的解答将这一问题解决了，即价值永远不能解决事实问题，现实的层面也永远不能代替价值之内在魅力。价值与事实的二维分野是学术研究的基础性命题。承认这样一个关系，则中国哲学史、文化史的很多纠纠纷纷释然而解。这似乎是一把好的利剑，能够理清了大部分的学术困境。内圣和外王都有着各自的独特合理性，一内一外、一静一动，二者并不是同一个领域。内圣并不能说明外王可能，外王功用也不能提供证明内圣修养的完美证据。一位学者很难求得二者的完美，而只能形成一种相对平衡。②孔、孟表现为一种相对平衡，外王不成转成内圣。有的学者偏重一极；另外一些学者偏向另一极。梁漱溟与孙中山先生似乎也想追求一种平衡。这样看来，朱熹的理

---

① 第五章或许是该书写的最成熟的部分。原因在于朱先生本人的豪杰之气和人格魅力。该章可以补充经世致用的李觏学说、范仲淹新政和王安石改革失败的表现和原因。

② 大思想家王阳明则是个例外。他的思想到处洋溢着活泼与开放的品格，阅读他的书，没有不跃然而起，鼓掌叫好的。他有很多门人，名气也很大，是明代学术的主流。王守仁（1472—1529），字伯安，浙江余姚人。参见王守仁：《王阳明全集》，上海：上海古籍出版社，1992年。

学学派似乎有一种规范性，他们很难认同功利学派的现实合理性。试想，连学识渊博的学者竟然都缺乏世界性和包容性的心态，何况其他官员、知识分子和一般老百姓？正是这样一种价值和事实之不分严重阻碍中国外王思想的拓展、交流、传播和学术外散的社会化。如果孔孟有一种世界性眼光，那么到了后来，这样一种学术民主精神的宽容、争鸣和共处在宋代的开放朝代却没有得到展现。个人的内修道德无可厚非，也很重要，但不能解决"数目字管理"、政治稳定、社会民生和经济发展等技术性问题。①

三、教育兴国：大教育家的期望

梨洲深刻地批评当时的科举制度，认为它严重的遏制政治精英的才能发挥。有明一代的外王思想家相对较少，而治政之道在于新锐政治精英的制度化产出。梁漱溟之所以多次提出"个人永远不被发现"，深刻的揭露传统政治体制的弊端。个人的事功不被尊重、展现，公民的权利、利益不被保护，知识分子的尊严消失，都会危害社会的和谐与公共管理制度创新。制度化激励机制对于开明的政府非常重要。明朝的极权主义和专断做法超过以前的很多朝代。先有开国皇帝朱元璋滥杀有功大臣，后有万历政权的横征暴敛。梨洲深深观察到专制主义的巨大危害。这一主题反映在文学上则体现出人本主义文学的复归。民主最先从文学上表现。审

---

① 部分中国学者治学有三种情况：做外王学问，但自身不能从仕，终老山泉（以李觏为代表）；做外王学，自身亦能改革，但不懂策略，改革失败（以王安石为代表）；不做外王学，专修内圣，也出仕（以卫道士为代表），反对其他学者谈做事功和外王学。整体看来，中国传统政治始终陷于悲剧漩涡之中。这样一种悲剧的典型是"文革"和"反右运动"，以道德评判个人事功，个人道德决定人的一切，试图通过教育的方式解决外王困境，导致公共政策沉迷于道德性训练，不重视经济发展。中国古代改革似乎这样一个两难困境：道学与事功的冲突。详细的分析参见朱义禄：《黄宗羲与中国文化》，昆明：云南人民出版社，2001年，第151—160页。

美是一个人的高尚人格理想化的表现。人之情显于文，仁、爱亦是。修
身养性是人生乐事，而具有民主、开放思路的人是有创造力的。文学和
人性复归反映世俗生活的在民间形成，所以会出现千人空巷睹戏剧。主
敬的宋明理学家内心过着清贫的生活。① 中国文化精神之一是自强不
息。个人生命意义在封闭体制下又是多么的脆弱，因而打发岁月、承传
文明成为有着济世情怀的学者的精神动力。梨洲对振兴阳明学术的持久
追求确实感人。中国文明和和谐文化正是由这样一些人一肩承担，甘于
清贫，忍受寂寞、平淡的生活。孔颜乐处，在宋明儒家那里成为真正的
快乐。

第六节　牟宗三的制度主义治理方法

　　"外王"用通俗的话来讲是指一个国家的政治、经济、社会和文化
的发展，具体表征为该社会下民众的生活水平的增长。外王更多的是
物质性指标，而不是个体的精神的快乐或愉悦。内圣专指个体的精神
性愉悦，即古人讲的"心广体胖"。在外王成功实现的条件下，社会和
谐，民众生活富裕，人人丰衣足食，是社会综合圆满发展的体现。古代
学者以《大学》"三纲八目"来定义学者的学习目标和实践指向。在内
圣功夫指引下，个体通过对外部事物的格物致知与内心的诚意正心，人
人自觉做足这些项目，推己及人，可以实现外王的事功。这样的思路一

---

① 近代五四运动的灵魂可以在这里找到最好的注脚。科学与民主总是一对双胞胎。
　　文化之增殖或减损取决于时代主题，正如老子政治思想的市场经济社会不断被现
　　代学者反复重申与诠释一样。在经济发展的现代社会，宋明理学的内圣价值将得
　　到学习；而李觏、黄宗羲、孙中山等人的王道思想魅力也将展现。二者比翼齐飞。

直影响古代 2000 多年，直到 20 世纪初清朝的灭亡。事实证明，这样的致思路径是有缺陷的。从历史来看，中国传统政治的反复的治乱循环、无序与失范现象似乎在说明中国政治管理需要新思维。牟宗三明确地指出由内圣直接推出外王是不可能的。理论上讲，中国治道存在如下的不足，具体表现为，重情理轻法理，重运用表现轻架构表现，重作用轻推理，重综合尽理轻分解尽理，重具体论道轻抽象论道，重直觉轻实用。在实际治道过程中，重权威主义的人治模式，轻视法理精神；重视管理者的道德修养，轻视知性探索；也就是牟氏自己讲的有治道无政道的时代。鉴于传统中国过去的这种治理模式，他提出自己的一套德性政府观，通过内部权力的分工和重构，实现权力的制度化分离，规范政治体系运作，来弥补传统外王思想法治化理念的不足，实现科学与民主的双赢。

基于圣人理想人格的传统治理思路如何转向科学家、政治家的治国道路呢？牟氏贯穿了现代政治学意义上的结构—功能主义方法论，即不要"山川气象"要"钢筋水泥大厦"，试图通过构建有具体核心材料支撑的实在之物而不是虚幻的想象来架构现代化的规模。他继而反对传统理学"摄物归心""摄所归能"①的认识论，提出人—物、人—人既对待又合作的对等关系，运用科学理性方法，祛除臣服性人格思维模式，建立自主性人格，使思考对象独立出来，彰显客体的自主性与独立性，真正形成以客体为纯知识认识对象。被认识的客体（事、物）由于从认识主体的情感中独立出来，认识主体因具有独立、客观与分析思辨能力成为纯粹的知性主体，对外界事物的认识便清晰与客观起来。在这样的分析

①　牟宗三：《人文讲习录》，蔡仁厚辑录，桂林：广西师范大学出版社，2005 年，第 91 页。关于他对中国传统政治的分析可参见牟宗三：《治道与政道》，桂林：广西师范大学出版社，2006 年。

理路下，我们既可以感受到康德的"尊重他人为人""使自己成为人"的自由人格，也感受到牟氏消化吸收主客二分（能所二分）的西方认识方法，在价值与事实之间、规范与经验之间或应然与实然之间分别赋予认识主体与被认识客体的各自独立性，形成现代复合与开放思维。受此影响，具有行为独立人格、自由与民主的理性人、法治人与现代人容易在宏观政治体系内确立政治角色，实现立法、司法与行政三权分立与权力的制度化制约，实现有效执行的宪政体制。从这个意义上讲，第三期儒学的现代意义显得合理了。通过概念与范畴的精确分析，分离儒学中德性学问，科学知识得以可能。

牟氏继承国父中山先生的五权分立学说，提出"政道"宪政架构思想，试图重建民主文明的新国家。他高度概括曾对中国文明做出贡献泛道德主义的"神智""圆智"（知识归于一心）说。所谓的神智说主要是指传统儒家的认识世界改造世界的认识论，主要表现为以德性带动知性，以道德带领知识，提倡人类的本心呈现，通过"天心""道心"对外界事物的把握实现对事物的管理。神智说因其直觉主义与整全主义的分析模式具有"一通百通、一了百了"的混沌主义，存在非科学的因素，并不符合高度发达的现代社会的治理要求。因此，要建构符合现代化要求的科学思维势必要摆脱传统思维中的"运用之妙、存乎一心"的神秘主义致思路子，驱除"幽暗"意识，转出贯通统一的新智慧、新思维，形成开放的跳跃性思维，通过系列清晰的论证过程和形式逻辑推导，形成辩证逻辑思维，不再是内在的"照着讲""顺着讲""接着讲"，而是"转着讲"。将道德理性外在的转着讲，实现理事双显，可以开启与新外王治理天下事物的新契机。通过内圣外在的讲，既本心良知自我"坎陷"，自我反思、忏悔、批判和重构，让外在理性之光照射到内心价值源泉，实现个人德性与公共理性的对待与互动，"阔然而大公"的民主社会不再是梦想。立足于灵明良知的个体思辨能力的提升，外接于真实的现实世界，理性分析能力作用于外在事事物物，个体主动积极的审思客观之理从而获得科学知性知识，形成对立统一辩证思维。这样一种"逆"着良知的思考路子，通过良知的自我否定与曲转，以理性诡秘的方式开出新的知性形态，成"对列"之举与科学客观的指示。[1] 从无对中开出有对，以退为进，经过本心良知的自我否定与曲转，面向与回归真实的世界，实现运用理性到架构理性的创造性转化。在真善美人类共同价值追求下，良心、德性与科学、民主实现周流无间、显微一源，达成"大通"，开出近代思维与科学思辨形态。[2] 牟宗三以本心良知的自我坎陷开启道德理性之光芒，试图以此科学光芒映射于外在事事物物，以此在公共领域形成民主的公开讨论与辩证对话，造就经济繁荣与民主政治的"新外王"格局。其苦心值得肯定，并不是如上海大学朱学勤教授批评的"内圣开不出新外王""旧瓶不能装新药"。牟宗三综合运用社会科学的各科知识，以开放的心胸接纳西方政治学、法学与哲学知识谱系，坚持中国传统的道德主义，彰显自己学说的独特价值。

那么，牟宗三的德性政府如何与有效政府的现代性对接？这就取决于他的王道观能否开出现代性思维（也可称为近代思维）。在全球化、信息化和资讯化高度发达的时代，中国传统政府管理思想资源需要跟上时代的步伐，从新的历史高度客观地评估它们。这就不仅需要重新思考某一学说或思潮的政治、历史、经济与文化背景，也要立足当代的背景给

---

① 牟宗三：《人文讲习录》，蔡仁厚辑录，桂林：广西师范大学出版社，2005年，第102页。

② 牟宗三：《人文讲习录》，蔡仁厚辑录，桂林：广西师范大学出版社，2005年，第104页。

传统学术以新的诠释，挖掘出理论、学说背后隐藏的动机、效果和深层逻辑，看出学术背后深藏不露的新意义。中国传统政府管理思想资源需要凸显近代思维，即"转识成智"。开出近代思维，需要运用现代科学方法展开对传统中国哲学各个门类的反思与批判，尤其是禅宗和宋明理学的辩证诠释，以此建构一套新颖、严谨与清晰的概念、范畴与论题的诠释学体系。中国传统哲学以反思、批判为其自明特质，藉以提升人类理性自觉。但是，中国思想史过程中，禅宗因其武断与独横的语录体，粗暴与缺乏人性的教法，直觉与神秘的内心体验，已经与现代科学理性精神不相契合。因此，中国传统德性资源如果想要实现自觉与自明的批判性，首先就需要从批判禅宗的思维方法入手。禅宗内部思维体系缺乏逻辑推论和论证过程，并不具有现代意义上的知识论体系。宋明理学继承禅宗思维模式，陷入心性论难以自拔。表面上看，宋明理学融佛道知识入儒，广泛吸收老子生生哲学和般若缘起性空说，建构庞大的学术体系。但宋明理学终因陷入伦理道德的基点，缺乏清晰的逻辑概念和范畴，隐藏一些不透明的逻辑思维，难以创造性转化开出近代思维。相反，佛教中观、唯识学体系所蕴含的开放思维，连带其中清晰的范畴分析可以开出近代思维。为什么是中观、唯识学体系而不是般若学可以开启近代思维呢？表面上看，般若学强调认识论，但事实上般若学消除主客二元辩证对待思维，采取对本质直接把握的方法，注重内心的领悟与体悟，方法论带有模糊与笼统的非理性色彩。相反，中观学采取主客二分思维处理对世界本质的把握，既不入空，也不入有的对立思维。实际上中观思维模式既看到空，也看到有，但不黏滞和执着空或有。在此基础上，瑜伽行派坚持中观学路径，主张真俗二谛对世界真理认识的相对性划分，引进阿赖耶识本源性概念，提出染净转化的二元思维，增进人类对世界事物的理解和思维转换，改善我们对外在事物的思维方式，弥补传统儒家和禅宗思维的一元性，形成开放、多元、立体与积极进取的思维。正是佛教中观、唯识学体系重视理性认识，虚构出各类精神性实体和名相，重视概念与范畴的分析，立基于宇宙万物的义理探索，不满足于单就人生现象进行思辩，而是将理性之光扩展到整个宇宙，大大丰富中国哲学的探索领域。通过对哲学问题的范畴比较，让主体有更多的选择，避免禅宗静坐、棒呵的野蛮教法的内在缺陷，使我们可以更为科学的接近科学，把握真理，从而开启近代思维。近代思维是融合客观性、辨证性、多元性、立体性、抽象性、批判性、开放性、真实性、变动性和逻辑性的动态体系，可以与科学和民主对话。正是由于牟宗三对佛学资源的大量吸收，使得他的德性政府观具有现代性面向的可能。牟宗三的新外王说彰显中国第三期儒家的德性政府观。新德性政府观以道德主义为基础，通过个体本心良知的自我坎陷转化出科学理性之光，将传统内圣学外在的讲，与外界事物相接以开出民主、科学的现代政治架构。良知自我坎陷说要求中国传统学术如何内化出对待、多元、辨证的开放性近代思维。

第三章　治理的他山之石：域外国家治理方法及其反思

在域外国家，有些国家的治理方法作为他山之石，我们对其进行客观分析，在取其治理思想精华的基础上，进行批判和反思，是很有必要的一项工作，有助于树立我们治理的坐标。

第一节　古典共和制时期的治理方法及其反思

从公元前 12 世纪到公元前 4 世纪的古希腊的雅典城邦民主共和国和从公元前 6 世纪到公元前 2 世纪古罗马的共和制时代统称为古典共和制时期，政治制度的发展表现得较为明显。早在 1968 年政治学家亨廷顿教授就指出，经济发展意味着政治发展，经济发展由此带来的利益分化和利益表达要求必然伴随民众利益诉求空间和渠道的增加，也由此带来政治体系的不安定与冲突，专业化的利益表达机构得以建立和运转却还是不能满足整个体系的良序运作。① 随着商品经济的扩展和逐渐发育，公民自主人格的形成，由此产生的累积性的公共问题逐渐引发政治体制改

---

① 〔美〕塞缪尔·P. 亨廷顿：《变革社会中的政治秩序》，王冠华、刘为等译，沈宗美校，北京：生活·读书·新知三联书店，1996 年，第 30 页。

革与政治制度创新的强烈愿望以此推进经济更加自由的发展和社会更加理性地前进，政治发展问题能否顺利解决就成为能否推进经济发展与社会和谐重要一环。雅典的民主政制发展过程遵循着一条渐进和有限缓慢改进的路径，而且是政治精英前赴后继与彼此传承的结果。第一个民主改革精英梭伦（公元前638—前559）尝试通过征收贵族部分土地的方式扩大了公民的身份和政府的认同，通过建立公民陪审法庭的方式限制贵族的权力，为民主政治铺下坚实的宪法基础。公认的第二个杰出的民主人物是克利斯提尼（约公元前570—前508）把非氏族身份的本邦人、外邦人和奴隶纳入公民阵营扩大民主的群众基础，首创流放制度驱逐专权者，维护城邦的民主制度和社会安定。在雅典最后一个也是任职时间最长的民主领袖伯里克利（公元前495—公元前429）的任期内，雅典民主的生活方式和运行机制得到较高程度的体现，公民大会也成为实质性的政治权力中心，铸就雅典民主的黄金时代。同样的，在古罗马，政治发展虽然是在贵族统治下进行的，但由于平民不屈不挠的巧妙的奋斗，一系列的民主政制也建立并运行起来。无论是高度发达的法律制度，还是相互制衡的政治体制的安排，都体现民主的风范和精神。当代民主理论研究学者罗伯特·达尔对古典共和制时期的政治发展有极高的评价，将其与文艺复兴时代的意大利城邦民主和当代美国民主并论，并指出，与希腊的民主程度相比，罗马政治制度的民主程度更高，更为平等。[①]在国家政治生活日趋民主化的今天，分析古典共和制政治发展概况、政治冲突的调节启示和政治特征，分析其间政治运作的基本规律，特别是教训和不足，对于当前政治发展有较大的理论意义。那么，何为政治制度的成长？怎样解读古典共和制时期的政治制度成长过程？怎样才能全面

---

① 〔美〕罗伯特·达尔：《多元主义的民主困境：自治与控制》，北京大学当代中国社会发展研究中心组织翻译，北京：求实出版社，1989年，第7页。

总结该时期政治制度的发展？如何分析传统民主社会的政治特征？其背后的民主议题及其内在逻辑何在？我们将获得什么政治制度创新意义上的启发？

一、古典共和制时期治理过程分析

政治制度的成长可以通过四个指标来衡量：稳定性、结构专业化、法治化和民主化。[1]

（一）稳定与冲突：政治秩序的动态维持

雅典和罗马体系的内部稳定主要是建立在政治法治化和政治民主化的过程之上的，政治体制本身具有一定的稳定性。因为其稳定性是建立在制度之上而不是具有领导魅力的人物之上，这种体制不会因为领导人的去留而改变政府内部权力的配置，能够避免"人存政举、人亡政息"的历史悲剧。其稳定体制的建立方式是通过政治精英和平民大众化解一次又一次的党派争夺、权力分享和政治冲突而得以实现的，最明显的表现政治领导人物满足平民的政治要求，以防止国家体系的分裂。在这一过程中，稳定的政治秩序和政治发展的要求同时得以实现。比如，梭伦的当选和他领导的大规模的政治制度的改革就是由于公元前594年平民已经密谋进行暴力革命并可能要推翻当前政局这一原因而产生的。[2]在罗马，也存在类似的情形。公元前494年，平民发起与贵族不合作的"撤离运动"[3]，逼使政府当局不得不同意进行政治体制改革，同意平民自

---

[1]　〔美〕关于法治与民主关系的研究请参见周天纬：《法治理想国：苏格拉底与孟子底虚拟对话》，北京：商务印书馆，1999年。

[2]　何平立、储考山编：《外国政治制度史》，西安：西北大学出版社，1994年，第61页。

[3]　何平立、储考山编：《外国政治制度史》，西安：西北大学出版社，1994年，第86页。

己选举"保民官"。公元前 287 年，平民再一次发动"撤离运动"①，结果，平民获得与贵族当权者同等的法律地位，从政治上保证了平民合法的政治地位。在政治运作中，平民大众以政治分裂为筹码，逼使政府当局不得不忍让与妥协，改革和完善政治体制，发展法治，促进政治发展。可惜的是，体系外的不稳定销蚀民主政制稳定的合法性基础。由于传统国家的外向性、好战性和侵略性特征，它们经常发动对其他邦国的战争，占有和掠夺他国的人口、土地和政治资源，试图把自己的政治稳定建立在充分利用他国的各种资源之上，试图以这种方式来压抑和抵制体系内部的政治冲突，并将邦内矛盾和冲突引到邦外，反而引发邦际战争（长期的伯罗奔尼撒战争即是一例）。这样的一种转嫁政治冲突的解决方式不仅没有巩固自身民主政体的稳定，反而加速自己城邦或国家的衰败和灭亡，最终导致民主制被专制政制取代的可悲命运。可见，传统社会的政治体系没有一套合理、长期和有效的调节邦内外政治冲突的制度性安排，不能缓和邦内外剧烈的纷争，因而政治体系并不具有长期的稳定性，是一种低度与不确定的稳定。雅典邦国体系的瓦解是邦内外政治冲突长期累积没有得到有效缓解所造成的。由于特定历史条件的限制，传统社会内的政治冲突具有很大的人治性、残酷性、家族性和不确定性，表现为政治领导人更替的不确定性，政权斗争方式与结果的残暴性，死刑的滥用，家族霸占政坛的长期性等等。正如罗伯特·达尔指出，那个时代"是一部苦难冲突的历史，是产生有效体制以通过相平的和立宪的手段来解决政治争端的几乎彻底失败的历史。不仅他们缺乏解决一个城邦和另一个城邦之间争端的体制；他们解决内部冲突也不见得更高明些，政治冲突的结果是典型的野蛮。胜利者放逐或杀害失败者，夺取他们的财产，

---

① 何平立、储考山编：《外国政治制度史》，西安：西北大学出版社，1994 年，第 86 页。

报复他们的亲属"①。

　　（二）政治结构专业化与分化：利益表达与冲突调节

　　在古希腊和古罗马时期，政治结构专业化和分化主要表现在社会政治派系和国家层次上的专门的职能机构两个层面。从政治派系分化而言，政治派系争夺权力的斗争贯穿于这个政治发展的过程中，公元前6世纪初的雅典表现得最为明显。由于商业的发达，雅典人分为三个利益代表、社会改革途径和对经济资源掌握截然不同的派系。他们以居住区域而命名，分别是"山地派""平原派"和"海岸派"，②其中"山地派"以平民下层为主，代表小农、手工业者和受债务奴役者，主张激进政治民主化体制改革；"平原派"以旧贵族为主体，占有大量肥沃土地，经营农业，经济富裕，主张寡头集权；而"海岸派"，以新贵族为代表，经营工商业为主，对旧贵族的重农政策怀有强烈的不满，希望改变现存政权分配体制。在这三个派别中，都有一个核心领导人物，派系间的斗争集中在新旧贵族之间，各派主张极为不同，公开分化，斗争和冲突非常激烈，平民往往成为斗争的筹码。政治派系纷争消耗政治体系的政治资源，导致开明寡头政治和家族政治的出现，以6世纪初的斗争为例，最终导致代表平民利益的珀西斯特剌图斯家族统治雅典长达49年。从国家层次上的专门的职能机构来讲，雅典城邦专门机构有公民大会、400人会议和其后的500人会议、陪审法庭，还设有十将军委员会、执政官院和十一人法院，仅伯利克里时代就有约25个各种行政职能的办公机构，涉及社会的方方面面。③宏观领域，罗马共和制时代有库里亚大会、百人团

---

① 〔美〕罗伯特·达尔：《多元主义的民主困境：自治与控制》，北京大学当代中国社会发展研究中心组织翻译，北京：求实出版社，1989年，第7—12页。

② 何平立、储考山编：《外国政治制度史》，西安：西北大学出版社，1994年，第61页。

③ 何平立、储考山编：《外国政治制度史》，西安：西北大学出版社，1994年，第67页。

大会和特里布斯大会等三种人民大会形式，与官僚机构、元老院各分其权，处理保民官、结盟等各类公共性事务。[①] 由于政府事务的日益繁重，罗马新设好几类官职和机构，有专门掌管户籍和税收的监察部门，有专门管理粮食、水利和公共建筑的市政部门，还设有财务部门，更好地满足经济发展的商业化要求，专业化和结构分化较为明显。[②] 可见，希腊和罗马都有各自的专门分工，分类极为细致，涉及立法、行政和司法诸领域。历史上社会与政治结构的分化一直都存在过，并且其组织发达程度并不低于当前的某些发展中国家。专业性机构不仅承担日常的行政性职能，也为政治法治和政治民主机制的运行提供组织和程序保障。专业性组织表明人类智力水平和治理水平的提高，有利于政治民主化程度的提高和民众利益、呼声和政治诉求的表达。专业化建设其实是面临着巨大的政治冲突而产生的，调和了部分的政治冲突，但是并没有形成现代意义上的高度纪律性的利益集团和政党，因而不可能缓解当时社会剧烈的政治冲突，而问题的解决还得依靠民主程序、机制和机构的建立与完善。

（三）政治体系法治化：直接民主的制度保障

法治包括四个基本的指标即"排除人治的专断、维护个人自由的权利、政府依法行事而且本身受到法律规范及其守法作为一种道德承担"[③]。在雅典，早在公元前 12 世纪，就出现专门讲授法律的政府官员，只不过由贵族担任。随着商品经济的发展和贵族与平民政治冲突的加剧，

---

① 参见陈可风：《罗马共和时期的国家制度》，东北师范大学世界史专业 2004 年博士论文，第 83 页。

② 何平立、储考山编：《外国政治制度史》，西安：西北大学出版社，1994 年，第 85 页。

③ 周天纬：《法治理想国：苏格拉底与孟子底虚拟对话》，北京：商务印书馆，1999 年，第 7 页。

由执政官德拉古为首的领导者编订了一部成文法典，并于公元前 621 年付诸实施，以满足政治形势的要求。① 在这部法典中，保护私有财产，规定各种私有财产可以自由出卖，对各种有违社会治安的违法犯罪行为施之以苛刻的制裁，法律诉讼由专门的国家机关审理，并规定执法者在日常工作行为中必须以该法典的规定为合法评判标准。因而，从这个意义上讲，虽然这是一部现在看来非常严酷的、粗糙的法典，但是这部公开与成文的法典抑制了偷盗、杀人等扰乱社会治安的行为，确保社会的政治秩序；不仅压抑旧贵族利用氏族势力的干预政治，还使得贵族不再享有随心所欲的解释法律的权力，有效地抑制贵族利用司法解释权任意压制平民的非法做法，一定程度上保护平民的政治权力和利益。但是，另一方面，刑律规定过严（比如奴隶死刑的处罚），以致亚里士多德指出，除了法律的残酷刑外，再也没有什么值得特别的记述的东西。② 该法律过分的强制性带来了很多负面的影响，正如普鲁达克所著书中指出，"德拉古的法律不是用墨水写的，而是用血写的"，这也为以后罗马制定较为温和的法律提供借鉴的价值。③ 雅典的法治化建设历经梭伦、克利斯提尼、厄非阿尔特、伯里克利等精英人物的改革与创新不断发展，特别是梭伦宪法使得立法与民主政治相结合，逐渐减少法律的残暴性，增加法律的透明度，加上陪审法庭的建立和司法审查体系的健全使得法治化能够在古代社会得以实现，到公元前 5 世纪末已经完备。

如果说古希腊法律主要的目的在于维护经济秩序和规范贵族行为的话，那么，古罗马的法律更多的是维护、扩大和提高平民的政治权力，

---

① 何平立、储考山编：《外国政治制度史》，西安：西北大学出版社，1994 年，第 60 页。
② 〔雅典〕亚里士多德：《政治学》，北京：商务印书馆，1995 年，第 108 页。
③ 普鲁达克：《梭伦传》，北京：商务印书馆，1962 年，第 68 页。这不仅是一定社会条件下的产物，也是传统社会的一个普遍特征。

从这个方面将，罗马的法治化程度较高。公元前 500 年左右，罗马的第一部成文法——《十二铜表法》获得实施 ①，虽然主要的是维护奴隶主贵族的利益要求，没有考虑平民的政治权利，也不允许平民与贵族通婚，但是，由于该法公开刻在广场的铜版上，规定执法必须有一定的标准，确定"法律面前、人人平等"的基本原则，因而有利于平民公开监督贵族的司法行为，限制贵族的专权行为。随着平民力量的兴起，在公元前 448 年的《瓦勒里奥——拉提乌斯法》中规定，平民决议具有法律效力并对全体公民适用。② 该法令虽没有使平民大会具有最高效力，但是为以后平民大会具有最高立法权排除障碍，因而该法提高了平民大会及其决议的法律地位，也使得贵族与平民共同参与政治决策，使得决策更具代表性、公平性和科学性 ③，也使得公民能够监督贵族的政治行为，形成彼此之间的权力制约。在公元前 445 年的法律中又明文规定，平民与贵族可以通婚，④ 从而有利于公民权利上的政治平等，打破血缘政治，打破阶级界限，促进人类的智力发展和内部社会的长治久安。公元前 287 年的《霍腾西法案》规定，不管是否得到元老院的批准，平民决议始终具备法律效力。⑤ 由于该法最终确定了平民大会的最高立法地位，所以这个时候的平民大会不仅拥有制定法律的权力，还拥有选举行政官员的权

① 何平立、储考山编：《外国政治制度史》，西安：西北大学出版社，1994 年，第 86 页。
② 何平立、储考山编：《外国政治制度史》，西安：西北大学出版社，1994 年，第 87 页。
③ 陈可风博士指出，平民富裕上层逐渐与世族贵族合流，通过担任国家官职进入元老院，由于不断有平民上层家族成员（所谓"新人"，homines novi）进入元老院打破了世族贵族对该机构的垄断，有助于政治机构的平民化，而元老院是当时国家重要事务许可的政治机构，陈可风：《罗马共和时期的国家制度》，东北师范大学世界史专业 2004 年博士论文，第 71—72 页。
④ 何平立、储考山编：《外国政治制度史》，西安：西北大学出版社，1994 年，第 87 页。
⑤ 何平立、储考山编：《外国政治制度史》，西安：西北大学出版社，1994 年，第 88—89 页。

力，每个成年男性公民都有参与政治的权利，使得平民大会平民化。经过长期的法治化慢慢累积，罗马共和国的法律制度趋于成熟和完备，也标志着民主制度在罗马的正式确立。

（四）政治民主：现代民主的摇篮

从生活方式来讲，日常娱乐和休闲具有浓厚的民主性。在雅典，民众自由的参与日常的文化活动，比如观看戏剧、赛车、竞走、合唱、音乐、舞蹈、朗诵比赛和祭祀活动，[①] 活动五花八门，涉及各个领域，形式活泼、自由、开放和多元，这些活动往往起到令人愉悦、忘却劳苦的效果。尤其是一些诗人、剧作家、哲学家、歌唱家和领导人物与民同乐，平等的与民众交流，没有等级辈分。整个社会也没有强烈的迷信风俗，个人权利意识和开放性格成为主导的社会思潮。以致有学者指出，当时的雅典已成为古希腊的文化和政治的中心。另外，人人平等，广泛参与政治，政治运作程序上体现公平和正义。在雅典，每个年满20岁男性公民，不仅拥有选举权和被选举权，还可以在当时的最高权力机关公民大会上发表演讲、提出议案和检举官员，实行具有代表性和体现政治平等的直接民主。在代议制机构内，由于宗族和血缘权威的下降及其部落平等性的增强，由民众通过抽签的方式选举出不得连任的民意代表组成各种国家权力机关（400人与500人大会、陪审法庭等），审理政策性事务，为公民大会准备议案。[②] 同样，公民还可以通过类似全民公决性质

---

① 何平立、储考山编：《外国政治制度史》，西安：西北大学出版社，1994年，第71页。
② 晏绍祥教授在其博士论文中，对公元前4世纪的雅典城邦所构建的民主程序给予较高的正面评价，他指出当时的民主制度建设呈现出不断规范化和专业化的趋势，在公民集体的规模、经济的恢复和发展以及民主政治等方面都保持了相当的稳定性与顽强的生命力，精英阶层与普通公民在参与城邦决策的过程中实现了对城邦的共同治理，正是高度协作与广泛的参与共同决策的民主机制有助于雅典民主体系的相对稳定，并进而指出雅典城邦在公元前4世纪的各种"危机"是某些现代学者理论塑造的结果，并不符合历史真实。参见晏绍祥：《公元前4世纪雅典城邦的相对稳定与公民的政治参预研究》，首都师范大学世界史专业2012年博士论文，摘要第1页。

的"陶片放逐法"驱除危害民主体制的权势人物，起到维护民主政制和保卫城邦安全的作用。无论是国家领袖还是一般民众，都可以亲身直接的参与政治，民众可以直接监督政治精英，而政治精英之间彼此权力平等和互相制约，共同创造一种新型的政治制度。

正如达尔认为，罗马的民主程度高于雅典，其原因除法治化的完善程度外，还有一个原因在于罗马的民主化效果。罗马的民主化不像雅典是一种自上而下的精英领导下的民主改革运动，而是平民自身运用本身的政治资源自发的发动政权运动，自下而上成为主要的表达方式。平民争权运动的兴起和蓬勃发展，极大的改变政治权力的格局，使得统治阶级不得不让渡部分的政治权力。民主化还体现在体制内的分权和制约机制的初步成型。罗马平民深受暴政之苦，一直寻觅制约专权的良方。终于，在公元前 509 年左右，公民大会选举两个"执政官"，① 以避免类似塔克文暴政的再度出现，他们的权力相等，谁都不能完全专权，分工明确，互相制约，这是历史上较早的体制内"权力制约"制度安排。另外，立法、行政和司法各个部门都有独自的权力和职能分工，各个领域都有相应的执行部门和人员，这些可以说是分权制衡的萌芽，为以后体制间结构性的"三权分立"思想的提出提供了历史的借鉴。②

二、古典共和制时期治理运行效果评估

综上分析，古典共和制时期民主政制的成长过程呈现以下特征，值得我们对之进行现代性反思。

---

① 何平立、储考山编：《外国政治制度史》，西安：西北大学出版社，1994 年，第 85 页。
② 晏绍祥教授指出，"古典传统在构建近代美国的基本政体过程中，确实发挥了相当重要的作用"；李剑鸣教授指出，"罗马的痕迹是显性的，而雅典的影响则是隐性的"。参见晏绍祥：《美国建国初期对古典民主与共和传统的辩论及利用》，《华中师范大学学报》（人文社会科学版）2013 年第 2 期，第 124 页。

第一，低度与不安全的政治稳定体制难以持久。虽然邦国体系本身形成一整套调节国内政治冲突的民主性制度和法治化机制，但是体系内部的政治冲突从未停滞过，甚至愈演愈烈。[1]正是由于内部党争和外部战争破坏古典民主制度。也就是说，党派争夺不仅导致有效的、合理的和科学的公共政策不能出台，社会和经济得不到发展；使得民主政权本身缺乏长久的合法性基础，政治运作的程序和制度扭曲；而且使整个政治局面变得混乱和危险，因而，在这样的政治体系中，政治团结与整合很难实现，社会精英不愿参与政治，民众不愿支持政治发展，政治体系缺乏后劲、民众基础和优秀的政治精英。特别由于政治领导者发动的非正义战争最终摧毁邦国本身的人力、财力和物力，即外部的合法性资源的缺失导致内部合法性的崩溃，导致政治共同体的毁灭，应了马克思所说的非正义战争是注定要失败的。

第二，派别化的利益代表机制影响公益性政策的有效执行。政治结构和功能呈现出一定的专业性并初具规模，政治冲突也带有派别的性质。社会结构分化亦趋明显，但是由于受制于历史条件的影响，不可能形成专门的政党和团体，因而，那时的结构分化不可能高度的反映民意，也就不可能真正动员民众去参与政治，进而导致政治权力的果实主要被贵族阶层分享，民权得不到保证，政治体系的合法性就没有动力基础。传统社会的政治冲突带有零和博弈的性质，政治派系之间的争夺具有较大残酷性。在斗争中，很多无辜的政治精英、学术精英和参与者遭殃（比如阿拿克萨哥拉、苏格拉底），甚至是做出巨大贡献的领导者和大众也不例外，比如仅公元前 404 年的 30 人统治时期就处死不下 1500 人，足见

---

[1]　著名经济学家盛洪教授指出，古希腊民主社会的各城邦之间缺少真正的联合，互相之间连年征战，最后被罗马人征服。但古希腊人的契约精神及其产生制度安排构建是其民主社会最宝贵的法治传统。参见盛洪：《中国与西方是如何分道扬镳的？》，《读书》2014 年第 5 期，第 138 页。

政治斗争的残酷性。① 在一个民主体制的政权体系下，如果公民珍贵的生命权被以公共利益的名义随意剥夺而得不到保障，这样的民主制度代表的仅是少数既得利益阶层的私人利益而不可能是公共根本利益，这样的民主制度是不健全的。

第三，理性与文明的法治机制尚未自行贯彻执行。维护社会秩序和保护平民政治权力的法治化初步出现，主要以罗马法为代表。法律文化和制度传统保存下来并在现代民主社会得到重新解释与传造性发扬。带有过强刑律成分的法治化削弱政治共同体的认同度、凝聚力和稳定性，现代意义上的法治精神和程序没有形成。法治化与民主化是同时进行、齐头并进、共同发展的。法治化的发展遵循着一条渐进、缓慢和不断调试的过程，这不仅是少数精英孤军奋战的结果，而是几代人不断传承和开拓的长期结果。这一过程的动力主要来自平民的民主化运动，民主和自治是法治化进程的主要推动因素。由此可见，以自下而上的公民非暴力的集体性参与和自发维权行动有助于法治制度的稳健成长，这正是罗马法治精神和法治制度成长的核心动力。正是依靠大多数平民的积极参与和长期维权，罗马法展现出与希腊法不一样的政治制度变迁逻辑。

第四，简单粗暴的抽签机制严重影响民主程序的科学性。在雅典，直接民主制获得建立和初步运用，抽签制和陶片放逐法是民主的主要运作程序。罗马则是贵族精英主导和平民运动相结合共同推动民主制的发展。雅典的直接民主制有很多缺陷，表现为：极端专制主义做法的出现；较小的规模、有限的人口和国土使得政治体系不可能对付较大规模的复杂事物；妇女和奴隶没有参与政治权，即便是作为主要参与者的平民"始终是成年人口的少数，并且往往是其中的极少数"，政治参与的人数

① 〔雅典〕亚里士多德：《雅典政制》，北京：商务印书馆，1959 年，第 41 页。

极其的少（约为总人口的十分之一），因而民主程度不高；"从未产生过一条由公民们选举出的代表制定的立法"①，贵族始终主导政治发展，平民要求得不到体现，导致政治体系本身的霸道性，引发扩张战争，最终没能改变灭亡的悲惨命运。② 雅典民主制缺陷的重要原因在于程序本身不合理。抽签制和放逐法本身都是双刃剑。抽签制一方面体现政治平等和多数人统治；另一方面也表明对政治人才和能力选择原则的放弃，由于官员缺乏专业的训练和能力的培养，随着帝国事务的日益繁杂，众多政治问题和政治冲突没有得到有效解决，导致弱小的"面对面的同质型城邦"③ 共同体被亚历山大所建立的强大帝国所摧毁。陶片放逐法对于向伯里克利和狄密斯托克利的政治家而言，能够除去危险性的反民主政客，捍卫民主政体，但是对煽动政客而言，成为达成个人政治野心和夺取权力的工具，优秀政治家得不到正当合法利益表达的渠道而无辜受牵连。④

① 〔美〕罗伯特·达尔：《多元主义的民主困境：自治与控制》，北京大学当代中国社会发展研究中心组织翻译，北京：求实出版社，1989 年，第 7—12 页。
② 美国政治学家坦嫩鲍姆、舒尔认为，造成雅典民主缺陷的原因在于当时的领导者和公民缺乏理性和科学的思维，不加质疑的尊重传统和传统价值，那时的生活世界更多的是前科学、前理性的状态，具有混合的整体感特征。〔美〕唐纳德·坦嫩鲍姆、戴维·舒尔茨：《观念的发明者——西方政治哲学导论》，叶颖译，北京：北京大学出版社，2008 年，第 26—27 页，第 77 页。
③ 〔美〕唐纳德·坦嫩鲍姆、戴维·舒尔茨：《观念的发明者——西方政治哲学导论》，叶颖译，北京：北京大学出版社，2008 年，第 80 页。
④ 李鹏同仁指出，被放逐者往往是在品德、能力和对城邦的功绩方面出人头地者，不一定做了什么错事，他指出这样的民主程序并不公正，是对个人权利的侵犯，参见李鹏：《雅典城邦的民主制度及其精神意蕴》，《长白学刊》2000 年第 2 期，第 52 页。研究西方民主政治制度的专家丛日云教授也提到驱逐程序的随意性，在雅典的一次决定是否放逐阿里斯提德的投票中，一个不识字的人把贝壳递给阿里斯提德，叫他写上阿里斯提德的名字。阿里斯提德惊住了，问这人阿里斯提德什么地方错怪了他，"什么也没有"，这人回答说，"我甚至还不认识这个人，但是到处都称呼他为正义，我实在听烦了。"于是，阿里斯提德便因为"正义"的名声而遭到了放逐，此事详细的分析参见丛日云：《西方政治文化传统》，大连：大连出版社，1996 年，《阿里斯提德传》（普鲁塔克撰），第 163 页。

据统计，在被放逐的 16 个人当中，只有 2 个是具有反民主倾向，大多数要么被怀疑为卖国贼，要么是权力斗争的牺牲品。①

总之，古典共和制时期的政治制度成长体现出一种较小规模和代表性程度不高的低度发展模式，具有过渡性、不确定性、残酷性特征。其不少领导人简单粗暴的执政风格使得政治精英的大量流失与缺乏，进而造成自身政治系统的封闭、僵化和不稳定，政治体系的发展缺乏长远的人才基础和民众基础，大量的投机分子、政客和煽动者充斥政府部门使得政治发展陷于停滞。一个开明、开放与文明的政治制度体系需要的是平稳的、和平的协调与解决政治冲突机制，不是夹带私人利益的菜市场，更不是为了功名利禄的拳击场，而是一个激烈又不是理性的公共议事厅，而具有职业素养的公民必须为了公共利益而维持民主共同体的良序运转。②

可见，古典共和制时期古希腊的雅典城邦民主共和国和古罗马的共和制时代一直以来作为早期的民主体制典范而不断被敬仰、分析与研究。分析古典共和制时期民主政治制度构建与运作效果及其背后的逻辑有助于我们看清早期民主制运行的真相，从而考辨现代民主政治制度构建的价值取向与逻辑起点。古典民主制在多个议题上可以与现代民主制度接轨，区别之处在于政治制度现代性、稳定性、民主性、专业性与法治性上缺乏高度理性、科学与文明的贯彻执行机制。由此可见，自行贯彻的民主信念、修养与生活文化是现代性政治制度生成的先决条件，是民主制度生根发芽的土壤。而任何人为与刻意政治制度构建或许带来一时的

---

① 黄俊杰：《古代希腊城邦与民主政治》（第 2 版），台北：台湾学生书局，1978 年，第 142—147 页。该书对希腊民主程序的由来和发展进行了深入的研究。
② 〔美〕唐纳德·坦嫩鲍姆、戴维·舒尔茨：《观念的发明者——西方政治哲学导论》，叶颖译，北京：北京大学出版社，2008 年，第 77 页。

新鲜感，但都将难以持久。西方早期民主制度运作的普遍性知识将有助于我们看清与分析现代民主程序构建的科学性与民主性因素。

第二节　洛克的制度主义治理思想及其反思

洛克的治理思想主要体现在《政府论》中，该书是英国著名政治学家、政府理论家洛克（1632—1704）的作品。① 在这部名著中，政府理论的重点内容集中在下篇。《政府论》上篇主要是对"王权神授"思想进行理论和现实上的批判，列举专制政府理论的很多弊端，为民主政府理论的必要性提供学理上的支撑。下篇共十九章，其精要思想为对政府的起源、范围、目的的分析，尤其是第一、二章，第七到十五各章。洛克的《政府论》（下篇）具有理论上的整体性与严密性特点，语言简洁深刻，逻辑性较强。洛克所讲的政府亦即政治社会、社会共同体、国家等广义政府范畴，不是我们今天狭义所理解的政府（比如，中央政府、地方政府等）概念。

一、我们为什么需要现代民主政府？

论述政府的起源，首先就要论述人类社会中最原初政府建立的条件

---

① 约翰·洛克（John Locke，1632—1704），英国哲学家、经验主义的开创人，第一个全面阐述宪政民主思想的人。1652—1667 年在牛津大学学习、工作。1656年获得学士，1658 年获硕士。1668 年被入选英国皇家学会，后转向医学研究。1675 年离开英国到法国住了三年。1682 年逃往荷兰，隐姓埋名，完成了《人类理解论》《政府论》等多部著作。1688 年洛克返回伦敦。《人类理解论》是其最重要的著作，在 1690 年发表。洛克终身未娶。洛克著作分别为《论宽容》（1666）、《政府论》（1685）、《人类理解论》（1690）、《关于教育的思想》（1693）、《圣经中体现出来的基督教的合理性》（1695）等。（资料来源于维基百科全书）本书所参考的版本为《政府论》，叶启芳等译，北京：商务印书馆，1883 年。

和状况。洛克认为，政府最先是由理性所建构的自然法（natural laws）支配的自然状态（natural state）演化而来，它与由霍布斯（1588—1679）所构想的战争状态（war of all against all）不一样。① 洛克视野中的社会可分为三大类：夫妻子女所组成的家庭社会、主仆社会和政治性的公民社会。而且这三者是前后相随的演化式关系。家庭社会和主仆社会，都可以归类为自然状态，也就是公民社会以前的各类政体，包括原始社会、奴隶主社会、封建社会等各种政权形态，尤其以君主专制社会最为明显。公民社会，主要是指现代法治社会。在公民社会里，公民有获得申诉、赔偿和救济的政治权利。这就是洛克所说的国家状态。他认为由自然状态过渡到国家状态从而实现人权、自由的民主政治是政治发展的过程，也是社会演变的必然结果。②

二、我们可以自由选择政府吗？

洛克认为，公民社会是基于大多数的一致同意或契约，自由人自主与平等地规定公民权利与义务所组成的社会。③ 他分析了两个命题：①政

---

① 具体的研究参见托马斯·霍布斯：《利维坦》，北京：商务印书馆，1885年。霍布斯（Thomas Hobbes，1588—1679），英国近代哲学和政治理论的奠基者。霍布斯于1588年生于英国南部的维斯堡镇乡村。1603年进入牛津大学麦克多伦学院学文科，1608年留校讲授一年逻辑学。随后多次受聘为卡文迪什家族当家庭教师，以教书为业。1610、1629、1634—1637年，霍布斯出游欧洲大陆，先后访问了法国、德国、意大利、威尼斯。约1621—1625年期间，霍布斯给晚年退隐的培根当秘书。1640—1651年，流亡国外。霍布斯先后出版《法律要旨》（1642）、《利维坦》（1651）、《论人》（1658）。应该来说，洛克的政府理论有很多思想的启发来源于霍布斯。关于二人政治思想的异同，国内学者有很多著作、论文可以参考。

② 从这里也可以看出，洛克发展了霍布斯的政府理论。这一方面是英国政治发展现实的反映，另一方面也反映社会和国家需要现代民主政府。

③ 〔英〕约翰·洛克著：《政府论》，叶启芳等译，北京：商务印书馆，1983年，第95—99页。

府的一切和平起源是基于人民的同意；②人即使是处于某一管辖下，也可以重新构建新的合法政府。① 第①个命题破除了基于君权神授的权威说法，为政府起源扫除了"锁定"思想的束缚。第②个命题则表达了经过深思熟虑与大众智慧能够建构政府，表达了人类理性与科学民主的力量，表达了现代社会的产生是社会发展与人类理性综合的产物，而绝不是上帝或神的旨意。在论述过程中，洛克采用哲学演绎、举例法、历史分析法和类比法等现代研究方法。

从历史的发展上看，基于公民民意的国家在历史文献的记载上大量存在。另外，人生而处于并必须服从政府这样的统治案例也并未在历史上真实存在过。第①个命题说明即个人统治的社会（绝对权力的权威政府）势必趋于腐败，是不合公民意愿的，不合现代社会发展需求的。而且过去的专政政体也是当时条件下的暂时产生，基于市民启蒙观念和意识的现代社会已经没有必要需要专制政府。第②个命题的分析很有意思。洛克是通过分析父亲与子女的关系、权力界限入手展开的。当子女成年后，他们就会有自由选择自己家庭生活、经济生活和选择人政治生活（政府）的权力。洛克认为，这种选择权力的大小、范围和限度以土地归属权和财产权为标准。

三、我们可以设计什么样的政府？

洛克把权力划分为当今举世公认三大类：立法、行政与外交权。议会的立法权在三权中居于首位，是对民众有较大影响的权力。由此可知，这三类权力合称为政治权力的概念。②

---

① 〔英〕约翰·洛克著：《政府论》，叶启芳等译，北京：商务印书馆，1983 年，第 112—113 页。

② 〔英〕约翰·洛克著：《政府论》，叶启芳等译，北京：商务印书馆，1983 年，第 4 页。

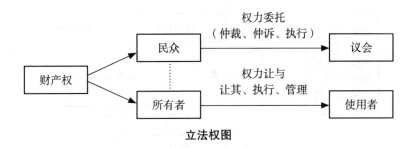

立法权图

由立法权图可以看出，议会的立法权是最原始起源于老百姓的土地等物质性产权，这一点是至关重要的。这里面的政治逻辑是委托与代理理论。[1]这幅图也可以反映制度设计中政治、经济与福利关系的密切性。民众既是产权的所有者，也是政治权力的让渡者。这样做的目的是希望通过政府的运作来实现民众政治福利和经济福利的保全、改善与提升。

四、将来的政府以什么样的原则来指导？

政府的最终目的就是为民造福。这里的福祉指和平、安全、生命、财产、自由、平等、幸福、富裕等（总称 property）。而首要目的是保护和增值民众财产权。财产权在洛克心目中占有重要地位。在洛克的心目中，财产权是包含生命权、地产权和特权的一个综合的概念，并不是我们现在所理解的财产权的概念。[2]

---

[1]　由于自愿所有者（委托者）治理、经历和能力是有局限的，为使资源产生最大的效用，必须将资料的具体管理权授予最能发挥资源效益的人（代理者），由此形成政府与民众的委托—代理的契约关系。

[2]　深入的研究参见肖滨：《公民政府：拒斥无政府与利维坦：洛克政府理论的逻辑结构分析》，《开放时代》2003 年第 6 期，第 64—74 页。中山大学肖滨教授认为，洛克的政府理论以权利体系（生命权、自由权和财产权）为基石，既拒斥无政府，又反对权力无限的利维坦，并以文明社会及其公民政府避免无政府和利维坦的双重陷阱，从而确保政府权力受到有效限制、公民权利得到切实保障，由此实现公民权利与政府权力之间的和谐平衡格局。

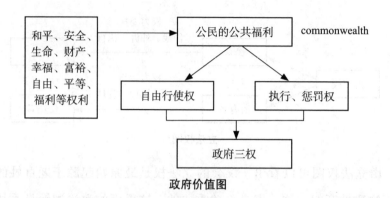

政府价值图

　　见上图，洛克论述了政府权力发展形态是由人治权力向法治权力的转移。人治权力有三大弊端，即随意性、不安全和不可靠。[①] 而法治权力有明显的优势：公开性、可靠性与正式性。法治政府的权力有效弥补了人治政府权力的弊端，因此，法治政府必然代替人治政府。从中我们可以发现，洛克超越了霍布斯的权威主义政府理论，发展和重新构建了民主政府理论。霍布斯较早的提出现代政府理论的理论学说，并基于当时英国的混乱局势而构建权威主义政府管理模式。而洛克看到将来的英国必将走向现代民主国家，大胆的提出具有前瞻性的民主政府理论模式，慢慢的成为英国和世界民主政府采用的普遍范式。[②] 而洛克的权力分工和权力互动理论，慢慢的被政府理论工作者所研究和认识。

　　洛克的《政府论》（下篇）不仅是现代政治学与行政学的经典之作，

[①] 洛克在论述人治权力三大弊端方面下了较大的研究时间。这三点与法国政治学家孟德斯鸠（1689—1755）的"权力趋于腐败""自古以来的经验表明一切被授予权力的人都容易滥用权力""要防止滥用权力，必须以权力约束权力"等论点有异曲同工的妙用。关于人格化权力的论述可以参见胡伟：《政府过程》，杭州：浙江人民出版社，1999年。

[②] 从比较政治学的视野来看，我们可以这样说，霍布斯与洛克的政府理论的分野恰好是现实主义与理想主义的价值分歧所致。虽然两人都想让世界保持和平，保护公民的权利，适应市场经济的发展要求。

更是重新建构现代政府架构的思想指导手册。洛克的权力分离、权力分立、权力制约、权力平衡与权力互动思想为现代政府的和谐运作提供了强大的理论支撑。洛克的《政府论》（下篇）不仅清晰的说明我们为什么需要现代民主和法治政府，而且为现代政府的稳定性和持久力提供具体的现代民主制度设计与制度安排，值得今天我们建设和谐社会、和谐国家、和谐政党与和谐政府的工作者一读，为建设富强、民主、文明与和谐的现代化国家贡献自己的一份力。在和谐社会的时代主题下，重温洛克的民主制度设计理论，在现实的政治生活中运用民主的作风和民主的智慧，具有一定的思考意义。

第三节　佛莱德列希的现代治理思想及其反思

哈佛大学荣誉教授佛莱德列希先生（Carl Joachim Friedrich, 1901—1984）是当代负有盛名的政治科学家、教育家和政策顾问。[①]1955—

---

① 深刻的研究参见〔美〕C. J. 佛莱德列希：《政治学入门：哈佛大学政治学入门十二讲》，李明峻等译，林继文、许介鳞等校译，台北：众文图书，1992 年。据1962 年由苏米德和唐纳豪士两位学者对全美 832 位专业政治学者所做的学术声誉排名调查数据，在二战前，佛莱德列希教授全美专业政治学者排名位居第14 位；在二战后，佛莱德列希教授全美专业政治学者排名为第 10 位。在这两份排行表中，不少知名学者并没有同时出现。从中可以看出，佛莱德列希对于学术研究的热情和长久支持。他的著作有数十册，其代表作是《立宪政府与民主》（1941），《立宪政府与民主》一书多次重版，享誉政治学界。目前国内对佛莱德列希教授的译著主要有：〔美〕卡尔·J. 弗里德里希：《超验正义——宪政的宗教之维》，周勇、王丽芝译，北京：生活·读书·新知三联书店，1997 年。"Friedrich"，有的学者翻译为"弗里德里希"，参见吉林大学刘小平：《卡尔·J.弗里德里希：极权主义与宪政国家》，《社会科学论坛》，2006 年第 1 期。为保证用语的一致性，本节采用台湾学者的译法。

1971 年，他一直担任哈佛大学政府管理学院的伊顿（Eaton）教授。① 佛莱德列希教授（C. Friedrich）的政治学分析框架对于我们理解当代政治学具有重要的思想启发意义。他从自由、权威、秩序、正义与平等诸角度对政治学进行重新的诠释。当代政治学需要政治学同仁之间不断的互动、交流、沟通和理性批判，体现新鲜的时代价值与重要的启蒙意义，为富强、民主、文明与和谐的社会建构提供学理分析的政治智慧与政治分析新视野。佛莱德列希先生出生在德国，曾在马尔堡、法兰克福、维也纳接受教育。1922 年，他与一群欧洲学生首次来到美国，出席一战后青年问题的学术访问项目。1925 年获得历史学和经济学哲学博士，1926 年进入哈佛大学政府管理系，成为讲师，从此开始了长期的哈佛教学生涯。1927 年，佛莱德列希成为政府管理方向助理教授。1936 年，佛莱德列希先生成为正教授。1938 年，他成为公共行政管理研究生院教员。二战的时候，他帮助筹建哈佛大学政府管理海外学院，负责为军方培训高级管理人员，在 1943—1946 年，成为该项目负责人。1956—1966 年，受聘为德国海德堡大学政治科学教授，并帮助筹建专门研究学院。1962 年当选美国政治学会主席，1967—1970 年担任美国国际政治学会主席。1967 年，德国总统为表彰他在美德跨文化交流和国家民主重建所作的巨大贡献，特别授予"骑士"勋章。1971 年，70 岁高龄，快要退休的时候，佛莱德列希先生成为哈佛大学名誉教授。

在二战前，他的主要研究领域兴趣在于现代政治思想史、政府中的领导力、官僚制度、公共行政制度、比较政治制度和美国的外交政策。他的早期作品包括《负责任的官僚制》（1932）、《宪政与政治》（1937；修订版，1941）和《外交政策的制定：对权力平衡一个新的研究》（1938）。

① 关于佛莱德列希的生平和学术贡献，参见 de.wikipedia.org。

他同样对公共舆论感兴趣。他是波士顿委员会的副委员长和广播电视的总负责人。在二战期间，他是民主委员会执行首脑，目的是说服美国民众保存民主宪政的重要性，反对极权主义。在这个领域，他领导相关的部门发表了众多民主方面的文章。他是议会中英国分支的主任。在 1942 年，他出版了《人及其政治信念》。战后，他参与了德国的建设。从 1947 年至 1948 年，他是德国军事政府的宪法和政府事务的观察员。他参与了联邦德国共和国宪法的起草。他的国际政治理论和想法远不局限在德国。他作为一个宪政顾问，对联邦制度有深入研究，把自己所了解的宪政理论、实践和信仰的学问应用到其他几个国家，并在 20 世纪 50 年代早期为欧洲共同体起草宪法。他的兴趣是多元化的，在 1952 年他出版了《巴洛克的时代》，一部反映他对这时段历史着迷的作品。在 1953 年、1954 年又相继出版对康德哲学和黑格尔哲学的研究著作。①

一、稳定的政治秩序与有效的政治共同体

政治秩序的维持是政治共同体的责任。佛莱德列希的学生和同事亨廷顿采用大量的经验分析研究方法，突出政治秩序的现实重要性，把政治秩序的规范研究转变为可以感知的实然分析，推进了政治秩序的研究深度。而佛莱德列希本人主要从规范的角度分析政治秩序的几个内在关系和政治思想史上秩序设计理论。

---

① 吉林大学刘小平教授补充的著述还包括《注定和平》（1948）、《极权主义专政和独裁政府》（与 Z. K. 布热津斯基合著，1956）、《立宪的国家理性》（1957）、《法哲学的历史考察》（1958）、《人类及其政府》（1963）以及《超验正义——宪政的宗教之维》（1964）等等。参见刘小平：《卡尔·J. 弗里德里希：极权主义与宪政国家》，《社会科学论坛》2006 年第 1 期。

在佛莱德列希看来，政治共同体秩序维持的困难在于是如何协调政治统一与多元的关系。政治统一是指确保民众具有共同的价值、利益和信条，民众自觉认同和承认政治共同体合法性；政治多元是指民众有自己归属的家庭、教会和职业团体，有自己的独立行为领域。佛莱德列希利用斐迪斯·滕尼斯对政治共同体的研究成果，对其作二元划分：目的性和有机性。[①] 立宪民主政治的目的就是将二者协调起来，并以妥协、包容的精神程序化地加以组织。

佛莱德列希并没有突出政治秩序的现实重要性，他认为秩序之外的其他价值亦可以优先于秩序。他以自己书房的杂乱和刚开工的建筑工地的无序证明这种必要性。他发现，世界上最有序的地方是墓地，称之为"墓地"秩序，因为墓地的成员均为不能活动的死者，本身绝无发生事件的可能，但是墓地秩序毕竟是属于死者而非活人的。佛莱德列希认真分析几种对未来美好政治秩序体制的政治制度设计。他认为有序和无序完全取决于当时的环境，无论是大同社会还是乌托邦，都是存在着理论上的合理性，但是都不应该过分强调某种学说的正当性。

在佛莱德列希看来，政治哲学的核心理念应该是包容和妥协，协调好统一和多元、有机和目的、共有和互异的关系是理解政治共同体和秩序的关键。在讨论亚里士多德（前384—前322）对政治共同体的建构中，佛莱德列希认为一般意义上理解的"人是政治的动物"是有失偏颇的。因为城邦以实现"至善"为目的，而人以追求"至善"为责任，所以人类不应该是陷于权力争夺的政治动物，而是以实现真、善、美为目标的高尚美德的智慧人群。因此，从这个角度而言，人类皆应隶属城邦这一最高目标，故而人类是有着高尚德性与奉献精神的。

---

① 斐迪斯·滕尼斯（1855—1936），德国社会学家，主要代表作品为《共同体与社会》。

政治共同体成为人类获得幸福的必备条件，人类必须认识到政治共同体实现的必要条件的重要性，注重从现实中求政治发展和政治秩序，佛莱德列希认为这些是亚氏最大的遗产。佛莱德列希认为阿奎那注意到遗产的重要性，将亚里士多德思想与天主教的传统达成某种和谐，使得亚里士多德的思想能够比较完整地传承下来。因此，他认为政治秩序的维持要坚持原有的政治遗产。

二、树立政治权威与维持政治秩序

权威和权力概念是现代政治学分析的中心。权力可以划分为实体性权力和关系性权力两种。实体性权力把权力看作所有物，可享受、使用和滥用；关系性权力强调人际关系的重要性。实体性权力的主要表现方式是强制、支配、命令和武力，实际执行中具有自上而下的等级色彩；关系性权力的主要表现方式是互动、谈判、说服、交流、沟通和妥协，是一种言语权力，强调自愿、内心的感觉和平等性。佛莱德列希认为从规范分析的角度讲实体性权力也很重要。权威是指一种兼具合法性与关系性权力。权威主要是指经过论证的方法将欲求之事正当化的能力，具有使人事权力增大的特性，传统、宗教、理性和"理论整然和严密周延的说服能力"是权威的四个要素。权威的衰落与上面的四个因素的流失有关。比如，高龄领导者因为年龄太大引发老年政治问题。佛莱德列希认为，正是由于年轻领导和老年领导的价值、信仰和利害均有差距，原来的老龄领导者周延的说明能力无法再适用新的年轻人群体和新的政治环境，从而爆发价值冲突和政策冲突，破坏政治体系权威的正当性。政治思想史上，对权力和权威研究公认的学者是马基雅维里（1469—1527）和霍布斯（1588—1679）。佛莱德列希一反传统的观点，认为马基雅维里和霍布斯两人都是个人主义者和自由主义者，专门研究国家起源的开创性学者。两人由于过于关心权力而受到贬抑，并不是所谓的全体主义理论奠基者。马基雅维里从历史的角度探讨政治的实体，探讨一个怎样的君主才能建设好一个国家，希望动荡中的民族国家能够有一位卓越超群的非凡者出现。如果说马基雅维里是一个乐观主义者的话，那么，霍布斯就是个悲观主义者。霍布斯沉迷于对权力的现实主义特性分析，由于对人性善彻底的绝望，因而建构一种人与人互争的"狼式"不断冲突与战争状态。霍布斯用生物学和物理动力学的基本原理解释政治和建构解决方案。霍布斯认为为了避免民众暴力致死，民众自发的缔约，推举绝对权威的掌权者治理社会。应该来说，佛莱德列希教授这样一种同情的政治诠释研究，从长远来看，还是有助于政治哲学的复兴。

三、给予公民一定的政治自由

自由主义是西方社会的意识形态和学理基础。自由权（liberal）是天赋的，具有客观实在性。① 自由权不会因为认识者与管理阶层没有认识到而忽视它的存在，也不会因为极权政府的独裁而消灭。总之，自由权是天然的，是具有全球影响力的，是具有普遍适用性的。自由是人的根本性权利，是社会公正的基础，是人类和谐生存与发展的重要保障。佛莱德列希

---

① 约翰·洛克的《政府契约论》（下篇）中提出两个基本的自由概念：经济自由（拥有和运用财产的权利）和知识上的自由（包括道德观的自由）。参见〔英〕洛克《政府论》，叶启芳等译，北京：商务印书馆，1883 年。1911 年，霍布豪斯（1864—1929）的《自由主义》一书，总结了新的自由主义观，包括有限制的由政府介入经济以及所有人在交易时应享有平等地位的权利。参见霍布豪斯：《自由主义》，北京：商务印书馆，2002 年。后来形成自由主义政治思潮，主要为追求保护个人思想自由的社会、以法律限制政府对权力的运用、保障自由贸易的观念、支持私人企业的市场经济、透明的政治体制以保障少数人的权利。（可以参见，baike.baidu.com，自由主义条目）现当代思想家亚当·斯密、威廉·冯·洪堡、约翰·杜威、莫迪默·阿德勒、弗里德里克·哈耶克、卡尔·波普尔、米尔顿·弗里德曼都是自由思想的重要代表。

教授详细梳理自由理论的历史发展和自由的基本含义。古代希腊的政治自由表现为城邦的独立、公民自决和政治参与（以贝壳投票）。近代西欧自由经历过自然权、市民自由和积极自由三个层次。从消极自由到积极自由，从理想主义完美化取向到现实主义多元化，西欧的自由观经过长期的实践发展和理论思维的改善。从自由自身含义来讲，它包括自我保存、自我主张和自我发展三层次。需要补充的是，自由内部的各项权利之间是互相冲突的，而且这种冲突也是不可避免的。国家的政治自由任务在于维持和谐的政治秩序，制定一套系统的救济方法和配套政策，以便让政治自由良好的实现，确保公民的行动自由、言论自由与出版自由。先有良好的政治秩序而后才有个人的自由，无秩序则无自由。[①] 没有救济方法与公共政策的制度化安排，各项政治权利之间的冲突就会损害弱者的利益。而在制度的层面内采取配套政策可以减少这种危害，实现正义的政治价值。由于人获取知识能力的有限性、社会问题的复杂性和不确定性，自由价值对于人类来讲都是相对的、有限的，需要不断的调试和改善。

　　从某种程度上说，现实中的人都是不自由的，诚如罗伯特·达尔所言的"某种程度上，历史的囚徒"，因而人类所能做的是提供某种程度的自由。[②] 佛莱德列希认为洛克的自由观是一种精英式自由。洛克认为拥有财产才会珍惜、使用和保护自由，财产是自由实现的必要条件，无财产的贫苦大众不在自由之列。约翰·密尔（1806—1873）发展政治自由

---

① 萨缪尔·P.亨廷顿在《变化社会中的政治秩序》中主张此说。参见〔美〕塞缪尔·亨廷顿：《变革社会中的政治秩序》，王冠华、刘为等译，沈宗美校，北京：生活·读书·新知三联书店，1989年。

② 参见〔美〕罗伯特·A.达尔：《现代政治分析》，上海：上海译文出版社，1987年，第一章。达尔（1915——　），耶鲁大学政治学教授，以研究民主理论见长。国内这方面的译著有，达尔：《论民主》，林猛、李柏光译，北京：商务印书馆，1999年；〔美〕罗伯特·达尔：《民主理论的前言》，顾昕、朱丹译，北京：生活·读书·新知三联书店，1999年。

观，建构个人至上主义的自由观。① 密尔认为某人想如何处理自己的事物，他人没有权力指挥。个人本身就是自己的主权者。佛莱德列希认为 J.密尔的激进色彩自由观过分强调个人自由，不仅否定基督教，还否定源远流长的柏拉图传统，对以后的自由主义起着明显的奠基作用。政府的目的是确保此人的利益，同时也防止他加害他人。在个人与政府的层面上，个人的地位远远超过政府，政府是为个人服务而设的权威结构。

四、不断完善政治正义：政治体系的根本目标

由于对正义政治价值含义理解的不同，导致实现正义方式的不同。激进主义正义观突出快速的实现政治目标，暴力和流血冲突夹杂其中，导致领导者滥用暴力和民众对未来幻灭感的出现，尤其是这种暴力化倾向易产生恶性循环，美好目标的实现变得遥遥无期，政治秩序和政治传统荡然无存，最终走向独裁的反动结局，这一特征经典的表现是法国的大革命。从上述论述可以看出佛莱德列希是反对激进暴力的，主张渐进改良的。应该说，在建设和谐社会的今天，反思政治暴动的不利后果，实现民主政治，促进政治互动，具有重要的思想启发意义。他希望在制度合作层面解决团体利益间政治冲突。他特别抨击斯大林极权主义对马克思主义的曲解和利用。佛莱德列希教授详细的分析柏拉图（约前 427—前 347 年）和约翰·罗尔斯（1921—2002）的渐进正义观。② 渐进正义观强

---

① 参见〔英〕约翰·密尔：《论自由》，程崇华译，北京：商务印书馆，1996 年。

② 〔美〕约翰·罗尔斯：《正义论》，何怀宏译，北京：中国社会科学出版社，2001 年。罗尔斯，著名政治哲学家，以"正义论"闻名，此书标志着美国政治哲学的复兴，是规范主义的重要奠基之作。他指出正义的两个原则：（一）一般原则：一切社会价值——自由、机会、收入、财富、自尊都应平等分配，除非某些或全部社会价值的不平等分配符合每个人的利益。（二）两次小原则：（1）保障民主秩序中公民政治权利的完全平等；（2）保障社会和经济价值的分配中的平等待遇，虽然不一定是完全平等。社会经济的不平等是不能允许的，除非——不平等符合每个人的利益；每个人有寻求不同报酬的地位的平等待遇。

调政治精英的主动性改革而不是采取动员群众式的大范围革命。具有和谐价值观念与民主精神的政治精英间互动而不是一般民众的暴力行为容易实现渐进正义观。C. 赖特·米尔斯对政治精英持激烈批评态度。他认为少数精英是反自由民主政体的自主团体。① 一种完全相反的观点是由达尔主张的多重少数多元民主统治观，通过对纽黑文城市民主自治的经验分析，他认为正是由于精英的妥协和互动使得民主政体存续下来。可见，即便是渐进主义正义观其内部也充满着冲突。正义观之所以要渐进改善在于正当性理由接近真理的程度是一个渐进演化的过程，而且重要的是真理本身绝对是个尚未解决的问题，更不要说谈论理由与真理之间的遥远距离。

佛莱德列希教授认为法律是实现正义的保障。恶法是缺乏权威之法。为彰显正义，恶法不应该全盘抛弃，应该渐进改善。正义问题实质是正当性（合法性）问题。② 亚里士多德（前384—前322）提出差别原则解决正义难题。约翰·罗尔斯提出在不危及自由原则下最少受惠最大限度补偿的建议。③ 佛莱德列希教授认为正义是一个既不可化约又难以折冲的内含价值冲突的概念。他认为柏拉图（前427—前347）的《论国家》译为《正义论》更切合。柏拉图试图解决何为正义与如何实现正义两大问题。柏拉图正义论的特色在于采用逻辑演义的方法，通过由正当之人的合理性建构正当之国，国家不过是个人的放大，即"人国同构"模式。

---

① C. 赖特·米尔斯（C. Mills，C. Wright，1916—1962）为当代著名社会学家，主要作品为 Mills，C. Wright. 1956［1970］. *The Power Elite*. New York：Oxford University Press；Mills，C. Wright. 1959［1976］.*The Sociological Imagination*. New York：Oxford University Press。

② 国内政治学者较早对合法性问题进行研究的有胡伟博士：《合法性问题研究：政治学研究的新视角》，《政治学研究》1996 年第 1 期。

③ 〔美〕约翰·罗尔斯：《正义论》，何怀宏译，北京：中国社会科学出版社，2001 年。

何为正当之人？他认为追求智慧之人即爱智者就是正当之人。他认为传统的将爱智者翻译为"哲学王""哲学家"和"政治学教授"都是曲解柏拉图的本意的。而中国的儒学家或佛教的贤人更接近这一概念，因为爱智者对宗教方面知识很渊博。①

五、不断践行政治平等：现代国家获得感的前提

政治平等是政治民主价值的核心要素。② 再也没有一个概念比平等复杂，也没有一个概念比平等遭歧视。即便是著名政治学者达尔也不例外，其民主观中对政治公民与政府公共政策平等的强调近年来遭遇到以詹姆斯·W.西瑟为代表的新自由主义民主学者的猛烈批判。③ 人们有意无意将平等和激烈的改革和革命联系起来。但是，平等，作为政治学核

① 关于对柏拉图政治思想的深入研究可以参见〔美〕乔治·霍兰·萨拜因：《政治学说史》(上、下)，刘山等译，南木校，北京：商务印书馆，1986 年。乔治·霍兰·萨拜因（1880—1961, George Holland Sabine），作者根据多年在康奈尔大学（Cornell University）从事政治学教学和科研的研究心得写了此书。该书自 1937 年问世后，就被西方许多国家列为政治学教科书与必读参考书。我国现代学者胡适曾选修他的《政治思想讲座》课。主要著作还有《Pluralism: A point of view》（1923）、*The two democratic traditions*（The Bobbs-Merrill reprint series in the social sciences）(1952) 等。

② 民主是一种竞争性的政治体制，在这种体制中，相互竞争的领袖和组织以某种方式确定公共政策的选择范围，以便使公众能够参与决策过程。政治冲突、竞争、组织、领导、责任是可操作性民主的要素。罗伯特·达尔在《论民主》一书中提出，民主就是一种理想，又是一种现实。他构建了著名的"多元民主主义理论"，即多重少数人统治社会的原理。他认为"辨识现代民主政体的依据，要看是否存在各种团体与组织，看他们是否拥有合法地位，以及他们相对于政府是否独立，彼此之间是否独立。达尔指出现代民主社会是一种多元体制（polyarchy），即多种政治权力中心选民可以公平、公正的公平的选择自己的政治领袖，政治领袖也是公平地竞争，非选举产生的、受到控制、人身自由终身的，多元体制的政治形态受到控制。

③ 详细的研究参见〔美〕詹姆斯·W.西瑟：《自由民主与政治学》，竺乾威译，上海：上海人民出版社，1998 年。西瑟 1967 年任教于美国弗吉尼亚大学，现为政治学教授，曾在剑桥大学访学。

心价值和社会正义重要体现，需要我们去深入的分析。规范与经验之间的平等冲突将永远存在。

人类生而平等，人类应该彼此互敬。从政治发展史来看，不平等的状况改变了很多，但是在现实的政治生活中不平等却普遍存在。无论是卢梭、尼采和马克思，还是雷、罗尔斯、达尔和德沃金都曾研究过政治平等，但是却难有一个共同的办法来解决现实中各种各样的不平等。佛莱德列希教授区分了一般平等、法的平等和政治平等三者之间的区别是必要的。一般平等主要指抽象意义上的人的平等的绝对至上性。虽然法律面前人人平等，但是实际运作过程中，往往采用差别原则。

在过去，以平等的机会参与政治是政治平等之要义，但是在现在，对分配结果的平等更受人们的重视。[①] 以达成目标为例：前途考虑和份额考虑的两个层面之间是存在着显而易见的冲突；即使是结果分配方面，份额考虑和人的考虑的两个层面之间又何尝不是难以协调和折中的？

在探讨卢梭（1712—1778）的平等观中，佛莱德列希试图纠正传统学者对卢梭的不公正评价。首先，卢梭深深痛恨流血冲突，因而不可能是极权主义的提倡者，但是，由于法国革命精英又是深深服膺于卢梭的激近平等主义的，卢梭与大革命脱不了关系。第二，卢梭关注的主要取向是个人的政治自由，更富有同情心，更有爱心，因而不是冷漠的极权主义者。

佛莱德列希教授的现代治理思想的重建带来了政治哲学的复兴。[②] 正是因为佛莱德列希教授深刻地阅读经典政治哲学原著，使得他的分析

---

① 政治学者雷对政治平等的概念进行了深入的研究，参见〔美〕罗伯特·A.达尔：《现代政治分析》，上海：上海译文出版社，1987年，最后一章。

② 很多美国政治学者认为，以佛莱德列希、伊斯顿、罗尔斯和达尔等学者为代表的著作标志着当代美国政治哲学的复兴。

格外的具有浓厚的学术力量。佛莱德列希以一种历史宏观的大视野和极具同情心的规范分析来论述卢梭的激进政治观，尽量从好的、有利于促进学科发展的方面挖掘政治学的核心价值，在这一点上他明显的继承了密尔（1806—1873）同情式了解的研究方法，兼容并包，不断传承政治哲学传统，突破政治哲学研究的范围。由于规范分析中政治哲学内部的每一项价值都是独立的、自主的，更不要说每一项价值内部的冲突性，价值相互之间难以化约，这就注定政治哲学内部存在着永恒的张力，而正是由于这种不息的争论带来的动力不断的推动着政治哲学的前进。由于每一项价值本身不可能自我运用，价值的应用存在着很大的变数，特别是现实生活具有的不确定性特征使得政治哲学面临着永远的责难和阻力，因而不断的重新建构政治哲学成为每一代政治学者的使命。正是在这样不断的反复建构中，政治哲学才能为政治发展提供社会正义和道德关怀。二战时期极权主义反思的时代背景决定佛莱德列希教授的政治哲学理论研究的主题、深度和广度。其对全体主义的分析已成为研究极权主义的一种范式。① 而后在政治学行为主义取向的环境下，佛莱德列希教授又与经验分析作艰苦的抗争，为政治哲学留下一个最基本的堡垒，为以罗尔斯为代表的新一代规范主义政治哲学的复兴奠定基础。这也说明政治学研究方法中，规范分析和经验分析都不应该过分偏废和过分强调，二者都是能够有助于政治学研究的不断深入的。正如著名民主理论研究学者 R. 达尔说的，"没有明显的理由证明经验的或科学的取向本质上与规范的取向是不相合的。它们能够相互取长补短。不了解经验取向

---

① 一般认为，除了政治学体系的建构这一重要贡献之外，佛莱德列希的学术贡献还包括极权主义、全体主义进行批评，捍卫民主宪政思想。详细的研究参见吉林大学刘小平教授：《卡尔·J. 弗里德里希：极权主义与宪政国家》，《社会科学论坛》2006 年第 1 期。

的分析提供的事实，政治哲学容易变得不切题，甚至愚蠢。不关心政治哲学家（无论是古人还是今人）提出的若干基本问题，经验分析就会有退化到钻牛角尖的危险。"①

第四节　达尔的民主治理思想及其困境

美国政治学者、耶鲁大学终身教授罗伯特·A.达尔是当代西方重要的民主理论家之一，主要的贡献在于其提出的多元民主理论。② 达尔在学术界颇享声誉，如"美国最卓越、声誉卓著的政治学家""我们时代的首席民主理论家""民主理论与民主制度的首席分析家""我们时代最重要的政治理论家"等，所以，"当达尔谈起民主时，每个人都应洗耳恭听"。③ 林根说达尔是世界上最著名和最受人尊敬的政治科学家以及民主政治方面最具权威的代表。④ 国内学术界翻译过他写的《革命以后》（陈忠庸译，台北允晨文化实业股份有限公司，1985）、《经济民主导言》（黄天荣译，台北政治作战学校，1986）、《民主理论的前言》（朱江章等译，台北幼狮文化，1986；顾昕、朱丹译，北京：生活·读书·新知三联书

① 〔美〕罗伯特·A.达尔：《多元主义民主的困境》，译，北京：求实出版社，1989年。
② 达尔，1915年12月17日生于美国爱荷华州的一个小镇。1925年随父母一起搬到阿拉斯加州。早年就学于华盛顿大学和耶鲁大学，并于1944年获得耶鲁大学博士学位，1946年起在耶鲁大学任教。先后担任过各类教授。1963年和1990年两次获伍德罗·威尔逊奖，1967—1968年担任美国政治学会主席。参阅俞可平：《权利政治与公益政治》，北京：社会科学文献出版社，2003年，第332页。
③ 钟彬：《达尔的多元主义民主理论研究》，南开大学2009年博士论文（导师为李淑梅教授），第2页。
④ 转引自周圣平：《罗伯特·达尔多元主义民主观研究》，中共中央党校2010年博士论文，第7页。

店与牛津大学 1999 年联合出版；顾昕译，东方出版社 2009 年扩充版)、《现代政治分析》(王沪宁、陈峰译，上海译文出版社，1987)、《多元主义民主的困境：自治与控制》(求实出版社，1989；周军华译，吉林人民出版社，2006)、《论民主》(李柏光、林猛译，商务印书馆，1999)、《多头政体：参与和反对》(张明贵译，台北唐山出版社，1987；谭君久、刘惠荣译，商务印书馆，2003)、《民主及其批评者》(曹海军、佟德志译，吉林人民出版社，2006)、《美国宪法的民主批判》(佟德志译，东方出版社，2007)、《论政治平等》(谢岳译，上海人民出版社，2010) 等十多部理论专著。① 达尔对民主含义的整全性建构作出较为体系化的分析。近年来，国内学术界对他的研究取得不少的成果，涌现出一些具有一定学术质量的核心论文。② 一些后学青年不畏学术难关，潜心学术，写出一

---

① 除 1997 年编成的《通往民主之路》论文集、2005 年传记《淘金热后》外，他还有 Congress and Foreign Policy (New York: Harcourt, Brace and Company, 1950)、A Preface to Economic Democracy (Berkeley and Los Angeles: Polity Press, 1985)、Democracy, Liberty, and Equality (Norway: Norwegian University Press, 1986)、Politics, Economics And Welfare (and Charles E. Lindblom, New Brunswick and London: Transaction Publishers, 1992)、Toward Democracy: A Journey, Reflection: 1940—1997 (Berkeley: Institute of Governmental Stdies Press, University of California, 1997) 等尚未翻译成中文的英文著作。详见，包雅钧：《罗伯特·达尔民主理论研究的方法论背景》，《学术研究》2006 年第 3 期，第 79—84 页；马德普：《超越人民主权与三权分立之争：罗伯特·达尔民主理论述评》，《教学与研究》2001 年第 7 期，第 72—77 页。

② 例如《罗伯特·达尔的多元民主理论》(郭定平，《国外政治学》1989 年第 1 期)、《达尔经济民主思想述评》(郑晓华，《安徽大学学报》2005 年第 2 期)、《罗伯特·达尔经济民主思想述评》(包雅钧，《经济社会体制比较》2006 年第 3 期，第 138—143 页)、《规模与民主的维度：达尔的观点》(高民政、孙艳红，《浙江学刊》2006 年第 2 期)、《社会制衡还是三权分立：政治权力的多元化》(双艳珍，《内蒙古社会科学》汉文版 2007 年第 3 期，第 68—71 页)、《达尔多元民主理论析论》(高卫民，《河南社会科学》2008 年第 1 期)、《民主是理想的抑或是现实的：论罗伯特·达尔民主认识方法论的革命性贡献》(叶剑锋，《当代世界与社会主义》2009 年第 6 期，第 117—121 页)、《非民主国家的民主转型》(叶剑锋，《当代世界与社会主义》2010 年第 6 期，第 112—116 页)、《罗伯特·达尔社会制约权力理论评析》(周仲秋，《当代世界与社会主义》2010 年第 6 期，第 117—121 页) 等。

些具有一定分量的学位论文，值得学术界注意和深入交流。①

以民主为论述对象的专著，有里普逊的《民主新诠》、科恩的《论民主》、萨托利的《民主新论》等。②《民主新诠》通过分析雅典民主的理论与现实，突出个人主义在民主思想体系中的重要性，确定了评判民主社会的思想标准。他重点探讨民主政体生成的社会环境，以政治社会学的分析方法探讨民族、语言、宗教、地理等亚文化变量对民主政府生成的重要影响，接以行为主义的定量分析为手段，以法国、美国、英国等国家作比较分析，形象地描述了这些国家民主化过程中受到上述变量的影响。该书论述了民主政府的实际演变，分析经济因素对民主政府生成的重要作用，并透过投票选举和政党政治互动两个方面分析民主化过程的动力和变动性；透过宪法、代议制度和政治领导等制度因素来分析民主的优势与不足，尤其是政府领导力方面来分析民主政府的执行能力和公共机构为民众谋福利能力的不足。该书首先从民主的社会环境、政府结构与思维三个方面来展开民主制度的比较分析。作者深信，民主增进人类文明和福利，民主是一种迄今为止较好的政府形式。该书分析民主的内在价值即自由、平等、正义之间存在着难以统一和难以化约的张力和矛盾，指明民主价值之间的互动是重要的。《民主新诠》以民主与自由的交集等价于平等为主轴，向读者展开民主的生动画卷。美国密执安

---

① 例如包雅钧:《从古典到现代：罗伯特·达尔民主理论研究》，北京大学 2005年博士论文（导师为国家行政学院许耀桐教授）；钟彬:《达尔的多元主义民主理论研究》，南开大学 2009 年博士论文（导师为李淑梅教授）；周圣平:《罗伯特·达尔多元主义民主观研究》，中共中央党校 2010 年博士论文（导师为刘春教授）。硕士论文，如《多元主义述评》（杨玲庆，北京大学，1988 年）；《达尔多元主义民主理论述评》（郭兆祥，吉林大学，2007 年）；《论达尔多元民主体系下利益集团的平衡》（杨放，吉林大学，2008 年）等等。

② 〔美〕赖斯黎·里普逊:《民主新论》（节本），登云译，香港：新知出版社，1972年；〔美〕卡尔·科恩:《论民主》，聂崇信、朱秀贤译，商务印书馆，1988 年；〔美〕乔·萨托利:《民主新论》，冯克利、阎克文合译，北京：东方出版社，1998 年。

大学教授科恩的《论民主》以哲学语言分析民主。该书采用规范分析方法论证民主价值的合理性、重要性与普遍性。科恩教授把民主定义为高度参与的社会管理和公民决策的体制，强调民主过程实质不仅在于选择，而且在于公民自身的参与和经历，并臻善于全体民主。① 作者侧重民主的个体条件方面而不是社会宏观环境对民主化的意义。② 在分析民主与自由、平等的关系时，作者认为自由是条件，平等是核心，博爱是前提，民主是正义的。普里逊从政府与社会的宏观层面来分析民主的条件和过程，科恩则从个体微观层面来分析民主的条件和过程。《民主新论》的意义在于清理坊间民主理论研究的使用语言和学术规范，梳理概念间关系，理顺当代各种关于民主的争论。作者采用历史学分析方法，辅以经济学视野。作者对自由的强调，强调民主规范价值和现实意义。科恩从公民角度来分析民主含义，而达尔从宏观政治分析角度来论述民主。达尔《论民主》分析民主的起源、民主含义及如何生成民主。作者把平等精神作为民主精神的主要内涵。这与普里逊、科恩、萨托利不同。达尔重视经验和事实，这不仅得益于他长年在美国纽黑兰所做的详细调查研究，也源于他的行为主义政治学的长项。达尔在党团民主剖析方面，尤见功夫。最新出版的蒂利《民主》一书从民主化与去民主化这样一个民主过程来分析民主，可以弥补达尔等为代表的规范学派过分重视民主价值、忽视对第三次浪潮国家民主转型多样性的不足。③

---

① 〔美〕卡尔·科恩：《论民主》，聂崇信、朱秀贤译，北京：商务印书馆，1988 年，第 10 页。
② 作者从公民的智力条件（主要包括理性能力、推理能力、获取信息能力、交流的艺术、民主的知识等）、公民的收入状况、公民所处的法律氛围、良好的心理人格（容忍、自信、现实、协商、客观、妥协、交流和沟通素养等）、少数派权利、个体的代表性、公民的参与度（参与的广度、深度、范围、持久性）等最具体的、可感知的个体方面来分析民主实现的条件。
③ 〔美〕查尔斯·蒂利：《民主》，魏洪钟译，上海：上海人民出版社，2009 年，第 5—9 页。

一、规范与经验的双重复合：达尔对西方国家治理困境的反思

规范主义理论学者是从理论到理论的规范式研究，大多采用静态的、历史的、制度型分析方法，注重从抽象角度考虑问题，其方法即理论上应该是怎样的就怎样的"应然"（should be）研究方法；经验主义理论则是从现实到理论的实证式研究，大多采用调查研究型的、动态的实证方法，注重从具体的、可操作角度考虑问题，后者的方法为现实是怎样的就怎样"实然"（It is）研究方法。研究方法取向的不同，学者所得到的结论就不一样了。其理论来源于休谟所说的价值与事实的二维分野。[1]经验主义理论学者把民主当成一种程序、一种手段、一种机制，在这种安排下，采用竞争性选举投票来决定官员，再由这些官员来代表选民决策，这就是"程序民主观"；规范主义理论学者则把民主当成一项崇高的原则如自由、平等、最高的善、多数人统治等具有实质内涵的、抽象的意义来看待，即实质民主观。达尔既把民主当成一种具有实质内涵的东西来研究，又把民主视为实现这一原则的手段、方法或机制。达尔是为了调和上述分歧所作的努力。民主过程就是社会团体制定一项公共政策的过程（学者称之为"团体政治学"）。在这个过程中，要有一个抽象原则即政治平等来保障。从公民的角度，我们应该把每个人的内在幸福看作是与他人平等的；从政府的角度，政府在决策的时候，对于受到决策约束的人，应当平等地考虑他们的幸福和利益。[2]民主内涵的合理性

---

[1] "实然"与"应然"研究方法介绍的学者有李景鹏，如《论权力分析在政治学中的地位》（《天津社会科学》1996年第3期，第22—25页）。他主张对"民主"的研究更应关注民主现实是怎样然后再作结论；而不是民主应该怎样就怎样，见李景鹏：《中国政治发展理论研究纲要》，哈尔滨：黑龙江人民出版社，2000年。

[2] 〔美〕科恩·达尔：《论民主》，林猛、李柏光译，北京：商务印书馆，1999年，第86—87页。

是个"应然判断"命题，要从"理论到理论"的思辨角度回答。由于政治平等更符合多数人的利益、更审慎、更易让人接受，而专制政体的权力趋于腐败，绝对的权力趋于绝对的腐败。无论是"价值判断"的视野还是"监护统治"的理论而言等道德层面专制政体远逊于民主政体。"平等的投票、有效地参与、充分的知情、对议程的最终控制及成年人的公民身份"保证民主平等的程序性内涵。① 民主政体有助于使个人自我决定的机会更多，个人的自由程度更大，个人会更关注自身性格（人性）的充分发育，个人也就会为自己争取更多的公民权利同时履行更大更多的道德责任，从根本上维护自身的利益。民主就是个人自由的最大发展和保护。对于国家来讲民主政体有助于"避免暴虐、邪恶的统治""彼此没有战事"、经济繁荣、较高的政治平等。② 暴虐与邪恶的统治指的就是所有权力的聚集，权力集中到某个人或组织手中。而民主体制中三权分立和互相制衡的原则有效地分散了权力，权力不可能全部聚集到某个人或某个组织手中，因而在现实中政治局面不会出现暴政。代议制国家有高度联系的经济交往，国家的领导者有高超的妥协谈判艺术与和解能力等等导致民主国家彼此没有战事。民主有利于经济繁荣也要求达尔对西方民主国家民主过程进行经验分析。市场与民主是怎样的关系呢？不论是过分变态发展的市场（主要是垄断）还是不充分发育的市场，都是破坏平等和不利于多元民主的发展。一定程度市场的发展可以造就民主政治。一个庞大的追求教育的中产阶级，他们有闲暇，有资金，追求法治、

---

① 〔美〕科恩·达尔：《论民主》，林猛、李柏光译，北京：商务印书馆，1999 年，第 43 页。在达尔晚年的著作里，他对理想民主的衡量标准做了进一步的修正，他认为"获得启发的理解、包容与根本性权利"替代"充分的知情、成年人的公民身份"，参见〔美〕科恩·达尔：《论政治平等》，谢岳译，上海：上海人民出版社，2010 年，第 6 页。

② 〔美〕科恩·达尔：《论民主》，林猛、李柏光译，北京：商务印书馆，1999 年，第 67—68 页。

自由和自治，是民主社会的主体；市场主体本身就是有着独立决策权力的个人与组织，有助于民主的发展。

　　实现民主是目前很多发展中国家遇到的关键性问题。政治精英们知道民主是什么，坚信民主带来的好处，但由于民主的实现涉及很多利益冲突，所以民主化遇到了巨大的阻力。理想是美好的，现实是复杂的、残酷的和无情的，特别是一个超大规模的由传统向现代转型的中国而言其民主化任务更艰巨。达尔对民主理论的规范建构表现在如下两个方面。第一，不仅依靠宪法中政府体制内的三权分立制衡还要靠政府体制外的社会上的分权，即社会团体组织对权力的拥有。这些团体主要是指各种原始部落、家庭、农会、工会、商会、俱乐部、教会、学校、出版社等等，正是这些有一定规模而又独立的中观领域类自治组织才是真正的权力中心，社会公共政策的真正权力源。由于社会团体组织相对来说是规模较小的政治单元，有高度的自治性，能反映民意，提出各种不同方面政策方案，向政府提供决策咨询，因而就起着沟通政府与民众的桥梁的一种表达机制，因而在政治生活中起着"准政党"的作用。这些团体很多是自发产生的，民主气氛浓厚。另外，这些团体组织本身不仅拥有一定的经济资源，还拥有一定的政治资源，是独立的权力主体，为维护组织成员的权利而奋斗，故在政治斗争中，必然会对政府权力产生一定的制约，更好地分散了权力，有利于民主机制的实现。"中观政治学"突破以前对三权分立框架纯规范的描述，对现实政治生活究竟是怎样进行了研究，实现了从价值分析到经验分析、从价值判断到经验判断和从理想到现实的转变，实现了行为主义政治学的目标，有力的突破过于抽象的宏观政治学的范式，也突破过于经验化的微观政治学研究范式。第二，多重少数人决定政策的原理。民主并不是普通意义上的多数人的统治，它实际上是"多重少数人"的统治。如果民主是多数人的统治（即多数人投票决定政策），那么为什么在美国的政治生活中多数人的投票倾向并没有决定某位候选人的当选？"在九次美国总统的选举中，获胜的候选人所得的票数最多，但并没有赢得有效选票的多数"，"选举时，多数人极少决定特定的政策"。① 由于候选人会提出几项政策，而作为少数选民的政治积极分子对某一项政策具有强烈的偏好而投该候选人的票，即使他不喜欢这个候选人的其他几项政策。这些对不同政策有较强偏好的少数投票人数之和可能会大于多数人（一般选民）的投票之和。②

民主条件的经验主义分析主要包括以下两个方面。首先，民主的制度建构是宪政设计，主要是宪法、政党制度和选举制度的设计。宪法设计方面，宪政是指用宪法来规定政治的运作，一切个人、组织的政治活动都必须遵守宪法和法律，不得有任何人或组织有超越宪法和法律的特权，也就是我们所说的法治。无论是成文抑或是不成文宪法应在以下几个方面规定：公民的基本权利和义务、全民投票的范围、政党制度（一党制、两党制或多党制）、选举制度（直接选举、间接选举）、总统制或议会制、司法审查制度、法官任期制度（有限任期、无限任期）、公务员制度等。一部好的宪法应：稳定、中立、具有弹性，有利于明智的决策，宪法的语言应通俗、透明，宪法不仅应规定公民的基本权利，还应规定公民知情下的共识程度，宪法应该明确官员的责任制度，确保民选代表的公平性，宪法应保证官员治理的有效性，保证政府统治的合法性。宪法应有一系列实施宪法和法律的配套政策，确保宪法得到明确执行，即宪法能够自行贯彻、自我执行。政党制度方面，政党制度构建要符合该国国情及历史、文化条件和渐进政治的原则。选举制度应在自由、公正

---

① 〔美〕科恩·达尔：《民主理论的前言》，顾昕、朱丹译，北京：生活·读书·新知三联书店，1999年，第172页。
② 〔美〕科恩·达尔：《民主理论的前言》，顾昕、朱丹译，北京：生活·读书·新知三联书店，1999年，第171页。

和定期的原则下实行，公民有表达意见的自由，公民能接受多种信息来源，选举社团是自治的等等。选举方法上，小规模的政治体制（社团单位、地区或国家）更适合实行公民大会式的直接民主（即公民直接选举官员），而大规模的政治体制（社团单位、地区或国家）更适合实行代议制式的间接民主（由民选代表再选举官员）。前者的优势在于公民有机会直接参与政治决策、反映民意、提高决策质量，其缺点则是浪费时间、人力、物力，而且有时难于控制；后者恰恰相反。在政治生活中，这两种体制是混合使用的。目前中国选举过程中暴露的问题如人大代表投票率过高（有的100%），这跟选民对选举认识误区有关。为了改变这一状况，选民更应该将选举权视为自己的一项权利，而不是仅仅把它视为必须尽的义务，即应树立权利意识、观念（这将是市场经济发展的必然结果）。在中国一些条件成熟特别是经济发达文化水平和政治素养较高的地方和某些行政部门应加快实现县、乡级行政官员的直接选举。① 其次，民主的实现应具备五个关键性条件：①政治上文官政治（军队和警察控制在由选举产生的官员手中）；②经济上现代化的市场经济；③文化上公民具备民主信念和政治文化；④国内不存在剧烈的文化冲突（弱小的亚文化多元主义）；⑤国际上不存在强大的敌视民主的外部势力（包括

---

① 〔美〕科恩·达尔：《论民主》，林猛、李柏光译，北京：商务印书馆，1999年，第128—138页。对民主的生成条件的详细研究参见刘军宁：《民主·共和·宪政》(上海：上海三联书店，1998年，第102—408页)，该书分析民主与宪政的哲学关系。另一批学者认为宪政与民主存在其他的关系，参见〔法〕让·布隆代尔，载〔日〕猪口孝等编，《变动中的民主》(林猛等译，长春：吉林人民出版社，1999年，第92—96页)。对选举制度进行研究的有〔法〕让-马里·科特雷等著《选举制度》(张新木译，北京：商务印书馆，1996年，特别是第47—81页)，该书对三种不同的选举制度进行分析。中国学者王玉明也曾对选举过程和条件进行过研究，参见《论选举》(北京：中国政法大学出版社，1992年)；《关于修改我国选举法的理论探讨》(《中国政法大学学报》1993年第3期)。另外，对直接选举方法的分析，有彭宗超：《直接选举制的历史发展模式比较》(《经济与社会体制比较》1998年第6期，第34—41页)。他们都对选举条件提出了自己的观点。

国内反民主势力）。① 最关键的是公民应具备民主信念和政治文化。如果没有民主信念和政治文化，没有意识到民主的意义、价值与优势，一个竞选失败的政党很可能以自己的利益或一时冲动不遵守法律程序而采用政变的方式去推翻获胜的政党；即便是获胜政党掌权了，当政府遭遇危机时（经济危机、国际战争、瘟疫等），公民由于没有为民主献身的精神，不愿意去捍卫民主、保卫民主，民主也是不会巩固的；更不要说日常生活中的公共政策的实施。民主的关键问题是民主必须是自行贯彻的，自我奏效的。"只有当民主变得自我执行的时候，也就是说，当所有的相关政治力量发现，继续将它们的利益与价值付诸于不确定的制度博弈对自己最为有利时，它才是巩固的。即使是失败了，也遵从当前的结果，并以此指导其在制度框架内的行为，这对相关的政治力量来说，要好于去颠覆民主。讲得更专业化一点，当服从——在制度框架内行为——构成了所有相关政治力量分散策略的均衡时，民主才是巩固的"。② 民主的实现应像市场中的价值规律那样，自发起作用。要使民主自行执行和奏效，公民须具备坚实的民主信念和政治文化。民主实现的条件除了资本主义市场经济、民主文化普及外，民间组织的高度参与、开放的阶级系统、富裕的中产阶级、平等主义价值观等也很重要。政治发展学者亨廷顿认为，人均国民生产总值达到 2000 美元时，民主化开始起步；达到4000 美元时，就可以建立起相对稳定的民主政体。③

① 〔美〕科恩·达尔：《论民主》，林猛、李柏光译，北京：商务印书馆，1999 年，第155 页。

② 〔美〕普沃斯基：《民主与市场：东欧与拉丁美洲的政治经济改革》，包雅钧等译，北京：北京大学出版社，2005 年，第 14 页。

③ 〔加〕布来顿等：《理解民主：经济与政治的视角》，毛丹等译，2000 年，上海：学林出版社，第 21—22 页；〔美〕马丁·李普塞特：《政治人：政治的社会基础》（新增订版），张绍宗译，上海：上海人民出版社，1998 年，第 43—46 页；萨缪尔·P. 亨廷顿：《第三波：20 世纪末期民主化浪潮》，第 68—75 页；《从"第三波"看世界》，《粤海风》1994 年第 4 期，第 34—36 页。

可见，达尔的民主学体系一直致力于现实民主制度与理想民主的高度一致性契合①，而对政治平等这一最终目标的强调是其一生学术的逻辑起点与理论追寻的归宿。

二、达尔民主治理思想的反思及其批判

理想类民主观往往把民主当成一项崇高的原则：比如自由、平等、最高的善、多数人统治等具有实质内涵的、抽象的意义来看待。民主是政治绝对自由，民主是人人平等，民主是善，民主是维护全体公民的利益，也称之为"实质民主观"。理想类民主观可细分为自由主义民主观、平等主义观、多数统治论。理想民主的意义在于为反抗专制制度提供理论基础和战斗武器，适用于号召民众争取民主。随着专制社会的衰落和新的社会力量的生长，人们对旧的专制制度越来越不能容忍。然而，要反对专制制度就必须找到否定专制制度的理论依据，一些思想家便设想出一系列与专制制度相对立的原则，这就是民主理论产生的过程。当时社会中的占统治地位的思想是认为政治权力应该属于统治者，并且统治者的权力是绝对的、世袭的、神授的。与之相反，民主的根本原则是一切权力属于人民，权力不属于任何个人，也就是任何个人都不应有比别人更多的权力。理想民主观是人们追寻正义社会的浪漫希望，追求的是理想、价值，最高境界就是由人民群众自己来直接地行使一切权力，也就是古代雅典的直接民主。但是，理想民主观的缺陷也是明显的，没有反映出民主如何实现，也没有表达民主如何操作的程序与规则，一句话，没有运作于政治现实的步骤。如果我们对提出理想民主观的学者进行一番仔细考察的话，无论是密尔、穆勒、洛克，还是卢梭、贡斯当，抑或

① 〔美〕科恩·达尔：《论政治平等》，谢岳译，上海：上海人民出版社，2010年，第4—7页。

是托克维尔，就会发现其代表人物主要为 18、19 世纪工业革命时代的人物。由于时代、经济、社会条件的局限性，他们提出的理想民主理论战斗性较强、理想性过强，但现实性与可操作性过分缺乏。一旦这种民主理论被运用于现实，就有可能给民众带来不必要的痛苦，使政治民主化的实现变得特别的困难。另外，理想民主观代表人民有同等的机会参与政治和一切都需要全体公民的同意，由于全体一致同意在现实上是非常困难的，理想的民主所尊崇的实际上是多数至上，少数必须服从多数，少数成为一种被孤立的少数，往往被多数决策规则所伤害，少数提出的政策通常被否决或漠视。在这种情况下，很容易出现多数的暴政。概括地讲，理想民主观的不足在于自由与平等的现实性不足和多数决策论的狭隘性。人类民主发展的实践已经表明，追求理想民主观的国家，结果不是建立了民主较弱、专制较强的权威主义政体，就是建立了动荡性的民主制度。理想民主观的典型运用是以法国为代表的欧洲大陆民主体制。无论是建立民主政体采用的与传统政治制度相决裂的革命手段，还是强调人民主权、政治平等与自由、比例代表制，抑或是对国家利益的重视，都反映了此类民主政体的理想主义特征，反映了民主创造者对这种政治理性价值的追求。从历史来看，此类民主政体具有相当大的不稳定性，不单说两次大战的主要参与国，从民主的建立到民主的完全巩固来讲，此类民主政体伴随着经常的政局更换，给社会民众带来了巨大的负担。重新建构一种新的民主观来弥补理想民主观的不足就很有必要了。新的民主观能够解决理想民主观的不足，能够缓解甚至解决多数人的暴政，能够缓解自由与平等的过分抽象性，给民众一个实实在在的民主概念，给学者一个清晰的分析框架。千奇百态的现实类民主观出现了。

　　现实类民主观的兴起是伴随着行为主义研究方法在政治和社会生活中的广泛运用。理想类民主观由于其明显的缺陷越来越不能满足政治学研究的需要。学术研究需要一些可操作性的概念，需要一个能判断政体优劣的指标。社会也需要一个能衡量政体民主程度的概念。现实类民主观是研究发展的要求，但是，在当代却产生了民主概念的泛滥。几乎每一个政治学者为了经验研究的需要都有一个自己定义的民主概念以满足研究的要求。可以这样说，正是由于当代经验政治学者的太多的定义，使民主概念令人难以把握。现实类民主观可细分程序民主观、宪政民主观、平衡民主观、协商民主观。现实类民主观的特点在于描绘了现实民主政治的具体特征，是一套决定社会权力运作的制度安排，现实政治中的民主是选举民主、宪政民主、妥协民主，具有极大的可操作性、应用性、现实性，极大的弥补原有理想类民主观的价值成分过多的不足，是落实理想的具体设计，强调的是可运作性与效率，是一种现实的民主，也是可行的民主。现实民主观的典型运用是英美式民主，此类国家的民主发展历程是一条渐进发展的道路，比较注重历史发展的连续性，注重原有的政治传统，更多的强调民主的工具性和怎样使民主运行起来，而不是民主的理想内涵，在不断试错的基础上缓慢的发展民主，因此现实类民主观比较容易实行和获得社会的合法性，也不会造成社会的巨大动荡。但是，现实类民主观也有缺陷。如程序民主观容易辨别哈萨克斯坦之类操纵选举的集权政府，却不容易辨别如牙买加之类非民主国家。[①]1951 年，经济学家阿罗发现了广义不可能性定理，指明程序民主观中系列选举规则的不合理性，程序民主也不一定能够反映选民的意见和想法。卡若文（M.Canovan）指出，现实类民主观在三个方面存在着不足：现在的法治政府的治理效果并没有完全反映人民的正义，代议制政府的腐败、低效与为人民服务的政府不相一致，过于制度化的政府已经陷入到

---

① 〔美〕查尔斯·蒂利：《民主》，魏洪钟译，上海：上海人民出版社，2009 年，第 7 页。

僵化的程度以致使民众对参与政治失去兴趣。① 欣得斯甚至认为现实的民主观渗透着西方意识形态。② 既然理想民主观与现实民主观都有这样或那样的缺陷，理想民主观与现实民主观"各执一偏，分别强调主体和程序，这实际上把本来不可分割的东西分割了开来，它对于现实的民主政治很可能是非常危险的。其实对于健全的民主政治而言，公民个人的政治权利的实际后果以及实现这些权力的程序是同等重要的"③。如何在理想与现实之间建立一种新的民主观就成为部分政治学人的任务。在政治学研究的方法论中，特别是二战以来，除了规范研究和经验研究之外还有第三种研究方法，那就是分析的方法论，此种方法论的优势在于综合规范研究与经验研究的长处，建立一个双方都能满意的理论。诚如欣得斯所说，把握民主的含义需要不同的思维框架和概念。④

　　作为整合式建构民主观的经典论述的主要代表，罗伯特·达尔在《论民主》一书中提出民主既是一种理想，又是一种现实。⑤ 他不仅从规范层面研究民主的理论基础，比如《民主理论的前沿》，还从经验的层面研究民主的要素，比如《谁统治？》。他建构了著名的"多元主义民主理论"即多重少数人统治社会的原理⑥，他认为"辨识现代民主政体的依

---

① Canovan, Margaret（1999）. Trust the People! Populism and the Two Faces of Democracy, *Political Studies*, XLVII, pp.2—66.

② 何包钢：《民主理论：困境和出路》，北京：法律出版社，2008年，第59页。

③ 俞可平：《权利政治与公益政治》，北京：社会科学文献出版社，2000年，第127页。

④ 何包钢：《民主理论：困境和出路》，北京：法律出版社，2008年，第58页。

⑤ 〔美〕科恩·达尔：《论民主》，林猛、李柏光译，北京：商务印书馆，1999年，第30页。

⑥ 需要指出的是，达尔的多元政体（polyarchy）理论得益于其同事林德布洛姆的智慧，达尔的本意是通过构建多元民主理论达到控制政治领袖的价值取向同时反映并描述政治领袖间相互控制政治行为的经验过程，参见〔美〕科恩·达尔：《民主理论的前言》（扩充版），顾昕译，北京：东方出版社，2009年，《再版前言：反思〈民主理论的前言〉》，第8页。

据，要看是否存在各种团体与组织，看他们是否拥有合法地位，以及他们相对于政府是否独立，彼此之间是否独立"①。从经验的层面分析了民主，强调现实政治中独立与分化的政治结构间政治参与和竞争对民主的重要性，这也是他的多元主义的主要观点。达尔既把民主当成一种具有政治平等的实质内涵的意义来研究，又把民主视为实现这一原则的手段、方法或机制、程序，提出了分析的民主观，希望能够获得一个比较完美的民主定义。美国耶鲁大学教授罗伯特·A.达尔撰写大量民主专著，构建以兼顾弱势群体利益为逻辑起点、以竞争和参与为过程、以政治平等为终极目标的多元民主学说体系，其民主学说体系一直致力于现实民主制度与理想民主的一致性契合。透过对他著作的多层面解读，可以理解民主的内在价值、生成条件、程序和复杂性，为建设富强与文明的现代化国家提供智力支持，以此我们可以获得有关民主知识的普遍性视野，而这些对于当前逐步推进中国政治文明建设是有重要观念启发的。

---

① 中国社会科学杂志社编：《民主的再思考》，北京：社会科学文献出版社，2000年，第9页。

第四章　实干兴邦：在中国实践中不断提高治理科学与技术

在经济发展的过程中，后发弱势、超大规模的现代国家的成长不可避免的伴随着贫富分化、社会冲突和社会价值观的缺失。通往富裕国家的路途中，社会安全网的软件建设难免滞后于公共设施的硬件设施。党在带领国家通往和谐社会的现代化过程中，要全面推进科学发展观的协调建设，让老百姓在安全的社会秩序下享受富裕的文明生活，安居乐业。2010年4月份，我国江南地区发生数起无良分子冲进中小学幼儿园，大肆砍杀手无寸铁的学生，砍伤人数之多，罪孽之深，罄竹难书。反思之余，令人震惊，也令人惋惜。通过深刻分析事件发生的原因，检讨各级地方政府工作的失职，全面深化公共安全网络建设，创新党的执政理念，无疑是一个好的契机。问题已经发生，再去追究事故背后的责任者已无重要意义。老子说"蔽而新成"，因此重新改变我们以往工作的思维方式，查漏补缺，创新地方政府的全面服务理念，就具有时代感和紧迫性。

第一，富裕社会下的安全风险。在邓小平同志"发展是硬道理"发展观的带引下，通过改革开放和对外交流，社会各项资源得到很好的配置，经济快速发展，企业迅速成长，市场日渐扩大，自发与开发的市场经济体系逐渐形成，与各个国家的文化交流自由而又深入，国民收入和老百姓的生活水平逐渐提高，经济层面的富裕社会已经实现。人们的物质生活急速提高，有的地方民众人均收入甚至达到并超过世界部分先进国家的生活水平。但是部分人的富裕并不等于全体民众的富裕，还是有少数人因为资质和特性各种原因没有跟上社会发展的步伐。另有少数投机分子敢于钻法律的空缺或难以执行，通过各种不正当途径非法致富，而公共舆论机构对负面信息的公开，一定程度上刺激弱势群体的不满情绪。由于政府公共政策的利益分配的调节机制难免会出现盲点，尤其是少数地区奉行片面"发展型政府"执政理念，此部分弱势群体不仅没有得到充分的"关怀"，日积月累，其中极少数极端分子可能产生"反社会"情绪和行为，最终导致悲剧的产生。富裕社会下安全风险的产生毋宁说是公共政策服务于经济发展的单一指标而忽视社会发展和政治发展的配套供给。安全风险（Risk Society）的极端表现就是美国的"9·11"事件。它反映出基督教文明与伊斯兰文明的冲突，而美国的公共安全检查的疏漏、公共预算财政投入的缺乏难逃其咎。因此，通往富裕社会的道路上，应该把经济发展的剩余，特别是其"溢出"反哺社会发展和政治发展，促进社会价值观的重建，促进利益表达机制的合法化表达，从而为富裕社会的良性运转提供智力支持和安全秩序。在依靠资源性开发的中西部地区，少数投资者勾结地方官员，非法使用童工、黑工，刻意减少安全投入，给职工的工作安全带来巨大的隐患，一定程度上背离科学发展观的国家方针，损害地方政府的权威和中央的公信力。从有毒奶粉到有毒蔬菜，从有毒饮料到有毒馒头，科学执法观在少数地方政府的部门利益面前败下阵来。正是由于对经济发展观的原教旨主义突出，部分投资商丧失职业伦理，与少数官员"合谋"，将自我的利益渗透到老百姓生活安全、交通安全、食品安全等日用领域，严重干扰、损害广大人民群众的根本利益，引起社会风气的变坏，给社会民众的生活带来意想不到的后果。

第二，追求全面发展：党执政理念的创新。作为公共权力的化身和实际的执行者，党带领国家已经取得非凡的成就，在极短的时间内改变长期以来积弱积贫的困局。在处于高速经济发展与社会风险加剧的双重主题下，党迫切需要集思广益，敢于直面事实和巨大的挑战，跨越现代化的高风险和困难，实现繁荣与和谐并举、富裕与安全双全的文明社会。社会生活安全秩序的失序说明地方政府公共政策的"缺位""错位""越位"和"失范"。重新挑战公共政策的公益性、公共性、服务性和政治性是党的执政理念的创新的必然要求。首先，党需要转换执政理念，逐步降低以 GDP 发展速度作为衡量地方政府绩效的评价标准，比如可以将经济上 8% 的发展速度下降到 4% 左右，稍事休息，将政府执政的注意力转到改善老百姓安居乐业的"民生"问题上来。也就是说，逐步降低现代化的经济发展扩展速度，同时提升社会事业发展和公共服务供给的发展速度，将社会发展和政治发展的速度提升 4%，实现社会秩序和生活秩序的可持续与全面发展。通过经济的剩余效应，通过提高社会和政治发展基本事业建设的投入，以社会财富重新分配的方式吸纳社会不满和多元偏好，重建利益表达通道，"收买"弱势群体，安抚人心，凝聚向心力，可以有效减少社会群体性事件的爆发，再造和谐社会。地方政府间的竞争，不再是硬邦邦的纯经济指标，而是三位一体、多元发展、起飞并进的多种指标。地方政府不再是经济发展型政府，而是更注重政治和社会发展的现代政府，是体现人性、彰显进步的理性、科学和文明政府。在新的执政理念下，招商引资不再是令地方官员头疼的问题。地方政府官员与市民应该享受现代化带来的富裕生活，沉思于文明的生活信念，共同学习成长，实现中国的腾飞。其次，在考核地方官员过程中，加大群众和同行的民主评议的分数，着重那些为地方民众切实带来福利的官员，以居民幸福度作为考核官员升迁的主要评价标准，依靠官员对下级民众负责的制度安排，把地方秩序建构在对民众负责的官民关系中，从而实现政治秩序的稳定与长效。通过管理制度创新，减少"竞标赛"和"运动式治理"，提升政府官员的执政能力和信心。通过党内民主的方式，发扬党内协商和作风民主建设，畅所欲言，实现和谐的团队文化，形成多元与有效的公共政策，尤其是稳固有领导力的班子。通过协商民主，理性与文明的交流、沟通和对话，建构官民利益表达和公共政策执行的有效路径，实现民治、民享的现代地方政府。通过基层选举竞争性民主，培养一批敢于创新、敢于负责的基层官员，确保村民利益，实现乡村田野秩序和谐。通过网络直接民主，利用博客、网络和论坛，可以快速地收集民意，快速获取民众对公共政策的意见，在虚拟的世界里形成真实的公共政策，传达中央精神，再造市民社会。在民主成长的道路上，通过宪治和法治的方式，巩固政治文明的建设成果，实现政治发展的专业化、制度化、法治化和民主化。最后，以新农村运动为契机，加大"新文化运动"，提高官员和市民的文化修养和政治素质，实现软件工程的飞跃。我们有四通八达的现代化高速公路、高速铁路，我们有华丽的高楼，但是那些看不见的行为、生活方式，乃至精神生活缺乏深层支持。虽然我们有富裕的经济生活，但我们缺少富裕的心灵，缺少继续生活下去的美好信念，缺乏对他人的足够关爱，缺乏对山水自然的亲近，我们太忙了，政府官员的考核指标太多了。和谐社会应该是精神生活富裕的社会，更应该是崇尚良心、关怀弱者的温情社会。于细微处见功夫。相比经济建设和政治建设而言，文化建设对秩序的维持、黏合更有作用。信心、智慧和勇气往往比千军万马力量更大。美好的道德主义和严格的纪律是我党一步步走向胜利的秘密法宝。

　　第三，以公共良心再造和谐社会。好的社会没有悲剧。如果有，那也是偶然的。减少悲剧，需要我们深思，需要理性和科学的决策。和谐社会的再造指的是将社会发展的基础重构在人心上，通过重造政府官员的良心和老百姓的良心，互相关爱、支持，我为人人，人人为我，站在他人的角度重新估量我们目前的公共政策，"善则善之，不善者亦善之"，重建大爱社会。和谐社会不仅是政府行善，而是发动社会上所有善良的人共同行善，形成善文化普及。善，其实就是慈悲。而慈悲没有敌人，"仁者无敌"。党通过自我的心灵启迪与转换，带动全社会心灵修养的提升，从而为经济发展提供更为强大的智力支持，为富裕而又安全的和谐社会提供不尽的动力。

第一节　当代我国进城务工人员生命安全公共管理

国家统计局利用进城务工人员返乡过节的时机，在全国31个省、857个县、7100个村和68000个农村住户开展了一次大规模的抽样调查，截至2008年12月31日，全国进城务工人员总量为22542万人。其中本乡镇以外就业的外出进城务工人员数量为14041万人，占进城务工人员总量的62.3%；本乡镇以内的本地进城务工人员数量为8501万人，占进城务工人员总量的37.7%。在外出务工的14041万进城务工人员中，按输出地分，来自中部、西部和东部地区外出进城务工人员数量比例分别为37.6%、32.7%、29.7%。按输入地分，东部地区吸纳外出进城务工人员占外出进城务工人员总数的71%，中部占13.2%、西部占15.4%。在本地就业的8501万进城务工人员主要集中在东部地区，占62.1%，中部地区占22.8%，西部地区占15.1%。[①]可见，进城务工人员构成我国经济

---

① 资料源于中国人口信息网，www.cpirc.org.cn。

发展的主要劳动力来源。但是由于进城务工人员受教育程度低，自我保护意识差，属于弱势群体，于高级知识分子、雇主（老板、承包商、经理和开发商等进城务工人员的领导者）而言，容易在生产过程中引发安全事故；加上部分雇主为追求利益最大化而减少安全教育投入成本、不愿意提供安全设施供给（工作服、警示标志、保护设施等）容易使进城务工人员在工作场所引发安全事故。而作为政府监管的主管机构由于职能所限、腐败等诸多原因忽视对进城务工人员工作场所进行安全监管，客观上加剧转型期我国进城务工人员伤亡事件，从而使得我国的经济发展承受巨大的发展成本，事实上引起不好的影响，需要政府部门研究和借鉴吸收发达国家有效的安全监管政策，为和谐社会建设服务。经济发达地区的东莞存在职业病危害的企业共有 6000 多家，分布在制衣、建筑、化工等 20 多个行业，而接触有毒、有害物质的员工则达百万以上，上百万产业工人面临职业病威胁。① 以湖北进城务工人员尘肺病为例，从 2000 年到 2008 年，该省累计报告 21760 例，已死亡 4834 例，现有患者 16926 例，每年药费支出 7 亿多元，给国家和人民的生命、财产带来巨大损失，触目惊心，现代化的隐性成本令人悲叹。②

一、进城务工人员生产过程中政府安全监管的必要性

随着现代化、全球化和知识经济的崛起，我国经济发展进入高速期，而安全生产事故同样高攀不下，从 2001 年到 2005 年，据统计每年事故死亡人数分别为 13 万、13.9 万、13.7 万、13.6 万和 12.7 万③，平均每年

---

① 《南方日报》2009 年 12 月 24 日。

② 《湖北日报》2010 年 2 月 9 日；《楚天都市报》2010 年 2 月 8 日。该省还累计报告急慢性职业中毒 9000 多例，急慢性放射病 103 例，其他职业病 300 余例，引发劳资赔偿纠纷年均百起以上。

③ 《中国伤害预防报告》，卫生部疾病控制局等编，北京：人民卫生出版社，2007 年，第 40 页。

死亡约 13 万人。而 2007 年全国建筑施工死亡人数 915 人 ①；以上海为例，上海 2008 年生产安全死亡事故 364 起，死亡 376 人 ②；据安监局李毅中介绍，2006 年中国安全事故死亡日约 320 人 ③，2009 年中国重特大安全事故亡 1128 人 ④。进城务工人员大多数在高风险的采掘业、建筑业和制造业工作，职业风险大大高于其他从业人员。据天津医院显微外科对 2004 年 8742 例急诊手外伤患者调查发现，其中 83.7% 是进城务工人员。⑤ 长期受制于乡村资源的极度匮乏与贫困的生活，进城务工人员一旦进入现代化的城市，目睹现代城市的繁荣，容易激发他们对财富的渴求，表现为工作上极度的投入，甚至是加班加点，而进城务工人员极低的工资也使得他们不得不选择加班，从而一度疏忽了生产过程中的安全保护与防护，从而酿成灾难。有的进城务工人员根本不知道在有胶水、石棉、石灰、毛毯等场所工作对身体有害，他们来到城市前甚至没见过棉纺织机。⑥

进城务工人员安全事故频发原因，主要如下。

（1）政府方面，有的地方政府片面强调经济发展，部分地方官员以经济发展绩效作为自己升迁的资本，错误的理解"发展是硬道理""科学发展观"等国家政策。在执行政策的过程中，发展型理念成为主导型政府行政观，政府职能主要为经济发展服务，客观上忽视对社会发展和文化发展的人的关怀。⑦ 领导也以 GDP 作为考核下属官员的主要指标，导致官员疏忽

---

① 《中华合作时报》第 2314 期，2008 年 3 月 21 日。
② 沪安监管监二〔2009〕26 号，www.shanghai.gov.cn。
③ 《武汉晚报》2006 年 12 月 22 日。
④ 中国新闻网，2010 年 2 月 5 日。
⑤ 《中国伤害预防报告》，卫生部疾病控制局等编，北京：人民卫生出版社，2007 年，第 41 页。
⑥ 《失语者的呼声：中国打工妹口述》，潘毅、黎婉薇编，北京：生活·读书·新知三联书店，2006 年，第 120—167 页。
⑦ 李略：《章鱼模式：一个发展型政府的行为模式》，《澳门理工学报》2002 年第 1 期。

甚至不得不"放弃"对企业安全投入成本的监管、工作场所的安全监管。我国目前属于经济发展的快速扩张期，政府部门面临无数的公共服务供给职能，难以分身顾及企业安全生产。在一些资源开采型发展地区，尤其在以煤矿为发展核心的山西地区，由于部分官员参与生产、经营，或与煤矿老板沆瀣一气，出现重大安全事故，导致大量民工死亡。特别是一些私营煤矿、非法小煤矿，罔顾天理，根本没有安全防护措施，进城务工人员死亡事故更甚。中国煤矿事故死亡人数 2005 年高达 5938 人，经过各种措施整改后，2009 年仍高达 2700 人。而美国矿山安全健康管理局（MSHA）公布的 2009 年美国煤矿全年死亡人数仅为 18 人，真是天壤之别。①

（2）大多数企业在扩张的过程中，为了减少成本投入，忽视对进城务工人员的安全教育、培训和指导。一些跨国公司看到中国劳动力市场的低廉价格，纷纷涌入中国。部分在本土难以获得安全生产资格的大公司，在我国却得到大张旗鼓的支持。而发达国家不允许生产的部分行业，我国部分地区却把它作为经济发展的龙头。比如，浙江某城市以蓄电池作为该地的主要经济支柱，我国电动车蓄电池 80% 由此地生产。但是，蓄电池造成的污染是严重的，国外早就禁止生产了。某些国外淘汰的危险生产工具，部分企业老板为节省开支给予购买。由于我国在世界经济体系内，仍然属于制造业为主要特征，决定了目前国内生产安全形势的严峻。企业家在资本原始积累的过程中，在企业家伦理、道德修养方面缺乏个体自觉，而政府监管部门又未能有效给予监督，导致事故频发，一发再发。某些企业老板主动贿赂地方官员，官商勾结，一定程度上助长老板无视对进城务工人员的安全成本投入。内部性交易成本（意外事件、败德行为与不对称信息）的存在，造成安全隐患。

---

① bbwwycit.blog.sohu.com.

（3）安全风险教育缺乏导致进城务工人员对工作风险存在非理性预见。① 进城务工人员对风险信息存在不对称，进城务工人员获得的信息或者不完备，或者因价格高昂难以获取。以杭州 2008 年隧道施工特大事故死亡 23 个进城务工人员为例，不少工人是刚刚种完小麦来到城里打工的农民，他们在上岗前没有经过起码的技术培训。有受伤工人反映，他 18 天前还在家乡种田，18 天后就在杭州修地铁，没有接受过系统培训。② 如何妥善的解决日益增多的公共设施建设和由此引发的安全事故之间的矛盾，成为一个政府日常事务不可回避的课题。③

二、转型期进城务工人员生产安全监管政策：通往责任政府的道路

为了与 WTO 接轨，我们制定了 ISSO900 产品质量认证体系，为我国商品进入全球市场奠定政策规定。而和谐社会的实现，则必须要在 OHS（occupational health safety）④ 上制定科学的政策，推广到所有的企业，尽量减少进城务工人员不必要的伤亡，为平安中国打造良好的制度安排。政府作为全国人民利益维护、实现和表达的合法代表主体，理应自觉承担安全生产的责任，在良好的制度安排下，基于安全发展的政府职能转变，确保弱势群体——进城务工人员的生命权与工作权，实现和谐社会条件下人人有美好生活，开创美好社会的新局面。

首先，政府重点出击，对高风险行业主动监管，不惜以国有化手段整

---

① 〔美〕W. 吉帕·维斯库斯、〔美〕约翰·M. 弗农等：《反垄断与管制经济学》，陈甫军等译，北京：机械工业出版社，2004 年，第 373—378 页。

② 《杭州地铁事故溯源：为赶工期而忽略安全生产》，《21 世纪经济报道》2008 年 11 月 19 日。

③ 李真：《工殇者》，北京：社会科学文献出版社，2005 年，第 49 页。

④ 〔澳〕杰夫·泰勒、〔澳〕凯丽·伊斯特、〔澳〕罗伊·亨：《职业安全与健康》，樊运晓译，北京：化学工业出版社，2009 年，第 2 页。

合生产，确保企业生产安全。由于 66% 左右的伤亡事故和 75% 的重大伤亡事故均发生在非公有制企业，对于高风险行业实行国有化，可以大幅减少进城务工人员死亡率。通过国家相关部门、地方政府购买的方法，加快非公有制企业的国有化进程，快速实现产权转变。以安全事故重灾区的山西煤矿行业为例，2009 年通过省政府煤炭资源整合国有化工作，年产 30 万吨以下的小煤矿全部淘汰，安全生产责任由大型煤炭国企承担，2009 年 1—9 月，安全生产事故死亡人数同比减少 867 人，下降 30%，四季度煤矿事故起数和死亡人数同比分别下降 40% 和 32%，煤炭产量逐月逐季增长，有效实现"不要带血的 GDP"战略目标。① 数据表明，2009 年煤炭事故死亡人数为 2700 人左右，比 2005 年的 5938 人下降了 55%，同比下降 16%。未来不仅要在山西，而且要在全国加快推进煤炭业的兼并重组。②

其次，大力建构并推进工作场所安全监管体系 OHSAS18001（或国家协议 AS4801），类似于 ISO9001 质量体系、ISO14001 环境体系，形成整合的 IMS 管理体系。③ 20 世纪六七十年代，正是日本经济发展的高速时期，同时死亡事故频频高发。1960 年，日本年劳动事故死亡 6712 人，1973 年依然有 5631 人，到 1976 年，不到三年的时间，劳动事故死亡急剧下降到 3302 人，其间主要的原因在于日本政府非常重视安全监管，从国家政策上对企业安全生产严格监管，大力推进标准化安全管理体系（以 KYK 为模型的每周安全对策讨论会为主）和完整的安全法规。至 2007 年，日本年劳动事故死亡大约 1514 人，建筑业仅约 500 人。④

---

① 《齐鲁晚报》2010 年 1 月 6 日；《世华财讯》2009 年 10 月 13 日。
② 《山西煤矿重组取重大成果，事故率死亡率显著下降》，中国广播网，2010 年 1 月 5 日。
③ 〔澳〕杰夫·泰勒、〔澳〕凯丽·伊斯特、〔澳〕罗伊·亨：《职业安全与健康》，樊运晓译，北京：化学工业出版社，2009 年，第 386—387 页。
④ 《建筑工程安全与事故分析》，张建东、坂本一马著，北京：中国建筑工业出版社，2009 年，第 1—3 页。

比较发现，日本人口仅为我国的十分之一，GDP是我国的两倍，而建筑业死亡人数仅为我国的五分之一。

再次，以法治促安全，以责任政府为契机，实现事后预警作用。据报道，目前我国矿难等重大安全事故犯罪人被判缓刑高达95%[①]，司法机关这样的做法不能有效达到减少安全事故发生的震慑作用，甚至可能姑息违法分子行为甚至助长安全事故的发生。同时，适当修改相关法律，让进城务工人员安全事故后可以获得赔偿款，否则会助长企业老板安全投入的不足。"最近提请审议的《劳动争议仲裁法》规定，实行一裁终审制，很多案件不能到法院，进行司法审查的程序都没有了。不管仲裁合不合理，合不合法，你都得接受，没办法上诉"，而且现在的仲裁员缺乏人格的独立性，有的甚至与违法老板勾结，"如果没有司法救济，进城务工人员就很难从他们那里讨到真正的公道。据我们受理的劳动争议案件来看，98%以上经仲裁后，当事人不服，都要起诉到法院，而起诉的案件达95%以上被人民法院改变了仲裁结果"。[②]当代著名政治思想家罗尔斯的"正义论"认为，公共政策应当向弱势群体倾斜，而进城务工人员属于没有文化的贫困群体，在受到伤害时，应该给予更多的照顾。[③]所以，《劳动法》等相关法律应该针对当前多发事故做出适当修改，确保进城务工人员的合法权益，迫使企业老板增加安全生产成本投资，给予进城务工人员舒适的工作场所，在伦理上给予考量。安全标准的执行类似于法律制度的执行。安全标准能否很好的贯彻还与调查制度、惩罚制

---

① 《新京报》2010年2月16日。

② 陈敏、实习生、童翠萍：《进城务工人员维权为什么这样难：律师周立太访谈录》，《南方周末》2007年10月31日。

③ 〔英〕布莱恩·马吉：《"开放社会之父"：波普尔》，南硕译，长沙：湖南人民出版社，1988年，第92页。

度等息息相关。① 目前我国进城务工人员安全管理主要有两个问题：一是安全管理机构职责不清，影响安全管理效果。在 20 世纪 90 年代，在煤炭安全管理问题上曾经出现多个机构部门拥有执法权力，但是相关的法律、法规却执行不力。在美国，制定时各个法律都有明确的执行机构，都为执行者获得安全管理信息提供了保证。② 二是安全管理机构不稳定，调整过快过频。③ 对安全管理的政府官员实施有效约束和激励。

最后，以多媒体、网络技术等为安全宣传平台，促进安全教育的有效性，实现政府监管部门、企业安全生产主体和民工自我保护的三种自觉，实现人与制度自觉的双向互动，形成全国重视安全生产的文化体系，进城务工人员自我参与，从而为进城务工人员的安全生产提供精神支持。通过自我教育，进城务工人员形成学习成长的安全生产理念，塑造安全行为过程，减少安全事故。海因里西认为，在事故过程中，社会环境、人的缺点、遗传因素是难以短期改变的，而人的不安全状态是可以改变的。④ 86%—96% 的安全事故都是由行为方面的原因导致的。⑤ 通过对进城务工人员的培训和教育，可以有效改变其行为方式，大大减少安全事故。

三、进城务工人员生产安全重于泰山

随着我国经济总量的扩大、制造业比重的增加和工业经济的快速发

① 肖兴志、宋晶：《政府监管理论与政策》，大连：东北财经大学出版社，2006 年，第 321—324 页。
② 王绍光：《煤炭安全生产监管：中国治理模式的转变》，吴敬琏：《比较》第 13 辑，北京：中信出版社，2004 年。
③ 肖兴志、宋晶：《政府监管理论与政策》，大连：东北财经大学出版社，2006 年，第 322—323 页。
④ 〔澳〕杰夫·泰勒、〔澳〕凯丽·伊斯特、〔澳〕罗伊·亨：《职业安全与健康》，樊运晓译，北京：化学工业出版社，2009 年，第 8 页。
⑤ 〔美〕麦克斯温：《安全管理：流程与实施》，王向军、范晓虹译，北京：电子工业出版社，2008 年，第 7 页。

展，我国工伤事故死亡率位于世界前列，亟须政府安全监管职能的回归。[①] 由于我国 2006 年经济总量比 2001 年翻一番，政府安全监管效能难以符合社会和谐发展的要求，出现监管的失范、缺位甚至错位，导致安全事故频发。因此，通过政府部门的主动关怀和进城务工人员的全员参与，提高进城务工人员的安全生产意识、安全知识、安全技能和安全行为规范[②]，重建企业的安全文化战略，吸收先进国家和企业的文化建设成果，规范企业安全建设业务流程，为进城务工人员提供良好的工作场所，促进社会和谐与美好。

和谐社会意味着每个家庭都可以通过自己的勤奋劳作平安的获得富裕生活的合法收入。和谐社会就是平安社会。伴随着快速的经济发展而引发的进城务工人员安全事故为我们政府日常管理敲响警钟。责任政府是有爱心、同情心的法治政府。政府官员应该自觉积极主动的运转起来，快速减少安全事故，确保弱势群体的合法工作权和生命权，为美好社会而努力奋斗，开创灿烂的世纪。

第二节 当前我国儿童丢失问题公共管理

随着流动人口的增多、经济的不景气与地方治安的弱化，目前广东、山西等地男童拐卖案频发。2007 年 5 月，河南上千儿童被拐卖到山西黑

---

① 刘铁民：《中国安全生产若干科学问题》，北京：科学出版社，2009 年，第 8—15 页。
② 〔美〕麦克斯温：《安全管理：流程与实施》序言，王向军、范晓虹译，北京：电子工业出版社，2008 年；《中国伤害预防报告》，卫生部疾病控制局等编，北京：人民卫生出版社，2007 年，第 42—43 页。

煤窑从事地下非法采煤行为。2009 年 4 月，广东东莞千名儿童失踪，引发 100 多对失去孩子的父母自行组织游街行动。从 2006 年 3 月开始，至少 77 名中国儿童在英国伦敦西部自治区希灵登儿童之家消失，其中一些被逼成为卖淫者，有的被迫在餐馆、工地打工，有的买卖假货和贩卖毒品。这些被拐儿童离开自己的爸爸妈妈，承受着常人难以承受的痛苦，不仅不利于其身心的健康成长，还可能成为社会安全的隐患。①

一、转型视野下我国儿童丢失的原因分析

我国刑法规定"拐卖人口"，是指违背当事人意愿，通过诱骗和暴力手段，对妇女、儿童进行拐骗、绑架、收买、接收、中转、非法买卖的行为。拐卖人口不仅给受害者人身权利带来严重侵犯，也给受害者的家庭带来难以预料的心灵伤害，甚至家庭破裂。被拐卖儿童的去向大约有以下几种：一是大多数儿童被人非法收养，其中有少数女童收养长大后被逼卖淫；二是被好心人士送到福利院、救助站；三是流落街头成为所谓的"丐帮"一员，或被挖眼、割舌、致残，被职业乞丐利用其乞讨以获取财富或强迫违法犯罪；四是被人贩子卖到"黑厂"、黑窑做苦工，以智力低下者居多；五是少数被不法分子摘取器官，用于买卖。分析原因，大致有如下几种因素。

（一）流动人口的极速增加引发部分地区社会秩序混乱。2000 年

---

① 事实上，中国政府一贯重视对拐卖人口犯罪的惩治和打击，到 60 年代，拐卖人口现象在中国大陆已经基本绝迹。但随着社会和经济的发展，拐卖人口犯罪又死灰复燃。自 70 年代开始，我国的拐卖人口犯罪呈上升趋势。90 年代以来，由于各地经济发展的不平衡以及人们社会生活贫富之间差距的加大，拐卖人口犯罪在数量上有增无减，并呈现出许多新特点。（孙龙：《当代中国拐卖人口犯罪研究》，《华东政法学院》2004 届优秀硕士论文）2007 年以来，以劳动剥削（强迫体力劳动，表现为强迫卖淫、行乞、偷窃、黑砖窑劳动）和色情服务为目的的人口拐卖在中国呈上升趋势。（2007 年 9 月 5 日《中国青年报》）

第五次全国人口普查结果显示，18岁以下流动儿童占全部流动人口的19.37%，近2000万流动儿童成为社会的一个特殊群体。①与第五次全国人口普查相比，流动人口增加296万人，跨省流动人口增加537万人。据国家劳动和社会保障部的数据表明，60%的省际间和省内劳动力的流动是通过非正规渠道进行的，这都给人口拐卖提供了可乘之机。大量流动人口涌入城市，城乡"二元"经济社会结构虚化和户籍制度弱化，人口管理制度逐步失效，给社会治安带来了不利影响。如广东社会治安秩序这几年颇引起重视，主要就是以东莞和广州的密集型流动人口有关。

（二）拜金主义对民工心灵的腐蚀。进城务工人员在就业、医疗、养老等社会保障方面与市民存在着巨大的物质待遇差距，使流动人口产生了相对剥夺感。受高额利润诸多因素的影响，部分心智不善、贫困的流动人口为改变生存境遇容易变成人贩子。拐卖者出于贫困的心理反差，容易听信不法分子的教唆，铤而走险，沦为黑帮组织拐卖儿童的工具。如广西2003年"3·17"贩卖婴儿案件中的外地人贩子，几乎无一例外的都是拾荒者，他们先前大多都是失去土地和缺少土地的农民。②

（三）对男童的市场需求较大，同时不少留守儿童缺乏有效的监护。在重男轻女传统思想的影响下，不少地区，即使再富有的人家，如果家里没有男孩，也会被别人瞧不起。受养儿防老、养儿传宗接代等传统观念影响，一些人以延续香火或为显示人丁兴旺，为拐卖儿童提供了颇大的市场缺口。而原有的人口政策未能缓解部分地区对男童的需求。一些

---

① 黄邦梅、络华松、李江苏、赵兴玲：《流动人口聚居区拐卖儿童现象产生的原因、社会影响与对策》，《产业与科技论坛》2008年第2期。

② 孙小迎、李碧华：《打击跨境诱拐儿童妇女的现状及措施》，《东南亚纵横》2005年第7期。

家庭存在着偷生、超生的现象，陷于贫困或怕超生罚款，将亲生子女卖掉，达到既可以缓解家庭窘境又可以免除政府部门罚款的双重益处。由于买方市场"缺口"的存在，收买儿童的人往往不惜花重金买个孩子，而其间的高额的利润，又诱使一些不法分子铤而走险拐卖儿童。据统计，目前全国农村留守儿童数量约为 5800 万人，其中 14 周岁以下的农村留守儿童数量为 4000 多万人。而监护他们的人不少本身就是需要照顾的老年人、妇女，这些都给犯罪分子以作案的空间和可能。2008 年 2 月，全国妇联在北京召开留守儿童会议，调查显示在被拐卖儿童中留守儿童居第二位。青壮年普遍外出务工，导致农村治安缺乏有效的维持，一定程度上纵容了黑势力。

（四）部分区域黑势力的兴起。拐卖儿童在某些地区已经成了颇具规模的产业，并形成黑恶势力。拐卖儿童的犯罪活动趋于暴力化、团伙化、国际化的特点，犯罪网络错综复杂，手段也趋于科技化、信息化与多样化。一些不法分子利用诱骗、盗窃、麻醉等手段拐卖婴幼儿，甚至使用暴力手段抢夺、抢劫婴幼儿。如 2008 年 5 月 27 日，几名歹徒光天化日之下闯入山东省茌平县博平镇一家理发店，强行将店主赫某 5 个月大的儿子抢走，随后卖到山东临沂。2008 年 11 月 14 日，湖南省岳阳民工颜绍祥不到两岁的儿子在路边玩耍时突然被两名骑摩托车的男子掳走。

（五）警力缺乏，难以有效解救被拐卖儿童。拐卖案件呈现跨区域、大范围流窜性作案的特点，抓捕犯罪嫌疑人、解救被拐卖妇女儿童时间周期长、成本高，加之拐卖犯罪多发区往往经济欠发达，办案经费保障不足以及警力的严重不足，在一定程度上影响了打拐工作的开展。美国的人口总数为 3 亿，警力 94 万；而中国的人口总数为 13 亿，而警力仅有 178 万。中国警民比例和财政预算远低于西方发达国家。警察办案的财政激励机制不足。由于公共警力不是中央财政直接拨款，警力建设存在着随意性、地方性与短期性特点。面对嚣张的犯罪分子，公共警力难以有效铲除此类犯罪行为。

（六）地方政府权威失范由此引发警察权威的弱化。权威是一种内化于民众心灵的正当性权力，是民众对公共权力的自愿服从与自觉支持。部分地方政府单纯追求经济发展等有效性指标，无视与民生领域相关的矛盾与纠纷；而有些警察部门为增收创收，纵容赌博、卖淫、吸毒行为，甚至不惜与黑恶势力勾结，严重破坏警察声誉，给犯罪分子以可乘之机。地方政府长期弱化社会治安，对此类犯罪现象采取"不作为"，降低政府公信力，公共警力难以有效地惩治拐卖儿童犯罪行为。

（七）法律惩治制度过轻，难以威慑犯罪分子。现行《中华人民共和国刑法》第二百四十条规定，拐卖妇女、儿童的，处五年以上十年以下有期徒刑，并处罚金；情节特别严重的，处死刑，并处没收财产。现行《刑法》第二百四十一条规定，对被拐卖妇女儿童没有虐待，不阻碍解救的，可以不追究刑事责任。我国至今没有对买入人口的一方可操作的惩处法条，这造成了拐人有罪、买人者无罪的现象，一定程度上纵容了不法交易现象的长期存在。可见，在拐卖人口上处罚力度不够。不少网民在网上呼吁加重不法分子的处罚力度，达到威慑、震吓的目的。

二、儿童管治与制度创新

一个健康、和谐与完整的家庭是和谐社会的内在要求。针对目前社会上存在的儿童拐卖、操纵案件，政府部门切实履行维护社会治安的法定职能，以儿童安全管治为切入口，建构与重构儿童拐卖与流失的防护网，建构一个责任与正义的权威政府。

（一）提倡行动中的责任政府。责任政府是现代民主政治的一种基本理念，也是一种对政府公共行政进行民主控制的制度安排。① 责任政府以行政问责制为核心，管理过程中增强领导者的服务和责任意识，有效地体现权力与责任对等原则。建设责任政府需要内外兼顾，即外在制度的规范和内在精神的塑造。② 建立健全行政责任追究制和责任考核机制，强化责任追究制度，将行政"作为"与"不作为"纳入考核机制，定期对行政人员的行政行为进行考核，对以权谋私、滥用职权以及损害群众切身利益的行为，严肃追究有关人员的责任。2006 年颁发的《国家突发公共事件总体应急预案》对迟到、谎报、瞒报、漏报等失职、渎职责任人给予处罚。进一步完善引咎辞职制，对事件中相关的主要责任人的失职、行政不作为等行为进行查处，引咎辞职。2006 年颁发的《公务员法》让引咎辞职制有了法律依据。通过公共网络和社会媒体加强对政府的监督，增强政府监管的透明性、回应性与责任性。社会监督是人民向政府问责，它不仅要监督政府的行政许可行为，还要监督政府对违法许可行为的处理。③ 责任政府的宗旨要求任何公共侦查部门不得以任何借口推宕儿童丢失案件的立案与侦破，从而贻误侦查破案的黄金时间。最近二三年引人注目的东莞儿童大规模丢失案件主要源于当地部门碍于法制制度欠缺未能及时立案以致错失破案的最佳时间。

（二）扩大财政预算，增强防控体系的有效执行。各个地方政府部门结合本地区儿童流失的状况，设立专项资金用于及时解救被拐卖儿童。同时迅速建立"服务与管理并重"的"大投入、大防控、大平安"的治安防控体系。对城市社区、繁华商业区、汽车站、火车站等治安问题复

---

① 张成福：《责任政府论》，《中国人民大学学报》2002 年第 2 期。
② 杨淑萍：《论建构责任政府的逻辑》，《政治与公共管理》2007 年第 2 期。
③ 李爱红：《推进依法行政与建设责任政府：兼谈问责制对建设责任政府的作用》，《探索》2007 年第 1 期。

杂地区的治安进行重点治理，在社区实行"社区警务"，防治结合，完善社区防控网络和科技防范网络。按照"重在基层、重在规范、重在整合"的理念，强调多种监管部门之间的合作与协调，互通信息，形成立体多面的安全监管体系。

（三）组织定期性的打拐专项行动。全国各地的公安部门应联合执法，经常性的开展"打拐"专项行动。在公安部打击拐卖儿童犯罪办公室的统一领导下，制定全国打拐计划，加强"防拐""打拐"工作力度。已颁发的《中国反对拐卖妇女儿童行动计划（2008—2012年）》涉及28个部委，涵盖预防、打击、受害人救助、遣返、康复及国际合作等反拐工作的各个领域。对治安重点地区进行重点整治，加大警力，每天组织便衣警察在案件高发地段轮班巡逻。警务人员接到有关儿童失踪的报警后应无条件立即出警，如实录入、立案。公安机关动用一切可能的人力、财力、物力资源，进一步研究拐卖儿童犯罪团伙的特点和动向，以便尽早破案。进一步加强警务人员的执行能力，派出多个督导组对警务人员的警务活动进行监督和检查。

（四）以出租屋为突破口增强社区参与。为追求经济利益最大化，部分经营者对钟点房、日租房的租住人员不进行全面登记，给无合法身份证人员和违法犯罪分子提供了安身之所。因此，实现居民一体化，即落地即可获就业、租购房即可得到当地居民身份，使流动人员处于可追踪状态；建立一套集治安、计生、劳动就业、税收征管等功能于一体的软件系统，构建网络综合管理信息平台；在省市县公安机关人口信息网基础上，建成集暂住人口登记、注销、函调、统计、查询等功能于一体的全省流动人员治安管理信息子系统。建立流动人口服务管理省际协作机制，建立多层次劳务协作关系，通过双向劳务协作，引导民工有序流动。创建安全文明出租屋，安装出租屋视频监控系统、防盗网和摄像头，在出租屋楼下安装密码门。社区管理方面，实行片警制度，招聘一批素质高的保安，划分区域进行社区的封闭式管理，以便了解最新的治安动态，将一些治安事件消灭在萌芽状态。创新物业托管模式，完善相关的法律法规。据实际情况制定流动人员和出租屋协管员管理规定，实行量化考核、个人责任制、奖惩激励等制度，规范协管员的管理行为。①

（五）以网络高科技手段、DNA 数据库推进打拐政府的电子化建设。政府部门公布举报电话，实行有奖举报，积极发动群众提供破案线索，重奖"打拐"线索。为此，需要建立一个全国性的儿童失踪公益网站。网站可通过全国各地的志愿者尽力捕捉各种线索，方便家长拿到第一手信息资料，在第一时间救回被拐卖的儿女。2009 年 4 月份，公安部已建成全国"打拐"DNA 数据库。公安部要求全国的派出所、刑警队等一线公安机关，对群众报告儿童失踪、被拐卖的都必须立即立案，组织查找和侦查调查工作；同时，要做好采血工作，为查找儿童打好基础。公安部要求对五类人员必须采集血样进行 DNA 检验，并将数据录入全国数据库，这五类人员包括：已经确认被拐卖儿童的亲生父母；自己要求采血的失踪儿童亲生父母；解救的被拐卖儿童；来历不明、疑似被拐卖的儿童；来历不明的流浪、乞讨儿童。为方便群众，公安部要求采血工作遵循就近原则，儿童失踪地、居住地、发现地公安机关必须及时接待群众采血。在报案、查找、侦查、调查、采血、检验和比对工作中，不得以任何理由向群众收取费用。②DNA 检验技术具有个体识别率高、亲缘关系认定准的特点，是确认被拐卖儿童身份最有效的技术手段之一。全国"打拐"DNA 数据库将 DNA 远程比对技术大规模用于打击犯罪工作，在世界上尚属首创。它的建立，能使公安部门切实地运用信

---

① 广东：《推动治安管理模式 人口管理"四个转变"》，《瞭望》2008 年第 4 期。
② 2009 年 5 月 1 日《新京报》。

息成果和高科技手段来快速、高效地查找被拐卖儿童，在最短时间内拯救受害儿童，让他们回到父母的身边，享受天伦之乐。至 2009 年 5 月底，全国公安机关已有的 236 个 DNA 实验室已全部联网运行并可免费查询。全国"打拐"DNA 数据库的建立意味着我们又向人类文明迈了一大步。

（六）发挥第三部门的力量，激励民间人士参与打拐。第三部门是指在政府部门和以盈利为目的的企业（市场部门）之外的志愿团体、社会组织或民间协会。志愿性是第三部门的关键所在，志愿精神、利他主义和使命感是第三部门生存发展的内在动力。发动、鼓励甚至是资助民间力量，尽最大可能破获拐卖儿童案件和解救被拐儿童。操纵儿童行乞是很严重的犯罪行为，与之相关的产业是：贩卖儿童、残害儿童，将来当这些孩子成长起来以后，他们会复制操纵儿童的罪行。借助新闻媒体及时报道公安机关的打拐工作情况，呼吁社会各界广泛参与，弘扬正气，与违法犯罪行为作斗争。并严厉禁止流浪儿童乞讨。尤其是身体有残疾的儿童，警察应该仔细询问其居住地、父母情况，确保其不是被操纵。如果发现幕后是犯罪团伙，任何公民可及时报告公安局，将犯罪团伙一网打尽；若背后是孩子逐利的父母，公民可向相关部门反映、投诉，对那些违法行为进行处置，不管是什么人，拐卖儿童，唆使儿童乞讨，都应该视为犯罪行为，以此确保少年儿童的教育权与生存权。

（七）扩大国际合作，建构国际打拐合作治理网络。解决拐卖人口问题必须依靠各国共同努力、密切协作。经常召开反对跨国拐卖犯罪研讨会，参与签署《反对跨国拐卖犯罪研讨会会议纪要》。严厉打击跨国拐卖犯罪，各国执法部门应建立畅通高效的跨国拐卖犯罪情报信息交流渠道，深化反拐执法领域的协作，适时开展双边、多边联合打击、解救行动，更加有效地打击跨国跨境拐卖犯罪活动。同时，积极做好拐卖受害人救助康复工作。2006年2月，全国妇联妇女儿童救助中心在广西崇左市宁明县成立。该中心采取国际项目援助、政府补贴、社会捐助等多种形式，积极救助拐卖受害人。建立拐卖犯罪受害人中转中心，进一步加强对跨国拐卖犯罪受害人的救助工作。

　　总之，流动人口的增加、社会治安弱化、一定的市场需求、留守儿童的增加、黑势力的兴起、公共预算的缺失、监护家长的疏忽等方面是拐卖儿童现象产生的原因，而买卖双方的经济利益是其根本原因。要杜绝拐卖儿童这种现象，就需要政府和社会多方面的努力和合作，建立责任政府，推行行政问责制，将行政人员的"作为"与"不作为"纳入考核机制，实行内外兼顾，建立一整套严格、科学的外在制度和行政道德伦理体系，规范行政人员的行政行为。开展打拐专项行动和国际合作，尽最大可能破获拐卖儿童案件和解救被拐儿童。此外，进一步完善金融、社保、医疗体系，加强对流动人口的法律援助，发挥第三部门的参与作用，发动和鼓励民间组织力量，实行社会救助、助学、助医、助困等慈善实事。健全劳动力市场，提高民工的法治意识，颁布《拐卖人口法》相关配套法律政策，增强留守儿童监护人的自我防范意识，尽量以最少的成本确保少年儿童的人身安全。随着经济发展与人均生活水平的不断提高，社会发展渐趋公平，再也不会有人昧着良心干可耻的贩卖儿童的勾当，小康社会也就不远了。

　　总之，随着大中城市流动人口的增多、经济的不景气与留守儿童居住区域治安的弱化，目前广东、山西等地男童拐卖案频发。通过政府强有力的专项整治行动并加以制度化的重构，增强人民警察的正义形象与监管部门的公信力，有利于大规模遏制儿童流失案的发生，促进老百姓安居乐业与和谐社会的生长。

第三节　当前我国村民冲突预防与和谐乡村治理

随着市场经济的深入发展，部分人的私利性追求的欲望与日俱增。在追求个人利益的过程中，人与人之间的利益追求可能冲撞。在不发达地区，随着经济转型的加快，由于缺乏一套行之有效的村民利益共享机制，难以实现双赢与多赢的利益分配格局，势必会导致村民之间的摩擦、冲突，甚至是仇恨情绪。久而久之，极少数村民会利用此种不满情绪，发泄自己的不满，引发村民冲突，从而造成基层农村秩序的失范，甚至引发流血冲突，造成悲剧。目前不少不发达乡村普遍存在着治安失序的治理困境，表现为抢偷盗事件频发。本节以 2009 年春季海南东方市感城镇为例，分析其原因，提出解决办法、思路，以便为和谐农村建设提出参考意见。

一、地方政府权威失范与大规模械斗的产生

2009 年 3 月海南省东方市感城镇两个村落（感城村和宝上村）发生大规模械斗事件，上千人发生冲突，导致 1 人死亡、多人受伤。造成这件事情的爆发有很多原因，之前有多名学生被无缘无故砍伤为主要原因。2008 年 4 月 9 日—2009 年 3 月 15 日，感城镇地区连续发生六起故意伤害案，分别为：1. 麦笃乐（2 次被砍伤）：2008 年 4 月 9 日 23 时，在感城镇河堤路九龙茶艺馆被砍伤，2009 年 3 月 15 日 22 时 30 分左右，在途经林明辉虾场时被砍伤；2. 宋泽强：2008 年 6 月 9 日 17 时，途经感恩大桥北侧时被砍伤；3. 符丰：2008 年 10 月 18 日 2 时，符丰在感恩大桥南侧与苏某在聊天时被砍伤；4. 杨育州：2008 年 5 月 1 日 3 时 30 分左

右，在感城镇大慧淀粉厂路段被砍伤。

感城村作为感城镇中心，尽享便利，其人口在全镇乃至东方市都是独一无二的。感城村有将近两万人，宝上村有 15000 多人。宝上村是感城镇第二人口大村，但没有集市，只有几个小卖部。平日村民频往感城采购蔬果、日用品或者肥料。宝上村只有一所小学，上中学则要过桥到感恩河南岸的感城中学。2009 年 3 月 23 日前一周，两村的紧张关系已开始升级。宝上村摩的司机不敢去感城村。3 月 23 日中午，感城村和宝上村的两名初中生发生口角并打架，感城村的孩子身上有淤青。傍晚，感城村某家长纠集亲朋好友 20 余人到感城镇政府上访。当晚 7 时 30 分，感城村村民聚集达数百人，打砸烧政府办公大楼和感城边防派出所，破坏电力设备。宝上村村民担心感城村村民入村以"保家护村"的名义向北聚集感恩桥桥头，砸烧宝上村唯一的宾馆宝珠楼。3 月 24 日，感城中学停课，宝上村学生没来学校。感城边防派出所所长杨斌、副教导员方小鸿受免职处理。3 月 24 日晚，数百村民对峙感恩桥头，5 个感城村村民冲到宝上村地界准备扔汽油弹烧民房，逃跑时，有 1 人掉队而被砍伤。3 月 25 日 12 时，宝上村村民追砍过路感城村司机并焚烧大卡车。12 时 30 分左右，双方有上千人发生冲突，场面混乱，两村村民互相投掷砖头、石块、汽油弹。3 月 27 日，海南省公安机关发布政府管制通告。3 月 28 日，感城村一名村民被警方带走。海南省公安部调集上千警力进驻感城镇，巡防、维持秩序。东方市还组织建设、工商等部门，研究在宝上村建立农贸市场。3 月 31 日下午，东方市市委免去东方市感城镇镇委书记秦国华职务，同时建议依有关程序免去镇长吴开强职务。因聚众斗殴市公安局悬赏 1 万元缉拿宝上村人张琼马。

通过对案件材料的详细解读，我们可以发现如下几点。

（一）政府权威的缺位引发系列冲突。这种现象，在经济发展速度比较快的转型地区，特别明显。如此事发生后，3 月 31 日晚，海南东方市新龙镇华侨农场柴头村发生一次绑架人质事件。由于地方财政投入不足，部分警员为维持生计，存在着与警员身份不相符行为。据村民反映，派出所抓人还不如村民积极，经常是收点钱就放了，有时候根本不出警。此外，还有一些镇里的干部和派出所干警，向违法人员收取保护费，任由他们在镇上开设多家彩球赌场。尤其是少数警员的腐败行为，严重影响地方政府的权威，导致党的权威在民众中下降，引发民众的仇恨情绪。日积月累，民众的自身权益难以得到保障，势必会引发基层安全秩序的失范。当地社会治安状况的混乱，治安乱象由来已久，老百姓积怨日深。当地政府和派出所，对群众反映强烈的社会治安问题麻木不仁，镇政府、边防派出所就成为群众发泄不满的对象。正是由于镇政府和派出所不作为，姑息犯罪分子的非法行为，治安状况很差，打架斗殴事件时有发生。当地基层政权基本上处于半瘫痪状态。派出所还要先收报案费才会出警。再如，宝上村一些村官在征地事件中存在严重的问题，近年来，村里收到的征地补偿款有据可查的就有 3700 多万元，而村民只拿到 1600 多万元，村民自 1996 年起连续到各级部门上访，但始终不见有人下来调查。村民们已不再相信镇委镇政府和村委会干部。事件发生后，镇村干部根本没有说服群众、制止事态进一步恶化的公信力。

（二）利益共享机制的缺乏导致村民关系紧张。感城村利用优越的商业地理位置，垄断店面，不让宝上村的村民开店，导致宝上村部分村民的不满，这是导致两个村不和谐的经济原因，也是最重要的原因之一。虽然说两个村历史上有通婚，但随着经济发展村民间收入差距的拉大，自然难以形成和谐关系，尤其是感城村排外的制度安排，人为地拉大此种差距。如果说经济上的差距是可以容忍的话，但是人为的心理上的差距容易引发利益冲突。因此，或许极少数别有用心的破坏分子利用村民间的情绪，故意制造并扩大村民间不信任。因此，他们便向最老实的手无寸铁的农民和学生下手，制造冲突。他们也意识到腐败的警察是破不了案的。可见，极少数人公然在挑战政府权威，对抗政府。在案例中，一个15000人的村竟然没有像样的商场，不符合科学发展观的要求。

（三）道德修养与法治知识的缺乏。崇尚暴力而不是和谈是传统人格的主要特征。现代人格以和谐、文明与幽默为其内在诉求。随着流动人口急剧向城市进军，农村的教育一度弱化。而青年人恰好是在改革开放过程中成长的一代，缺乏起码的传统文化和现代法治素养。

二、和谐村级关系治理路径及其反思

历史上多存在着各种各样的村际间械斗，主要表现为对共享稀缺资源的拥有。如果当时既定条件下缺乏成熟的一套资源分享制度，缺乏权威的制度化分配机制，村民就会自发主动寻求并依据乡约、习俗来妥善的分配资源。但是目前我国不少地方，由于破四旧，尤其是党对社会生活的全面、全新改造，传统的乡约、习俗消失殆尽。在社会发展的快速时期，在经济资源不平衡分配的偏远地区，在党的权威尚未能对政治生活秩序有效管制的地方，村际间械斗就有可能发生。和谐村际间关系的构建需要强化党的执政权威下，构建合法的利益共享机制，强化和谐乡村理念，恢复传统乡约，实行民主选举，村民自治。

（一）执政权威的提升。械斗是一种"双输"非零和博弈。在和平年代政治体系内，械斗双方都将受到惩罚。械斗的产生主要源于双方未能形成一套成熟的谈判机制，缺少缓冲的妥协部门。在我国，主要表现为地方党组织和政府部门权威弱化。双方村民最先找党组织和政府部门讨"说法"，但是政府部门由于缺乏有效的执政能力，没有给出一套清晰的、明确的"说法"。民愤是在政府权威弱化的前提下产生的。而且这种"民愤"是在部分村民认为政府已经站在既得利益阶层方，即利益强势方，或政府被企业"俘虏"。当村民认为政府成为自己的对立面时，他们有可能"推翻"政府，表现为对警车、政府办公场所的烧毁，殴打政府官员。然后，他们会自行的去解决冲突，以消灭对方身体的方式，实现对对立方的全面控制。如此循环，永无宁日，形成中国历代所谓"合久必分、分久必合"的治乱循环。而民主制度所形成的合法的利益均分机制可以有效地避免械斗的发生。我国目前的警民配置比例远远低于美国，尤其需要在偏远地区增强公共警力的配置。

（二）村民民主参与选举与官员自觉。责任政府的贯彻与有效执行必须建立在村民民主参与选举制度之上才有真正实现的可能。责任政府表现为政府快速地履行公共服务的智能并因此为未能高速与有效的服务而承担自己的责任，用治理主义的术语来讲就是透明、责任、回应性。由于不发达地区有限的公共预算未能有效的刺激公共管理者的合法行为，委托—代理机制失效，导致寻租等腐败行为的产生。政治过程未能形成开放性而是陷入黑幕之中，排斥村民对各种公共政策制定、设计与公开的知情权、参与权，使民众产生对政府官员的不信任、猜忌和隔离。屡屡的投诉也未能引起政府官员的重视。官员不自觉的垄断各种信息，公共利益和法治观念淡薄，未能真正体现代表人民的价值诉求。

（三）利益分享机制的构建与传统乡约的重构。在不能有效分离对立面村庄的约束条件下，需要政府部门在兼顾村民共同利益基础之上，制定长久的规定与法规，实现利益分享机制。在宗族政治的传统乡村，在贫富差距悬殊的条件下，实现利益分享机制尤其必要。在明清长期执政的时代，建构在儒家道德主义说教基础上的乡约成为和谐乡村的重要因素。立基于宏大叙事的理想主义，在工具主义和物质主义的市场经济条件下，难免招架不住。和谐社会视野下和谐乡村的构建需要释放传统乡约的部分内在合理性的法律法规，实现德治与法治的融合无间。事实上，海南械斗主要源于地方治安的极具弱化，而乡约正好以"美风俗、安里弥盗为宗旨"，可以有效地弥补执政权威弱化，且是一种实施成本较低的制度安排。

三、新农村村民间冲突预防治理的制度创新

新农村建设不仅仅是传统美丽乡村的回归，更主要的是村民现代政治素养知识的培训。人的价值是现代社会最重要的资本。械斗的地方民众缺乏起码的政治素养、道德修养，甚至不少青年吸毒。处于转型社会过程中的地区，由于公共服务难以跟上经济发展的要求，一度会出现局部秩序的失范。如果公共管理者未能前瞻性的预测此类趋势，往往容易形成群体性事件。目前确实到了需要严打的时刻了。不断的严打，不仅有利于教育不法青少年，而且有利于增强老百姓对党和政府的信任。我们要继续加大大学生村官的选拔比例，扩大阳光工资的覆盖面，加大村民选举参与热情，真正实现和谐乡村。

总之，通过对2009年春季海南东方市感城镇大规模械斗事件的背景、过程的案例分析，指出目前不发达地区由于公共财政等配套设施的不足、政府权威的失范、部分官员的腐败而引发村民对地方政府的不满，造成农民间的大规模冲突，削弱基层政府的权威。在党的强有力的领导下，依靠地方民众，构建村民利益共享机制，加强法治教育，重建和谐的乡村间关系，确保文明有序的新农村建设的实现。

第四节　当前我国城市地铁施工安全监管及其治理

城市基本公共设施服务供给是指地方政府为市民提供基本的必需的

公共服务产品的各种公共性、服务性设施，涉及教育、医疗卫生、文化娱乐、交通、体育、社会福利与保障、行政管理与社区服务、邮政电信和商业金融服务等。① 随着我国城市化进程的加快，城市公共设施越建越多，施工安全隐患也将随之递增，如棚架倒塌、广告牌坠落等。② 如何妥善地解决日益增多的公共设施和由此引发的安全事故之间的矛盾，成为一个公共课题。③ 日益增加的安全事故给我国的现代化建设造成不少的人员损伤和财产损失，为了更好地建设社会主义现代化、改善人民的生活水平，要加强公共设施安全与监管，需要加大公共安全监管的力度。④

一、地铁施工安全事故频发：现代化之痛

近段时期大型公共设施建设过程中频发安全事故，如 2008 年 11 月 15 日，杭州地铁湘湖站工地发生塌陷，造成人员损伤和财产损失，最后造成 23 人死亡，多人受伤，多辆车辆被陷，周边 3 幢居民楼倾斜。2008 年 11 月 19 日，中国统筹安监工作的最高议事机构"国务院安监委"宣布对本次事故责任五点意见。前四点主要是针对施工单位的操作规范意见，即企业安全生产责任不落实，管理不到位；对发现的事故隐患治理不坚决、不及时、不彻底；对施工人员的安全技术培训流于形式，甚至不培训就上岗；以及劳务用工管理不规范，现场管理混乱。最后一点则指出"地方政府有关部门监管不力"。⑤ 中国科学院王梦恕院士用"拍脑袋、图便宜、赶工期加上领导意见替代科学决策"等术语概括此次重大问题的原因。然

---

① 摘自百度百科。
② 《加强公共设施安全管理，有效落实委员提案》，山东新闻网，2009 年 11 月 21 日。
③ 李真：《工殇者》，北京：社会科学文献出版社，2005 年。
④ 〔美〕爱德华·L.格莱泽、〔美〕安德烈·斯莱弗：《监管型政府的崛起》，吴敬琏：《比较》，第 2 辑，北京：中信出版社，2002 年。
⑤ 《21 世纪经济报道》，2008 年 11 月 25 日。

而事实后来证明，原因绝非如此简单，政府当局赶工期间接加速导致安全生产的疏忽，而所谓的工程项目的层层转包（有媒体报道，工程到承建方可能已转手四次）促使事故发生。① 正如浙江大学区域与城市规划系周复多认为，杭州地铁一号线塌方事件可能存在线路布局不合理、前期工作不充分、承包方资质审查不严以及违规施工等问题。② 无独有偶，其他城市的地铁施工也安全事故频发，下面仅列举发生人员死亡的事故。

2003 年以来中国内地地铁施工安全事故表

城市	地　点	时间	死亡人数	主要原因
北京	地铁 5 号线	2003.10.9	5	钢架滑脱
北京	地铁 10 号线	2007.3.28	6	执行不严
上海	轨道 4 号线	2007.4.3	1	设备操作不科学
上海	地铁 9 号线	2007.9.30	1	管片掉落
上海	轨道交通 9、11 线	2009.1.9	2	机器侧翻与火灾
南京	地铁 2 号线	2007.5.28	2	工人操作不当
南京	地铁 1 号线	2008.11.9	1	工人操作不当
杭州	地铁 1 号线	2008.11.15	23	变更规划、赶工期
西安	地铁 1 号线	2009.8.2	2	污水管渗漏
深圳	地铁 3 号线	2008.4.1	3	施工人员违规
深圳	地铁 3 号线	2009.7.6	2	井下作业不规范
深圳	龙岗区	2009.9.4	1	塌方
深圳	地铁 5 号线	2009.10.13	1	坍塌活埋
深圳	地铁 5 号线	2009.10.26	1	爆炸后隧道塌方

---

① 事发后，调查组由浙江省安全生产监督管理局、浙江省建设厅和杭州市安全生产监督管理局、市建委以及市监察、公安、检察机关等部门组成。后经查明，浙江省杭州市地铁 1 号线湘湖站工段建设单位为杭州地铁集团有限公司，设计单位为北京城建设计研究总院，施工单位为中国中铁股份有限公司中铁四局，监理单位为上海同济工程项目监理咨询有限公司。

② 《杭州地铁事故溯源：为赶工期而忽略安全生产》，《21 世纪经济报道》2008 年 11 月 19 日。

有记者指出，一个个悲剧后面，或可以看到对利益不择手段的追逐；或可以看到长官意识、官僚作风；或可以看到钱权交易的腐败；或可以看到急功近利的盲目赶超。前期准备不足，中途变更失控，悲剧怎能不发生。① 随着长沙、南昌、太原、乌鲁木齐、郑州与青岛等中等城市轨道交通时代的来临，各地轨道施工安全事故必然会伴随而来。因此，构建安全的监管政策成为地方政府和施工方的首要任务。②

二、地铁施工安全管理政策：理论与实践

安全管理是为了维护人民的生命财产安全，运用行政力量，对安全进行监督与管制的一种特殊活动。③ 影响安全监管的因素有政府、职工、消费者、厂商、市场、一定的社会历史等。安全管理的著作主要有植草益《微观规则经济学》、小贾尔斯·伯吉斯《管制和反垄断经济学》、王俊豪《政府管制经济学导论》、W.维斯库斯＆弗农《反垄断与管制经济学》。④ 根据监管在产品生产过程中所处的不同阶段安全监管标准分为：程序标准、技术标准、行为标准、信息标准、产品责任标准。程序标准、技术标准和行为标准是直接监管采用的标准，信息标准和产品责任标准是间接监管采用的标准。

在安全管理标准问题上，学界上有两种意见，一种是政治学、法学家的观点，主张绝对标准，任何能够提供更大的健康和安全的办法都是

---

① 何玲玲、段菁菁、方列：《地铁施工事故频频发生背后带血的反思》，新华网评论，2008 年 11 月 20 日；何玲玲：《让阳光驱除地铁工地的黑暗；地铁施工事故频发背后带血的反思》，《安全与健康》2009 年第 1 期。

② 张举良：《2009 年各大城市轨道交通规划建设一览！》，慧聪安防网，2009 年 3 月 24 日。

③ 彭彦强：《中国公共安全管理：问题、国际经验与对策》，《中州学刊》2009 年第 7 期。

④ 肖兴志、宋晶：《政府监管理论与政策》，大连：东北财经大学出版社，2006 年，第 306 页。

合理的，保护不是被看成经济物品，而是公共物品，体现出利他主义。在实际政策执行中，尽可能确保安全的工作环境，完全排斥效率标准，主张体现工人的安全权。[1]另一种是经济学家的观点，主张在成本—效益的分析框架内，计算政策所增加的生命超过成本的收益预期差值，他们认为安全是一项经济性物品，可以计算其比值。在美国公共安全管理过程中，法律上确定的公共性标准，但事实上被执行机构所疏忽，在实际政策的制定中却要对政策的收益成本进行非常详细的计算。如福特政府要求必须计算实施监管政策的估价成本，卡特政府要求计算其有效成本，里根政府要求除特殊情况外，监管的收益超过成本，布什和克林顿政府就要求监管机构将计算的收益和成本交给管理预算办公室审核。[2]可见，实际执行标准时监管政策在制定中更多地考虑到经济因素的影响。总之，在美国监管标准的制定受到政治和经济的共同影响。为了制定出一套科学的政府安全监管标准，可以深入实际，调查企业安全水平的分布情况，制定的标准要对厂商切实产生激励的作用，使得厂商经过努力可以达到。不仅需要对轨道交通行业制定起点更高的安全标准，更需要建立懂技术、懂专业的专职技术官员队伍。

　　安全监管标准的制定需要考虑监管者和被监管者两方面因素，既要调动被监管者遵守监管标准的积极性，又要实现监管者目标条件下花费最少的社会成本，设定安全监管标准即要考虑达到安全目标的技术因素。①选择现实的标准。现实的安全标准是在确定最低的安全标准基础上，同时考虑技术与遵守成本因素的标准，而不是仅仅考虑技术因素。②依据成本效益原则选择标准。从政府角度考虑，达到政府设定的安全目标，

---

① 小贾尔斯·伯吉斯：《管制和反垄断经济学》，冯金花译，上海：上海财经大学出版社，2003年。

② 肖兴志、宋晶：《政府监管理论与政策》，大连：东北财经大学出版社，2006年，第320页。

可以有多种政策标准进行选择，基于成本节约的原则，标准制定者应当选用成本最低的但是又可以实现安全监管目标的标准。③细化技术标准。④安全监管标准的修订。社会的发展、新产品的不断涌现、科技进步、社会安全水平的不断提高，已有的标准不再具有现实意义，因此政府对特定工作环境的安全标准需要提高。制定合理的安全监管标准的另一个重要的问题是评价监管标准。对安全监管标准相关政策进行经济分析评价的主要方法是收益—成本分析。在实际中有两种成本指标：边际成本和平均成本。评价往往是用监管政策实施的每个生命的边际成本和每个生命的平均成本作比较。从经济学的角度考虑，没有惩罚的制度是无效的制度。安全标准的执行类似于法律制度的执行。安全标准能否很好地贯彻还与调查制度、惩罚制度等息息相关，因此安全监管是一个系统的工程，各个环节都必须给予足够的重视。①

改善安全管理执行效果，首先在于提高政府安全监管能力，营造稳定的权责明确的制度环境。目前我国安全监管主要有两个问题：一是监管机构职责不清，影响监管效果。在 20 世纪 90 年代，在煤炭安全监管问题上曾经出现多个机构部门拥有执法权力，但是相关的法律、法规却执行不力。在美国，特定时各个法律都要明确的执行机构，都为执行者获得监管信息提供了保证。②二是监管机构不稳定，调整过快过频。③对监管的政府官员实施有效约束和激励。目前我国激励的方式主要有：严格责任制和问责制。安全监管领域引入问责制有助于减少安全事故。同时，建立以预期性、指导性和激励性为导向的监管策略。在特定时期，

---

① 肖兴志、宋晶：《政府监管理论与政策》，大连：东北财经大学出版社，2006 年，第 321—324 页。
② 深入的研究参见，王绍光：《煤炭安全生产监管：中国治理模式的转变》，吴敬链：《比较》，第 13 辑，北京，中信出版社，2004 年。
③ 肖兴志、宋晶：《政府监管理论与政策》，大连：东北财经大学出版社，2006 年，第 322—323 页。

根据安全问题的重要程度确定安全监管的重点领域，对重要产品和容易发生问题的工作场所进行监管。

三、地铁施工安全治理与制度创新

地质状况可能存在难以预见的风险。杭州事发段沿线地质构造和地层为湖沼相沉积地貌，地表以下分布有厚度较大的滨海沼泽相淤泥及淤泥质黏土层。这种地层很不稳定，在地下水较多的情况下容易发生大的流动和扰动，使得连续墙的压力增加，当增大到一定程度时，连续墙开裂，造成了事故的发生。据报道，遇到施工方未曾估算到的丰富的地下水源是此次重大事故的直接原因。由于安全风险教育缺乏，施工方和工人对未来的风险存在非理性预见。① 据报道，不少工人是刚刚种完小麦来到城里打工的农民，他们在上岗前没有经过起码的技术培训。有受伤工人反映，他 18 天前还在家乡种田，18 天后就在杭州修地铁，没有接受过系统培训。同时也存在着安全自我防范教育不足。在地铁塌陷前，就发现有裂缝，但包工头不重视。因为此种现象在他们施工过程中，多有出现，以致麻痹大意。包工头忽视杭州地下特殊的沙层结构，而且没有按程序向上级汇报。杭州的地质较为复杂，其地下水含量丰富，绝大多数土层皆为软土，地铁基坑开挖、地铁盾构推进等工程施工风险极大。杭州的地质条件不太好，造地铁相当于在"蛋糕里打洞"。

个人对风险信息存在不对称，个人获得的信息或者不完备，或者因价格高昂难以获取，而政府可以快速全面的获得较为全面的信息，并容易将之全面传播，保证大众的知情权。内部性交易成本（意外事件、败德行为与不对称信息）的存在，造成安全隐患。公共工程过程腐败，部

---

① 〔美〕W. 吉帕·维斯库斯、〔美〕约翰·M. 弗农等：《反垄断与管制经济学》，陈甫军等译，北京：机械工业出版社，2004 年，第 373—378 页。

门利益化严重，某些政府官员唯利主义色彩浓厚，导致施工制度缺乏法治规范，发生事故的工程存在着层层转包，而最后实际承包商与施工方为追求自身利益最大化，偷工减料，酿成事故。在建设工程中，存在着最低价中标和不合理地限定工期完工等现象。施工单位千方百计压低成本甚至不惜偷工减料，甚至会出现不顾一切赶工期增大事故隐患的问题。中国工程院院士、北京交通大学教授王梦恕说，地铁建设，该多少时间建成就多少时间，如果工期提前结束就要出问题。

地铁施工安全管理过程复杂、成本高。安全监管主管决策能力差。如负责人表示确实存在隐患，已经向上级部门汇报过，尚在等待上级批示，要按照程序，和相关单位研究后，采取措施。地铁施工安全管理政策评价、执行难。安全监管制度化不足，缺乏第三方监管与监理部门的有效参与。在地铁的施工中，每隔几米就会有支撑。如果支撑做得足够好，就算出事，他们也有更多逃生的机会。杭州地铁工地前段时间事发现场地面确实出现小幅沉降，但他们没有引起足够的重视，以为是车流量过大引起的，没想到会突然塌陷。地铁在施工过程中请专家来监测过几次，但专家来的次数不够密集。

地铁施工安全治理的政策构建如下：

（1）施工方监管。政府对施工方的施工过程进行监管，保护弱势方工人的利益。据报道，部分工人至事故发生时，仍然未领到工资，可能导致个人工作积极性不高，未注意到重大隐患。

① 严格施工单位的准入条件。吊销不符合施工条件的施工方，对于工作场所不合安全规定的企业进行教育、整改，保障工人的安全。

② 建构工作场所标准制度，明确机器施工标准、程序和工人行为规范。

③ 建立工作环境安全监督制度。

（2）信息监管，政府监管部门应该使管理者、工人意识到风险、希望健康，获得完全的风险信息。杭州事故发生后，杭州地铁施工暂停一段落。然后，施工方对员工实施全员培训。

（3）严格的监管政策，树立安全责任标准，建立严格的责任机制和偿付赔偿制度。成都地铁公司汲取杭州教训，主管部门承诺"杭州地铁事故成都不会重演"的口号。距事故发生不到 24 小时，成都地铁公司紧急召开"基坑安全专项督查会议"，全面启动安全专项自查，对在建工程实体、安全管理制度、监控措施的落实情况及各类事故应急预案的审查情况进行全面自查。鉴于程度质砂卵石地层结构严密坚固，从先天条件上来说，像杭州这样如此大面积的塌陷事故，一般不会在成都发生。但是，成都地铁方实施安全技术措施和审批程序，不漏掉任何一个安全疑点，监理单位加强监管监测，监测结果必须一一记录在案，对未达标的工序严肃处理，完善安全专项施工方案及应急预案。①

（4）成立专门的市一级的最高级别的轨道安全管理局，负责施工过程安全、职工培训和生命教育，同时负责城市公共服务生产运输；同时，加大监理单位的监督权和独立性。②

（5）有条件的地方，制定专门的轨道施工安全法，明确主客责任，规范生产秩序。

（6）利用高科技网络技术，对隧道施工实现全方位安全监控，减少人员伤亡。③ 条件允许的地方，实现机器人作业。④

---

①　杨东：《"杭州地铁事故"成都不会重演》，《华西都市报》2008 年 11 月 17 日。

②　杨松林、王梦恕、张成平、师红云、张帆：《城市地铁安全施工第三方监测的研究与实施》，《中国安全科学学报》2004 年第 10 期，第 73—76 页；张成平、张顶立、王梦恕：《深圳地铁施工影响区环境安全与第三方监测》，《中国安全科学学报》2004 年第 5 期，第 47—50 页。

③　张广信：《基于网络的地铁施工视频监视系统的探讨》，《铁道标准设计》2008 年第 7 期，第 13—16 页。

④　侯艳娟、张顶立、李鹏飞：《北京地铁施工安全事故分析及防治对策》，《北京交通大学学报》2009 年第 3 期，第 52—59 页。

　　总之，地铁施工过程安全管理成为中国内地大中城市普遍遇到的课题。随着现代化与大都市的推进，民工潮的兴起，城市会容纳越来越多的流动人口和工薪人员，轨道交通服务供给尤其是地铁公共交通服务供给成为有效解决职工交通的首选乘坐工具。中国政府最近十年投入巨额投资用于新建轨道交通项目，提升我国城市公共交通服务供给能力，改善民生。然而由于轨道交通建设涉及复杂的施工技术，承包方追求利益的最大化而减少对工人的工作场所安全教育，有的政府部门追求利益寻租未能保障工人的合法权益，监管部门也未能有效执行安全监管标准，诸多原因导致地铁施工事故频发。因此，在未来十年，内地政府地铁施工过程安全管理面临巨大的任务和压力。重建地铁施工过程安全管理政策，提升施工部门的准入门槛，拥有独立性的监管部门在程序、技术、信息、行为和产品诸多标准上严格执法，加强工作场所安全监管，倾听职工的建议和倾诉，在政府规定违例项目、处罚水平、检查覆盖率等程序性检查加大安全监管政策的威慑，同时建构权责明确的制度环境，有效激励政府官员，有效执行问责制，确保地铁施工过程中职工的生命健康与人身安全，实现和谐与有序的施工。

第五节　浙江五水共治

　　浙江省委省政府响应群众路线率先在全国开展以治污水为核心的五类水治理公共工程，围绕浙江省八大水系群而展开为期七年（2014—2020）的攻坚战，不仅体现出省委省政府爱民、为民、护民与亲民的决心和勇气，更体现出省委省政府为提升产业升级转型而自觉的改善生态环境发展新思路，必将对全国的可持续性经济与社会发展提供普遍性知识，为中华民族后代子孙的生态家园建设提供新的模板。为了更好的扎实推进五水共治工程，切实的改善生态环境，这就需要我们树立正确的治水观，以科学、民主的方式稳健的逐步推进治水工程，建立严格的治水评估体系，还江河以澄明，还浙江以青山绿水，最终给老百姓一个干净、清澈与舒适的生态家园。

一、五水共治的政策执行观念逻辑

政策执行与议程设定、政策制定、政策评估组成现代意义上的公共政策流程，是将现代政策理论用于解决公共问题的重要一环，更是建设美好政府重要实现机制。而政策执行逻辑首先要求执政者在观念上进行变革，客观与全面分析公共政策执行所面对的主客观环境。

首先，让水流动起来。我们应该遵循水系治理的内在逻辑。水具有流动性。如果水不流动，水很容易腐烂，从而寄生大量的微生物。如果这片水域又有大量的动植物腐烂源，很容易引起瘟疫。因此，在治水的过程中，我们必须要让水流动起来，让流动的水有干净的水源，形成持续性水循环系统。毛主席说，流水不腐，说的就是这个意思。特别是，随着现代化建设的推进，工业垃圾与生活垃圾越来越多，而我们各级公共事务部门在垃圾处理的技术与财力上跟不上时代的要求，出现了此起彼伏的居民随手倾倒垃圾、企业偷排污水的事件，而监管部门疲于应付，慢慢就造成大规模的水域污染，而水域污染的累积性效应又加大了污水治理的难度，久而久之，形成空气污染，再加上人口密集所造成狭窄与局促，很有可能暴发传染病。比如，1849 年伦敦发生死亡 14000 人的瘟疫事件，罪魁祸首就是城区高度污染的泰晤士河滋生的大量细菌。在1832—1886 年的 55 年间，泰晤士河流域爆发了 4 次瘟疫，都是源于黑臭河水由于高度缺氧滋生的大量细菌。① 无独有偶，1878 年，劳丽丝公主号在泰晤士河的一个下水道口沉没，船上 640 位游客不幸遇难，后经调查证实，他们大多数并不是溺亡，而是亡于污染的毒水，可见他们是被污水毒死的。② 因此，治污水首要一步就是让水流动起来，形成如著名教育家朱熹所说的"为有源头活水来"，故而治污水之方应采用疏导的办法。大禹在浙江治水的最成功之处就是开发浙江的八大水系，让水顺着其流动性特质流动起来，汇入大江湖海。大禹摒弃其父亲采用堵的办法，就是注意到水具有前进的巨大动力，是不可以拦截的，只可以顺其势。正是由于大禹治水的杰出成就，最后大禹被大家推荐，做了天下的执政者，为民爱戴，几千年来一直受人敬仰。因此，在治污水的过程中，我们必须要让断头河与其他主干河水连接起来，打通断头河，清理河道垃圾，整理河床，挖出淤泥，再造新河道，形成河河相通，水水相连，让水流动起来，一直汇入海洋。这就是绍兴市治水成功的奥妙之处。③ 绍兴柯桥区通过抽取水源让水在城区的河流里自由地流淌，水质很快得到明显改善，鱼群增多，城市里的污染源明显减少，有效地净化城市的空气，改善柯桥区重污染的格局。

其次，让水干净起来。光让水流动起来还不够，我们还应该让每一条水系干净起来。即便每一条河流的水都自在地流动，可是，水里面重金属、有毒物质比例依然很高。尤其是随着污水监管力度的加大，犯罪分子铤而走险，利用监管技术的薄弱，偷排一些自来水检测部门难以检

---

① 梅雪芹：《英国环境史上沉重的一页：泰晤士河三文鱼的消失及其教训》，《南京大学学报》（哲学·人文科学·社会科学）2013 年第 6 期，第 25 页。
② 梅雪芹：《英国环境史上沉重的一页：泰晤士河三文鱼的消失及其教训》，《南京大学学报》（哲学·人文科学·社会科学）2013 年第 6 期，第 26 页。
③ 姜礼燔：《英国治理泰晤士河污染的基本经验》，《中国渔业经济研究》1999 年第 2 期，第 40 页。

测到的有毒物质，给老百姓的生活带来意想不到的伤害，这就是公共政策意义上常说的"看不见的伤害"。比如，1892 年，德国汉堡市区饮用水因受难以检测到的传染病菌污染而致使 7500 人死亡的悲剧性事件。因此，污水治理的根本应该是让每一条河流清澈与干净起来，不断改进污染源检测技术，让河水彻底变干净。水循环机制的运行将有毒物质排放到大海河流里，可是却造成大海、河流的二次污染。比如，19 世纪中期，泰晤士河周边缺乏净污设备，每天都会接受大约 250 吨的各类排泄物，导致大面积污染。① 长远看来，其实，水循环仅仅是转移污染，而不是现代意义上治理污染。因此，污水治理的观念变革最终秘诀在于采用现代化的技术净化处理污水，排放出来的水应该是无污染的。这一点，近年来山东青岛市政府与德国政府合作，采用现代化的污水处理设备，净化污水，实现污染水的再生利用，不仅保证自来水与灌溉水的大量水源，还节约了用水，成效卓著。为了让污水得到彻底的治理，我们不仅应该考察青岛污水治理的经验和教训，更应该走出国门，去欧美等具有现代化污水处理经验的国家考察、取经与学习，总结污水治理的普遍性经验和先进的污水处理再循环技术，实现污水不污、循环利用的终极目标。

最后，让治水民生工程持续下去，一百年不动摇。治理观念上，不仅要实现跨区域水系的联动治理，还需要实现治水、治垃圾、治霾与治堵的多维互动，让老百姓、民间团体与智力机构参与进来，形成公共治理政策执行网络合力，建构整体性与联动治理的新模式②，展现发

① 尹建龙：《从隔离排污看英国泰晤士河水污染治理的历程》，《贵州社会科学》2013 年第 10 期，第 133—137 页。

② 竺乾威：《从新公共管理到整体性治理》，《中国行政管理》2008 年第 10 期，第 54—55 页。

展型政府向服务型政府转型的新风貌。现在，浙江省的经济发展形势仍然很严峻，省委省政府的主要着力点仍然应该在经济和社会发展，把经济发展规模做大做强，夯实平安浙江建设，公共工程应该是在经济发展有余力的情况下量力而行。省委省政府应该以最少的财力办最实惠的民生工程，不应该也没必要为了治水而治水，甚至大规模投入，否则会陷入政绩工程的漩涡。治水不仅是一个长期耗时耗力的过程，至少需要 20 年，不可一蹴而就。浙江水污染至今有 30 多年的历史，日积月累，故而污水治理是一项长期过程，不可急功近利，更不可流于形式主义。因此，作为参与性较强的民生工程，应该广泛吸纳各种治污水的社会力量的参与。从现代意义上的治理概念而言，"治理"本身其实意味着广泛社会力量参与的公共性活动，而不是政府集权性行为。政府部门可以提供政策优惠和财力支持，甚至可以鼓励企业购买社会服务（由企业付费委托专业的治水公司处理污水），既可以促进新技术的开发、新公司的成立，还可以扩大就业，促进经济发展。[1] 治水工程不应该是短期的运动式治理，而应该是一项科学性的生态体系的自我修复工程，落脚点应该是广大社会力量。治水工程的绩效考评不是政府说了算，不是政府自说自话的单方面行为，主要要看老百姓的满意度。[2] 因此，在政策评估方面，提高民众满意度考评在治水战役中的分值。只有这样，我们的政府才是真正意义上的服务型政府，为民办实事，提供全面的公共服务，摆脱发展型政府、公司型政府负面形象，赢得民心，顺应民意。

---

① 〔英〕斯蒂芬·贝利：《公共部门经济学：理论、政策和实践》，左昌盛、常志宵等译校，北京：北京大学出版社，2006 年，第 364 页。

② 〔美〕罗纳德·J.奥克森：《治理地方公共经济》，万鹏飞译，北京：北京大学出版社，2005 年，第 26 页。

二、五水共治的政策执行行为逻辑

在决策者和执行者变革观念并获得社会广泛支持后，公共政策的有效执行来源于政府当局和社会力量的全面参与和联动，整体性联动治理为政策执行行为逻辑，决策执行的科学性与民主性是衡量政策执行过程透明性和责任性的重要指标。

首先，政府权威主导，全面推进五水共治战役，提升各级党委和政府现代化的治理能力，将惠民工程进行到底。在群众路线和国家治理体系现代化推进的时代主题下，五水共治是浙江省委省政府贯彻中央精神与做好惠民工程的最好着力点，既响应上级号召，又顺应民意，必将形成浙江发展与治理的双赢模式。目前，该省治水的方法主要是依靠政府部门雄厚的财力、人力和物力的方式大范围推进治水活动的展开，三年见效、五年改观、七年质变的渐进式治理路径，其财政投入之巨，范围之广，规划之细，亘古未有，闻所未闻。早在 2013 年年底，浙江省政府就制订 680 亿作为 2014 年治水预算用于五水共治各类项目。以杭州市为例，2014—2016，杭州市将投入近 200 亿元资金用于洪水、饮水与节水治理，建设 108 个水利工程，其中千岛湖配水工程 60 亿以替代钱塘江自来水饮用工程；投入 32.73 亿元用于污水治理，涉及全市农村河道的整治与灌溉渠改造。温州市委市政府则计划在 8 年的时间内投入 1140 亿用于五水共治工程，完成蓄水、清水、连水、亲水、活水、净水的六大治水目标，建设山青水秀的新温州，其魄力之大，令人振奋。通过治水工程的有效性，由此横向扩展，必将为以后的治霾、治堵、治垃圾等公共事务治理活动形成良好的治理机制，有助于便民与惠民等民生工程的继续展开。

其次，以科学治水观统领治水行为。在防洪水、抓节水、保供水方面，我们要建设多个中小型水库，通过水库的旱季与雨季的水量调节机制，达到既可以防洪又可以抗旱的双重效果。在防涝水方面，向欧洲发达城市学习，建设城市防涝大型专用管道，一劳永逸地解决市区洪涝灾害。在治污水方面，通过引进现代化的污水处理设备，自主研发先进的污水处理技术，放养污水净化植物，多层面多角度全方位的净化污水，实现零污水排放，以免造成江河湖海的二次污染。科学的治水观强调的就是用现代化科技与技术手段治理水污染，因此需要我们政府部门制定《水资源法》，设立专门的执法部门，加大法治治水的宣传和教育力度，从严治水，确保从源头来保证水循环的可持续性。更为重要的是，政府部门应该随着新情况、新形势成立专门的五水共治专业性机构"水务局"，一百年不动摇，不仅用于专业治水，还可以研发治水技术和设备，实现治水的可持续性和营利性。政府部门通过政策优惠，培育一批高科技治水企业，形成治水产业链，提高治水的技术化水平。社会的发展需要更加专门、职业化的治理机构，治水尤其如此。没有专门技术的职业化治理机构，再好的法律措施都会得不到执行，治理好的河流仍然会再度被污染，形成治理的短暂性与功利性。[1] 有专门的治水机构，有完备的水资源法，加上政府的配套支持，还有社会的自觉，形成治水的垂直运作机制，五水共治就会有一个科学与良好可持续性的运行平台。

最后，从政策保障上，加强治水、治垃圾、治霾与治堵的协作治理[2]，互动结合形成整体性治理，形成治理的 360 度无死角，再造公共事务治理的新流程[3]。新农村建设之后，虽然建立了通畅的水泥路和污水处

---

① 陈谭主编：《公共政策案例分析》，《岳阳污染事件与地方保护主义》，北京：社会科学文献出版社，2008 年，第 223—225 页。

② 〔美〕阿格拉诺夫、〔美〕麦圭尔：《协作性公共管理：地方政府新战略》，李玲玲、鄞益奋译，北京：北京大学出版社，2007 年，第 33 页。

③ 曾峻：《公共管理新论：体系、价值与工具》，北京：人民出版社，2008 年，第278 页。

理池，老百姓的生活越来越便利，可是日常生活垃圾由于收集成本巨大，再加上农村山高地僻，导致农村生活垃圾随处可见，多数堆放在河边，触目惊心，久而久之，随着刮风和下雨的化学反应，很有可能在农村地区形成河流与空气的二次污染，导致农村地区瘟疫的爆发。而城市的生活垃圾问题与日俱增，以杭州为例，杭州日产垃圾 8400 吨，而杭州天子岭垃圾填埋场每天均填埋 2761 吨垃圾，垃圾越堆越多，垃圾堆体已高达 70 多米，甚至到了垃圾围城的地步，故而规划使用寿命 24 年半的垃圾填埋场，而按照现在的垃圾产量，估计能再用 5 年，这就迫使杭州市委市政府必须新建新的垃圾填埋场或者采用其他方法，比如垃圾焚烧方法。同样，城市里富裕的民众都买上了汽车，不少还买上了废气排放量较大的越野车，出门就开车，车子甚至一度成为财富、成功和自信的资本，但是由于目前废气排放标准过低，废弃排放标准未能有效执行，废气排放监管与遏制执行难度较大，再加上工业废气的偷排，导致浙江省居民生活空气高度污染，雾霾成为悬挂在百姓头顶的利剑，雾霾的大面积存在已经引发全国性议题。治霾成为目前制约我国经济和社会发展一大迫不及待的棘手问题。人口的密集，便利的都市生活圈和消费网，高回报的工作平台，导致浙江省多数中等城市车满为患的困局，尤以早晚上下班高峰为最，作为省会城市与中国旅游名城的杭州最甚。这些问题都是现代化衍生出来的问题，颇令人头疼，必须依靠治理机制现代化重建来解决，必须通过政府提高自身的治理能力来解决。只有有效的破解上述顽症，现代化才具有现代性而服务于人民大众的日常生活，赢得民心，获得民护，巩固政权的长治久安。

三、五水共治的治理逻辑与制度创新

治理主体有了先进的治水观念，并在行为上表现出良好的行为逻辑，其间，可持续性治水制度的构建尤为关键。治水制度是一个不断完善的过程，既是对治水过程的全程指导与护航，更是对治水效果的制度保证。因此，吸收世界上先进国家具有普遍性的治水制度性安排，同时又结合浙江的省情，制订一套即兼顾省情又带有长远性的先进而又合理的治水制度，有助于治水机制长效运行。

首先，形成完善与改进现有的与水相关的公共生命安全危急应对机制，打造一支有现代化装备、战斗力强、作战经验丰富的水流域公共安全队伍，组建全新的浙江省公共安全管理局，与海啸、洪水、涝水作强力斗争。浙江省为了应对政府管理的需要，成立了反腐的专门机构和预防腐败管理局。可是民生工程也很重要。位于海边的沿海省份，每年受制于台风、洪水、干旱等自然灾害，各级地方政府的应急抢救队伍的危急缓解能力还是很差的。这是一个世界性难题。今年4月16日韩国的"岁月"号沉船事件，虽然由于船长和船员私自逃生导致拯救信息不对称，但是韩国的救援程序和救援能力差是主要原因，导致载有476人的"岁月"号客船300多人遇难。悲剧反思之余，韩国的水域安全管理存在重大问题，抢救船只明显不够，抢救工作人员对全船的人数不了解，乘客生命安全挽救制度得不到有效的执行，重大灾难缺乏强有力的领导。2013年10月份，余姚城区大面积被淹，全城停电一周，而当时的城市公共生命安全管理体系明显滞后与不足，引起社会诟病，堪比2008年9月美国新奥尔良飓风淹城事件，防不胜防。随后杭州城区涝灾更是令市民头疼。如果说天灾可怕，难以避免，但是，各级地方建设一支强大的公共生命安全队伍是很有必要的。为了避免天灾对人民群众生命的威胁，省政府和各级地方政府在财力许可的范围内，都应该配备安全性高能在恶劣天气工作的直升机，专业的打捞舰艇和冲锋舟，顽强与精干的打捞队伍，现代化的通讯设备。遇到重大水灾时，由一把手直接调度，能在第一时间赶到现场，危难之中显身手，体现党和政府超强的危机应对能力，振奋民心。水灾并不可怕，可怕的是水灾来临的时候导致的绝望与无助、地方政府的无能与懦弱。在践行群众路线与治水的过程中，打造一支国内一流水平的公共安全危急队伍体系是当务之急，可以提升政府公信力和执政权威，体现出人类与自然抗争的大无畏决心和勇气。战斗力强的水系公共安全管理机构的成立将标志着我省治水的新高度，是对人民生命权的高度尊重，更是平安浙江建设现代化、职业化与专业化的平安机制的新举措。

其次，创新制度性安排，确立法律的权威性，以法治水，依法养水，扩大水源，提升法治治水的执法效能，从制度建设上确保治水工程落到实处。在现有排放基础之上，改进企业的污水处理技术，提高污水排放的标准，增加污水排放费用，从源头上减少污水的排放量，降低企业的偷排次数，以严格的法律规章遏制污水的偷排。只有企业和市民自觉地履行自己的社会责任，敬畏法律的尊严，做到不排或少排污水，不断改进污水处理技术，河流就会越来越干净。因此，制定《水资源法》等系列法律①，建设一支有责任性、细心和执法严密的司法队伍，不断加大净化污水人人有责的法治文化宣传，人人自觉，从身边做起，维护水资源生态圈，建设干净与美丽的家园。而抓节水、防洪水方面，需要我们加大对森林绿化工程的投入和维护，提升法律意识，严禁随意砍伐树木。而且，由于浙江省尚处于治水工程的初级阶段，先期投入大，有的地方可能会出现监管不严、资金挪用与形象工程，甚至少数领导会出现贪污腐败的现象，这就更需要我们加强治水工程的资金管理制度建设，严防

---

① 美国为防止近海污染的加剧，制定《海洋保护法》，指定污染倾倒地点，参见《关于向美国沿海水域倾倒垃圾的研究》，陈谭主编：《公共政策案例分析》，北京：社会科学文献出版社，2008年，第379—389页。

贪污腐败等不良现象的产生。治水即治己。治水既是锻炼我党服务群众的好机会，也是增强党组织战斗力的好机会。

最后，建立科学治水的长效可持续性机制。西方国家，经历过 2 个多世纪的治水经验和教训，其间不断反复，导致反复性污染，有的地方甚至出现十年污染、百年治理的困局，令人深思。治水工程，利在当代、功在千秋，是为子孙后代谋福的惠民工程。治水工程虽然耗资巨大，但是，却是一项切实的取之于民、用之于民的民生工程。它应该是一场春风化雨式生态体系修复工程，不应该是暴风雨似的运动式治理。运动式治理的最大问题在于它像一阵风，治标不治本。

第五章　着眼未来：为夯实"万家灯火"的美好社会继续努力

C.沃尔夫（C.Wolf Jr.）是从政府与市场的关系角度来研究公共政策的本质的。沃尔夫因为政府介入引发的政府失败理论在西方学术界获得重视。[①]他充分认识了政策的外域即市场的缺陷而引发政策干预，但是，与其他学者不一样的地方是，沃尔夫也认识到政策的干预也有其自身的弱点。政策的本质与价值在于市场对政策的需求程度及其范围，总的来讲，他认为政策只是市场的调剂品与一味药而已，政策的干预范围和解救能力是有限度的。他重点从三个方面分析政策产品失败的原因。（1）政策产品的成本与收益分离，如铁路行业、电信等垄断行业公共政策执行主体丧失管理动力，因而需要民营化管理。（2）公共政策的主体总是倾向于获得更多的预算、更多的新技术、更多的控制信息，容易使自己成为僵化与腐败和追求享受的官僚机构，从而日益丧失其"为人民服务"的公共价值。（3）派生的外在性。因为决策者的盲目性与短期行为，很容易引发政策执行后的后续问题。这主要是因为公共服务的滞后性的原因。比如一些劣质的公共工程是需要很长的一段时间来检验的，而在此前的很长一段时间内是看不出政策的失效的。（4）既得利益群体分配不

---

① 参见〔美〕查尔斯·沃尔夫：《政府或市场：权衡两种不完善的选择》，北京：中国发展出版社，1994年。

公平，引发政府失灵，从而引发宏观政治问题。这就需要发挥 NGO 等公益团体活动来监督和监管政府部门行为。政府失败正如市场失败一样，引发了一系列的社会问题，但是，近来兴起的公益团体、公民监管、公共服务民营化等议题，说明第三团体成为政府、市场的重要补充作用。NGO 等公益和慈善团体的出现减少政策干预的官僚作风，在缓解交通、改善环境、治理生态等诸多方面正发挥越来越重要的作用。

第一节　全国上下不断提高政策过程的互动性

公共政策的两个基本价值，在林德布洛姆（C. E. Lindblom）看来，是科学性与民主性。[①] 而科学性主要是指政策的高效率与有效性，合乎科学的方法论，这里主要是借助各领域的专家学者的专门分析能力与深厚的知识积累，它反映的是政策自身规范与经验的关系。民主性主要是指公共政策要满足市民的各项要求，强调对民众需求的适应性和广泛亲身参与，也就是政治互动（political interaction），或者说政治上的相互作用，它反映的是政府与民众的协调关系。事实上，虽然科学家们制定出各项科学性的公共政策，但是，这些公共政策还需要进入政治议程进行讨论。而很多公共政策之所以被忽略，主要是因为政策方案本身的非科学性、政策价值的冲突及短时间的政策执行三个因素的制约。其实，在实际的公共政策分析过程中，强调民主互动的政治性占据主流地位，从

---

① 详细的分析参见〔美〕查尔斯·林德布洛姆：《政治与市场》，王逸舟译，上海：上海三联书店，1992 年；〔美〕查尔斯·林德布洛姆：《决策过程》，竺乾威、胡君芳译，上海：上海译文出版社，1988 年；C.Lindblom："The Science of Muddling Through"，*Public Administration Review*，19（1959），pp.78—88；C.Lindblom："Still Muddling，Not Yet Through"，*Public Administration Review*，Vol.40. No.6，1979，pp.517—526。

而政策过程压倒知识分析过程，控制、说服、交换、谈判等政治策略成为政治过程的行为方式，权力作用成为政策制定过程的主要手段。因此，在林氏看来，现代意义上公共政策的有效性取决于政治互动的深度、广度与民众参与的民主程度。公共政策也就是参与者互相妥协、互相讨论、互相争辩与互相调适的产物。在这样的过程中，民主的公共政策不仅要有效发挥公民投票、选举与舆论的政治互动方式，也要有效发挥政治竞争提供新颖政策方案的功能，更要发挥利益团体、官僚、议会等组织与政治角色的作用。因此，现代的公共政策是集科学性与民主性一身的双重产物，兼具知识与政治的双重价值。D. 斯通（D.A.Stone）则从政治过程来分析政策的目标。[1]其一，政策具有公平、效率、安全、自由等基础价值，但是每个价值的定义又完全不同，而且其中的四个价值又互相冲突，显然政策目标本身具有多元性。其二，政策问题的要素如象征、数字、原因、利益、决定等概念经常被解释与重组，并不一定是合理选择的结果，更多带有政治过程的色彩，这使得政策分析具有强烈的解释学精神。其三，政策问题的解决仍然需要通过诱因、规章、事实、权利与权力等因素。应该来说，斯通的基于经验的描述与分析有助于我们深入政策的理解。

第二节　全国上下不断增加公共政策的合理性

第一，政策的程序合理性。一位杰出的政策分析学者西蒙

---

[1] 详细的分析参见〔韩〕吴锡泓、金荣枰编著：《政策学的主要理论》，上海：复旦大学出版社，2005年，第47—54页。

（H.Simon）从程序合理性角度来定义公共政策的本质。① 在西蒙看来，公共政策的根本价值在于其程序合理性而非内容合理性。他的理论主要基于以下四个因素的考虑。（1）现代决策的特点表现为适当性与创新性，而非至善至美。（2）现代电脑技术与管理科学提供的外在环境与软件支持等属性决定政策的目标主要在于寻找满意的解决方案，而不可能获得最佳方案。（3）现代博弈论与不完全竞争理论都强调基于对方行为的假定，因此决策也取决于当时的作用对象，政策不可能由行为主体单方面控制和决定。（4）不确定性的动态环境因素也要求公共政策不是追求目标与价值最大化的。为此，一些韩国学者沿着西蒙的学术兴趣，又建构了程序合理性的四个条件。② 比如韩国学者金荣枰教授建构公共政策价值的四个层面：（1）批判的理性化、制度化。这种制度安排可以排除不适当方案，促进体制、团队的开放的学习与创新，形成程序批判的制度化和恒久性。（2）程序公开。它有利于科学政策论据的合理产生，适当方案的不断涌现，从而减少权威控制与政治贿赂，减少人治色彩与少数人控制公共政策谋利的企图。在此种情况下，公开讨论允许少数精英人物和积极分子参与。（3）公平性。给所有意见以同等考量，有利于多种公共政策出台，给决策参与者提供叙述自己主张的公开机会，提高了公共政策的确定性，有利于民主和平等。（4）程序的适当性，基于公认的有效程序。当然，上述四个条件要求的实际运用中，本着节约的政府作风与为民服务的宗旨。

　　第二，政策的内容合理性。 D. 帕里斯（D.C.Paris）与 J. 雷诺兹

---

① 详细的分析参见〔美〕赫伯特·西蒙：《管理行为》，北京：北京经济学院出版社，1988 年；〔美〕赫伯特·西蒙：《现代决策理论的基石》，北京：北京经济学院出版社，1989 年。

② 〔韩〕吴锡泓、金荣枰编著：《政策学的主要理论》，上海：复旦大学出版社，2005 年，第 13—15 页。

（J.F.Reynolds）在批判绝对客观主义（柏拉图主义）和相对主义（费拉本德［P.Feyerbend］，1974）形成合理主义新政策观。合理主义强调根据事实资料、同规范原理有逻辑上的联系以及说服力的根据三个元素来决策公共政策的方案。决策公共政策的三元素主要是指：（1）经验性根据：适合于资料。合理性理念更强调政策的实际应用价值，因而经验资料更重要。这样强调理念的多种多样。（2）基于逻辑关联性与说服力的规范性根据。逻辑关联性是指联系某种规范性的原理、价值、政策，以及行为之间逻辑关联时的关系，它可以解决价值冲突。而说服力（Cogency）是指一定的行为和政策可以提供充分理由的能力。它细分为三个部分。①有关原理说明某种行为与政策。②有关更高层次的原理或形而上学消除上述原理间的冲突。③有关这些原理适合于经验资料。① 在这些条件都具备的时候，方能说明政策有说服力。公共政策的合理性的第三个理念是综合经验的与规范的根据。因为现实的公共政策评判既取决于现实的生活世界，也需要理念的继续检验。公认的一个例子是堕胎政策。妇女主张自己有权力决定胎儿的生死，而宗教与道德主义者则反对堕胎。显然，胎儿什么时候具备人的形态等医学知识是重要的。如果胎儿有五个月了，是完全的人，那么显然妇女不能堕胎。合理性理念最后取决于政治互动。政治技术与政治决定会使政策争论与协商透明化、公开化与正当化。在一种文明的政治体制中，更多的公共政策会进入讨论并且会促进体制的学习与创新，政策决定者自由讨论，从而实现政治沟通的畅达。关于合理性的分析，波普尔（K. Popper）认为是需要对理论的不断改进、猜想与反驳，理论是需要时间慢慢成长的。而帕里斯等人强调核心理念有一定的持续时间，但外延的更靠近经验的原理会发生变化，只

---

① 〔韩〕吴锡泓、金荣枰编著：《政策学的主要理论》，上海：复旦大学出版社，2005年，第31—38页。

不过核心理念需要更长时间的流逝才会改变，这样，产生了新的政策分析范式。帕里斯的合理性理念一方面不类于渐进主义的分析思路，反而向劳丹的科学哲学靠近了。D. 博布罗（D.B.Bobrow）与 J. 德赖泽克（J.S.Dryzek）在分析相对主义与合理主义两大范式的基础上，提出了自己的政策设计科学分析方法。显然合理主义承认政策分析仍在发展中，尚未成熟，所以统一的理论和原则知识仍需不断地去探索。政策科学虽然很难提供公认与客观的知识，但我们还是要努力实现它。不妨称为"苦行僧式"研究。而相对主义显然滑入"逍遥派"，强调社会不同于自然界，政策分析应该允许不同的分析框架和方法论，我们选择任何政策都是可以的，这样的分析方法容易陷入混乱，难以获得好的政策。

基于以上分析，博布罗等人提出政策设计的三个核心因素：①价值设定，②分析现实，③选定分析方法。① 应该说这三个因素的分析过程中，博布罗等人显然兼顾规范与经验的分析，来使自己的分析更具正当性。在分析方法中，博布罗等人整合了政治哲学、福利经济学、公共选择、社会结构理论、信息处理方法等学术前沿的研究成果，提高了学术讨论的研究水平与辩证的知性层次。

政策价值研究与中国实际的契合，主要是学术研究的本土化问题。政策的价值研究主要解决的问题是"什么样的公共政策是好的""如何评判好的公共政策"以及"我们怎么样才能制定出好的公共政策"。因此，公共政策的价值研究是公共政策科学与政策分析学存在的前提与基础。公共政策的价值研究根本的在于她可以指出公共政策的正当性和实际的意义。从中国的实际情况来看，目前的主要困难在于政策制定过程中，经济的、效益的、区域性的物质性价值取向压倒全局性的、人性的价值

---

① 〔韩〕吴锡泓、金荣枰编著：《政策学的主要理论》，上海：复旦大学出版社，2005 年，第 39—46 页。

取向，过分突出可以看到的经济发展利益，从而未能实现与政治民主和
人格发展的有效整合。从公共政策的制定到执行，都存在着实效主义的
风格，没有真正体现公共政策为大众谋福利的最终价值，从而损害部分
大众的福利，助长利益集团和既得利益者的福利分配，没有体现大和谐
的国家政策精神。当然，这些问题的出现仍然是基于转型社会的暂时无
序与体制融合，需要时间和改革主体的主动调试。因此，面向大多数群
众的统合主义政策价值取向，尤其是弱势群体，是当前学术界和制度界
的重要使命。因此，和谐社会的政策价值取向的多元化和人文性，需要
的不仅仅是政府精英的自觉性和担当精神。①

---

① 深入的研究，参见〔美〕托马斯·R.戴伊：《理解公共政策》，北京：中国人民
大学出版社，2004 年；胡伟：《政府过程》，杭州：浙江人民出版社，1998 年。

附录：行政管理学经典论文选译

附录一　渐进调试的科学（林德布洛姆）①

　　假定一个行政官员负责针对通货膨胀制定政策。开始时，他可能会根据其重要程度列出所有相关的价值，比如说，完全就业，合理商业利润，保护小额存款，防止股票崩盘等等。接下来，在达到这些价值最大化的过程中，政策所有可能的后果会根据效果的多寡加以估价。当然，这种估价需要对社会成员拥有的价值观作大量的调查，也需要大量能计算一种价值在多大程度与另一种价值等同的估算方法。然后第二步，他会列出所有可能的替代政策。第三步，他会在大量的替代政策中作系统的比较以决定使价值最大化的那种政策。

　　在比较政策过程中，他会利用任何可以利用的从各种政策总结出来的理论。例如，针对通货膨胀，他会比较所有相关的价格理论。由于没有替代政策超出他的调查，一方面，他会考虑实行严格的中央控制以及取消所有价格和市场，另一方面，他会考虑取消自由市场完全赖以存在的所有公共管理。根据任何一般化的理论，他都会发现以上这样的经济

①　C.Lindblom："The Science of Muddling Through"，*Public Administration Review*，19（1959），pp.78—88.本文的翻译得到美国耶鲁大学林德布洛姆教授（C.Lindblom）的亲自授权和全程电子邮件指导，仅表敬意。限于水平差异，本文翻译还存在不少错误，还请方家指教。作为行政学的经典文献，本文的翻译，将有助于学术界公共政策科学的发展。

假设。

事实上，最后他会尽量选择能使他的各种价值最大化的选择。

一种替代性的处理会被定为首要目标，明显地抑或是无意识的想法，相对地达到控制价格水平的简单目标。这个目标可能包括或由完全就业这样的复杂目标构成。事实上，他会超越当前利益而舍弃另外的社会价值，他甚至暂时不会试图对他认为直接相关的这些价值归类。一旦受到压力，他会很快承认他忽略了许多相关价值和他的政策可能产生的众多后果。

第二阶段时，他会列出那些他碰到的相对很少的替代政策。他会比较它们。在比较他有限的替代政策时，它们大多数与过去的争论联系，通常他不会找到一种精确的理论能使他对这些政策的后果一一加以比较。与此不同，他会主要依赖过去小的政策步骤获得的经验来预测类似措施在未来产生的结果。

另外，他会找到一种以不同方式把目标和价值结合在一起的替代政策。例如，一项政策可能以失业风险为代价保持价格的稳定水平；另一种政策可能以较不稳定价格水平换来较少的失业风险。因此，在此方法的下一步，他会把价值选择与达到价值的手段选择结合在一起做出最后选择。他不会像第一种方法那样以一种近似的机械过程来选择。在此以前，这种方法已经对最令人满意的目标加以分类和划分等级。因为第二种方法的实行者只期望部分地达到他们的目标，他们期望无止境的重复以上所描述的次序。条件和抱负改变，预测的准确性也有改善。

一、根方法和枝方法

对于复杂的问题，两种方法的前一种当然不可能实行。尽管我们可以描述这样的方法，除了应用于相对简单的问题以外它不能实行，它甚至只能在一定程度上修改形式。这种方法只不过假定人们不拥有智力能力和信息资源，当可以分配给一个政策问题的时间和金钱有限时，制定政策的方法甚至更加荒谬，事实往往如此。事实上，对于公共行政官员特别重要的是，公共机构经常不会按指示有效实行第一种方法。这就是说，他们指定的职责和约束，可能是政治上和法律上的，限制了他们从可以想象到的无数替代中注意为数不多的价值和为数不多的替代政策。第二种方法就是这样被实行的。

　　然而，奇怪的是，决策制定、政策形成、计划编制和公共管理的著作使第一种而不是使第二种方法形式化，它们使处理复杂决定的公共管理者处在他们很少鼓吹的实践位置上。为了强调起见，我冒了些夸大的风险。显而易见，这些著作意识到人类能力的有限性和政策接近第二种形式的必然性。但是，理性的政策形成公式化的企图，明确安排在过程中所需的步骤，通常描述第一种方法而不是第二种方法。①

　　描述政策甚至是复杂问题形成的通常倾向遵循第一种方法。这种倾向以关注实践研究、统计决策理论、系统分析而得到巩固和成功的享受。以第一种方法为典型的这些方法有明确的目的、清晰的评估、广泛的高层次的总结描述，如果可能，还有价值的数学量化分析的特点。但是这些先进方法主要地在解决相对较小规模的问题上拥有准确的技巧。这些小规模问题的解决考虑到的变量总数目和价值问题是有限的。这些应用技术的"领头羊"兰德公司经济学分部的首领查尔斯·希克，这样写道："我从我在兰德公司或别的地方的经验中做出经验性总结：运筹学是解决一些低层次问题的次最优化艺术。由于我们按一种顺序企图做出每个层

---

① 詹姆斯·G.马克和赫伯特·西蒙都指出这样的特征。他们都作出重要的学术贡献，如近来西蒙所构建的一个更少个人英雄式的决策模型，参见《组织》（约翰·威利和赛斯，1958 年），第 137 页。

次的决策，因此困难增多，我们的特殊能力随之减少。这样的简单清晰的模型正在被运筹学者熟练运用。的确，这些模型能反映众多因素对乔治华盛顿大桥交通管制的影响。但是，通过任何这样和正在研究的模型呈现的相关现实的程度，比如说重大外交政策的做出，看来几乎微不足道。"①

因此，我在这篇论文中提出澄清第二种方法，使其公式化。这种方法在典籍中被大大忽视了。我把它描述为**有限连续方法**。我还会把它与可称为**理性—综合的**第一种方法加以对照比较。②在这篇文章中一般突出使用令人印象更深和简单明了的枝方法和根方法。前者不断地从当前位置逐步地、小幅度地建立起来；后者每次从基本原则的更新从头开始，这种方法只是把过去的经验在理论中具体化，它常常准备完全从头开始。

现在让我们用最简单的术语逐条列出这两种方法的特点。

理性——包容方法（根方法）

1a. 明确的价值和目标区别于替代政策的经验分析而且通常作为替代政策的先决条件。

2a. 因此政策形成通过手段和目的的分析方法完成。首先孤立出目的；然后找出达到目的的手段。

3a. "好"政策的检验是这种政策能被证实为实现可欲目标的最精确

---

① 《运筹学与国家性计划：一篇论文》，《运筹学研究》（1957）。希克的论文是从专门的一点对此问题的答复。他认为，运筹学虽然是一门面向低层次问题的科学，但使用范围广泛。运筹学被广泛使用的案例，参见C. W. 切曼、R. L. 艾克夫与E. L. 阿洛夫：《运筹学导论》（约翰·威利与赛斯，1957）；J. F. 麦克罗斯科与J. M. 孔平阁编，《运筹管理学》第二卷（约翰·霍普金斯，1956）。

② 我设想行政人员时常制定政策和在制定政策中作建议，并总是在决策和制定政策中整全的考虑。

的手段。

4a. 分析是包容性的；每一个相关的重要因素都要予以考虑。

5a. 通常要大量地依靠理论。

连续有限比较方法（枝方法）

1b. 价值、目标的选择和所需行动的经验分析并不与另外的价值、目标和经验分析相区别而是紧密的结合在一起。

2b. 由于手段和目的区别不明显，手段和目的分析经常是不准确的和有限的。

3b. 典型地好政策的检验是各种分析者发现他们直接同意一项政策（并不是他们的一致同意是达到一致价值的最准确手段）。

4b. 分析方法非常地有限：1）重要的可能结果被忽视；2）重要的潜在替代政策被忽视；3）重要的受影响的价值被忽略。

5b. 连续的比较大大降低或减少了对理论的依赖。

假定根方法是被人熟知和可以理解的，我们直接地比较它的替代方法以达到澄清它。在解释第二种方法时，我们将要表述许多行政官员事实上怎样解决复杂问题，对像蓝图和模型一样的最佳方法的第一种方法来说，事实上对复杂政策问题不起作用，行政官员被迫使用连续有限的比较方法。

复合估计和经验分析（1b）

理解连续有限比较方法怎样处理价值的最好途径是看根本方法如何常常在处理这些价值和目标时发生中断。在替代政策检验之前应当明确价值的念头是有吸引力的。但是当我们企图处理复杂的社会问题时会发生什么呢？第一个困难是在许多关键价值和目标上居民会不同意，国会议员会不同意，公共管理者会不同意。甚至在一项被行政官描述的相当具体的目标那里，次目标仍存在相当大的分歧空间。比如设想关于公共住房的选址存在像芝加哥的迈也森和巴非尔德当局描述的冲突，尽管有明确的目标提供相当数量的住房，争议仍然发生。与此相似，在高速公路的选址、行政机构的最低薪水、国家公园旅游设施的改进和昆虫控制的目标上也会发生冲突。

因为在多数问题上没有产生优先选择，故行政官员不能通过确定多数人的优先选择来避免这些冲突。确实，在一个问题没有得到选民充分关注的公共讨论时，常常没有优先选择。此外，还有一个感受的强度是否应当同这些人对每个替代政策优先选择一样来加以考虑的问题。由于不可能有另外的做法，行政官常常首先不明确价值便简化做出决策。

甚至当行政官按照他个人的价值作为标准来处理问题时，正如他们经常做的那样，他常常不知道当它们发生冲突时怎样对它们加以排序。例如，假定一个行政官必须对预定要摧毁的出租房的住户重新安排住处。一个目标是马上全部腾空这些建筑，一个是为搬迁的人寻找合适的住处；另一个是避免与大量外来人口移入不受欢迎的地区的冲突，另一种目标是，如果可能，通过说服安排相关人员等等。

一个人在这些部分冲突的价值中怎样陈述比较重要的甚至对他自己来说比较重要的价值？简单对它们排序是不够的。理想的是，他需要知道为其他某些价值牺牲多少此种价值是值得的。

典型地回答是，行政官们立即在——也必须选择——这些价值以不同方式相结合的政策中选择。他不能首先分清价值然后从政策中选择。

更细小的第三点掩盖了前两点。社会目标并不常常有同样的相对价值。一项在一种环境下被极为珍视的价值在另一种环境下就另当别论。例如，如果一个行政官，既高度重视他的部门顺利完成遣送任务，又高度重视与公众的良好关系，这种关系很少考虑他支持的抽象和具体的两种可能的冲突性价值。政策问题以类似的形式摆在行政官面前：假定行政官在处理和保持与公众良好关系方面已经取得了一定成绩或是没有取得成绩，是为了客户的欢心而牺牲一点速度，还是冒得罪客户的风险以便我们更好的完成工作？对于这样的问题，不同的情形有不同的回答。

价值问题，正像例中所示，常常是一个问题的边际调整。但是，除非在特定的政策中，并没有可行的办法表述边际目标和边际价值。一种价值在一种决策环境下优先于另一种价值并不意味着它只有在另外一种决策环境下牺牲另外一种价值才能获得。根据具体和抽象的术语排列、制定价值的企图以忽视相关细小的价值结束。因此，第三点意义深远。即使所有的行政官手头上有一系列一致同意的价值、目标和约束性因素，而且这些价值、目标和约束性因素有一个一致的次序，在实际选择环境下他们的边际性价值也不可能被明确表达。

因此，首先不能明确表达相关价值，其次也不能在政策中实现这个价值，行政官必须直接在可替代政策中选择。这些替代政策提供不同的边际价值组合。有一点自相矛盾的是，甚至对他本身来说，唯一可以揭示一种相关边际价值的可行方法是：描述一种他选择的可以实现它的政策。除非是大概和模糊描述，我知道不可能描述——甚至理解——例如在自由与安全、政府决策的速度与准确、或者低税收和好学校中什么是我的比较选择估价，而只能在具体政策选择中描述我的偏好。这些具体政策可能是在每组可替代的政策中做出的。

概括来说，实际上我们可以区别价值被安排的过程的两方面。第一方面很明显：评估和经验分析交织在一起，这就是说，一个人同一时间内在价值和政策中选择。详细一点讲就是，一个人同时选择达到既定目标的政策和这些既定目标本身。第二个方面是相关但不明显：行政官的注意力集中在边际和渐进的价值上。不管他是否有没有意识到，他找不到很有帮助的普遍政策规划。他事实上做出具体的边际和渐进比较。行政官面对 X 政策和 Y 政策两项政策，两项政策都允诺在同等程度上实现 a，b，c，d，e 的目标。但是 X 政策比 Y 政策多允诺点 f 给他，而 Y 政策比 X 政策多允诺点 g 给他。在这两项政策的选择中，实际上他面对以微小和增加地数量的 g 换来替代性的微小和增量地数量的 f。与他的选择唯一相关的价值是两种政策不同的这些增量，当他最后在这两种边际价值选择时，他通过在政策之间选择这样而这样做。①

至于，在政策选择之前明确目标的企图比边际评估和经验分析紧密结合的方法是多一些还是少一些合理性，这里有一个主要区别那就是：对于复杂问题第一种方法是不可能和毫不相关的；对于第二种方法是既可能也相关的。第二种方法是可能的，这是因为除了替代政策的不同价值以外行政官不需要分析任何价值；由于他们区别微小，除此之外它们不需要被关注。他需要的价值和目标的信息与根方法相比极大地得到了减少；他掌握价值、理解价值、把此价值与另一种价值相联系的能力在超越断点之后没有受到限制。

手段和目的之间的关系（2b）

通常地讲，决策形成按手段—目的的关系公式化。手段是根据目的被评估和筛选出来的。目的先于手段的选择而独立的不可变更的挑选出来。这是根方法手段—目的的关系。但是正如上文所述，这种手段—目的方法只有价值在一定程度上形成共识、可以调和、和边际上稳定时才是可能的。因此，这种方法没有枝方法手段和目的同时选择的鲜明特点。

然而，任何根方法手段—目的关系的背离会惹恼某些读者，他们认为这种背离是不能想象的。因为在他看来只有在这种关系中才能决定一

---

① 当然，争论的界限，在于是市场选择理论（特别是消费者选择理论），还是公共政策选择理论。

项政策是否比另一项政策更好还是更坏。如果一个行政官没有评价决定的预先价值和目标，那他怎么能知道他所做的决定是好还是坏？对于这个问题的回答提出了根方法和枝方法的第三个明显区别：怎样制定最好的政策？

"好"政策的检验（3b）

在根方法中，如果一个决策被证实取得某些具体的目标，那么这个决策就是"正确的""好的""理性的"。在没有对这个政策简单描述的情况下目标被具体化。在目标只通过边际和渐进的方法达到上述的价值那里，有时才有可能检验一项政策是否实际上取得了预期目标。

但是一个目标的精确阐述采取被选政策描述和一些替代它的形式。要证实一项政策是错误的，一个人不能提出一个达到重要目标的抽象论据；取而代之的是，他要指出另一项政策更可取。

因为许多行政官会马上同意政策正确性的有效讨论确实采取与早已选择的政策相对照而做出，这样一来，着眼问题解决的对传统方法的背离不是棘手的。但是，在抽象的和边际意义上行政官员的价值和目标不能取得一致，情况将会是怎样？根方法不能检验。目标不能达成一致，也没有"正确"的标准。对于连续有限比较方法，政策一致本身就是检验。当价值不能达成一致时，这种检验仍是可能的。

有消息说，国会中关于希求扩大受保障年龄的持久一致产生于自由派希望加强联邦政府福利计划和保守派想要减少工会对私人养老金计划的需求。如果真是如此，这便是个不同意识形态个人和解对具体政策能形成一致的绝好示范。劳工调节者报道了相似的现象：抗议者不能在解决他们争议的标准上取得一致但能在具体提议上达成一致。与之相似，当一个行政官的目标证明是其他人的手段，他们也会对政策达成一致。

这样政策的一致同意成为检验政策准确性唯一可行的标准。对一个要争取其他人对目的的同意的行政官来说也会一事无成，并且会造成不必要的争论。

如果一旦作为检验"最好"政策的一致同意看来是对照目标检验政策的糟糕替代物，它应当被人们记住：除了它们已经形成的一致以外，目标本身没有无限的正确性。因此，在以上两种方法中，一致同意检验"最好"的政策。但是在根方法中需要对争取实现的目标以及包含在决策中的因素均达成一致；枝方法求助于一致达成的任何角落。

因此，更加重要的意义是，当在不能具体指出一项政策有何益处时，一个行政官为此项政策辩护是不明智的。

非完整性分析（4b）

从理论上说，完整的理性分析不遗漏任何重要的东西。但是把所有重要的东西都考虑进去也是不可能的，除非"重要性"被限定在狭隘的范围之内，以至在实际上这种分析是极有限的。人类在知识上的限度以及在可用信息的限度决定了人类能力在完整性上的限度。因此在实际事情中，没有人能对真正复杂的问题采用完整的理性方法，而每一位面对十分复杂问题的行政官员必须找到能使这些问题大为简化的方法。

一位协助制定农业经济政策的行政官员，不能在某一个地方对所有可能的政策都能胜任，他甚至对其中仅仅某一项政策也都不能完全了解。在计划一个联邦耕地补助的项目中，他不能成功地预测出较高或较低的农场收入对比有可能造成的家庭纽带的松弛，可能引起修订社会保障制度的需要，以及由于联邦对社会保障的新责任和市政当局对城市设施的责任所产生的进一步的税务问题。从另一种相互影响的观点来看，他也不能通过休耕地补助制项目对国外市场的农产品价格，以及随之而来的外交关系问题，包括由于经济竞争所引起的美苏之间的外交关系问题，包括由于经济竞争所引起的美苏之间的外交关系问题发生影响。

在连续有限的比较方法中，简化工作是通过两种主要方法系统地实现的。第一种是在政策比较上限制那些与现行政策差异程度较小的政策来得到简化。这样的限制立即减少了要调查研究的性质。因为不必要对一个备择政策及其后果进行基本的调查，而只有必要去研究所建议的备择政策及其后果中不同于现状的那些方面。只是在边际角度上有所不同的备择政策中，边际差异的经验比较当然是同上面讨论过的价值的增量比较或边际比较相对应的东西。①

相关性和实在论

人们有一种共同的看法，在西方民主中，公共行政官员和政策分析家通常把他们的分析极大地限制在政策的渐进性或边际性的差异上，而选择这些政策仅仅是从渐进的角度相互区别。但他们这样做不仅是这因为极需要某个方法能对他们的问题简化，他们这样做也是为了使自己切合实际一些。民主国家在改变其政策时几乎都是采用渐进的调整来实现。政策没有跳跃式的变化。

美国政治改变的增量特点常被人议论。两大政党在基本原则上意见是一致的；它们只是在相对微小的差别上向选民提供一些可供选择的政策。两个政党都赞成充分就业，但对充分就业的定义有某些差别；两个政党都赞成开发水利资源，但在方法上稍有不同；两党都赞成失业救济，但失业救济金发放的数量多少是不一致的。同样，党内政策的改变也大多是通过一系列较小的变化完成的，这可以从他们只是逐渐接受政府有责任资助失业者的思想这一事实中看到。政党这一立场的改变始于30年代早期，而在1946年的《就业法案》中达到某种顶点。

---

① 增值政策更明确的定义和关于对一个观察者来说是"微小的变化，而对另一个观察者可能会有不同看法"的讨论，可参见本人所写的《政策分析》一文，载《美国经济评论》，第48卷（1958年6月），第298页。

政党的这种行为又根植于公众的态度，在美国，如果缺乏对潜在分裂性问题的根本一致，并把政治辩论必然限制于较小的政策分歧，政治理论家不能想象民主能生存下去。

因为行政官员所不理会的政策在政治上不可行和如此不恰当，从集中注意只是增量不同的政策得到的分析简化并不是一种任意的简化。另外，人们可以论证说，在给定的决策者有限的知识限度下，把注意力集中限制于现行政策的小变动而进行简化可以最多地利用现有知识。因为正在考虑中的政策相似于现实的政策又相似于过去的政策，所以行政官员可以得到信息并能声称有某种洞察力。因此那些非增量性的政策建议一般地不只是政治上不恰当，而且有无法预言的结果。

简化分析的第二种方法是那种既不顾被忽视的结果所具有的价值，又不顾各种可能结果的做法。如果这似乎是揭示了连续比较的极大缺陷，那么可以这样回答，即使偶然有例外，然而却可以较为明智地制定出种种政策，而不是徒劳地企图获得人力以外的完整性。可是，这些例外情况从某种观点来看，似乎是武断或偶然的，但实际上是不属于其中任何一种情况的。

获得一定程度的完整性

假设每个被制订政策机构忽视的价值至少是另一个机构所主要关注的，在这种情况下，有一部分有益的工作将会完成，并且没有机构需要找一些超出它能力范围的工作去干。这一系统的缺点将是一个机构可能毁掉一个价值因素，或是在另一个机构能进行活动去保卫它之前，或者是另一个机构在努力保卫它，也同样加以破坏。但是，在任何一个组织形式中，都存在着失去重要价值因素的可能性，尽管在那里许多部门在制订计划时都企图理解比人类可能更多的东西。

在这种假设条件下的劳动分工，其优点是每种重要的利益或价值都具有自己的监管人。这些监管人能以两个极不相同的方法在它们的权限内保持这些利益：第一，纠正另一机构造成的损害，第二，在损害发生前加以预测和防止。

像在美国那样的社会，个人可以自由地结合起来，去追求他们可以得到的几乎所有可能的共同利益，政策机构对这些集团的压力是敏感的，这种社会与所述系统是接近的，几乎每种利益都有自己的监管人。用不着声称每一种利益都有足够强大的监管人，但却可以坚信，我们的制度经常能够对全社会的价值标准给予更加广泛的注意，其范围要比对知识界的任何一种注意的计划宽广得多。例如，在美国，没有哪一级政府试图对收入分配政策有综合性的一般看法。然而，一项政策产生于对各种广泛利益的反应。收入的分配过程是在农业团体、工会组织、市政当局、学校委员会、税务部门以及负责住房、卫生、公路、国家公园、消防、警察的政府机构之中相互调整达到的。在这种调整过程中，一种决策过程中忽视的特定收入问题在另一项决策中成为中心。

相互调整形式比外在的团体间协商形式更深入。甚至在不能沟通的地方，它通过组织间的彼此相互影响持续达到。尽管在这种无处不在的相互协调过程中有不完善和潜在的危险，它常常会比那种以一个团体为中心的方法在纷繁复杂的众多利益中达到更多的适应性。

还有一点注意，渐进的政策制定模式怎样适应多重的压力模式。因为当决策只是渐进——与已知政策密切相关时，对一个组织来说，它比较容易预想其他组织采取类似行动，它也比较容易对已经形成的损害加以修正。①

甚至用轻蔑的术语所说的党派偏见和小气，有时也会成为理性决策

———————————

① 连续有效比较与利益间的渐进调适互动使得多元主义有可能性，即便在高度碎片化的政治与行政体质内。

制定有用的东西。因为它能双重保证什么是一个机构忽视的，另一个机构不忽视的；他们专门研究区分人员的不同观点。如果可能完全达到，主张联邦管理部门的有效理性协调获得一致的价值目标——如果合理被界定为根决策方法的使用的话，这种协调就是正当的。但是高度的行政协调出现在我上面已经描述的零碎决策过程中。在这种过程中，每个机构要考虑到其他机构会调整其决策。

尽管渐进政策的替代方法伴随零碎方式任意排除了它的明显不足，当对照根方法时，它常常更有优势。在根方法中，因素的必然排除是偶然的、非系统的、根据目前已经形成的证据是不可辩护的。然而，在枝方法中，这种排除是深思熟虑的、系统的、可辩护的。当然完美的根方法不排除这些因素，实践中它必须排除。

枝方法也不需要忽视长期的考虑事项和目标。在酝酿政策时，重要的价值必须忽视，有时，只有通过忽视短期关注事项以给长期目标足够的注意。但是舍弃的既可以是长期价值，也可以是短期价值。

连续比较（5b）

枝方法最后一个明显要素是伴随着政策选择按时间顺序进行的对照。政策不是一劳永逸的制定的，它是无止境的制定和再制定的。政策制定是一个连续接近某些既定目标的过程，在这个过程中所要达到的目标本身通过再考虑不断变化。

决策制定最多是一个非常粗略的过程。不管是社会科学家、政治学家，还是公共行政官员都没有足够的知识在预测政策行动的后果时避免重复的错误。因此，一个明智的政策制定者期望他的政策只是部分的实现他的希望，与此同时，他的政策会产生他本来想要避免而又意想不到的后果。如果他通过连续渐进的变化方式进行决策，他就通过几种方式避免了持久严重的错误。

　　首先最重要的是，政策措施的过去次序已经给予他采取进一步类似措施可能后果的知识。第二，他不必试图朝他的目标来个巨大飞跃，此目标本来需要超出他自己或别人知识的预测。因为，他从来不期望他的政策是一个问题的最终决定。他的决策只是一个步骤，一旦这一步取得成功，很快会跟上另一步骤。第三，他可以有效的在他下一步之前检验他以前的步骤。最后，他常常相当快地矫正他过去的错误——比通过巨大时间间隔形成更清晰步骤的政策更迅速。

　　对比这种运用比较分析的渐进变化方法，根方法渴望运用理论。人们不能想象没有分类，没有包含在更通用经验分类下一种经验。试图尽最大可能推进归类和找到可以应用于特定情形的一般建议，这就是我所指的理论这个词的意思。根方法对理论的严重依赖是把相关理论集中起来瞄准一个特定问题最有体系和最简便的方法。假设是这样的，不幸的事实是我们并没有精确的理论应用于任何政策领域的问题，尽管在某些领域——例如货币政策——理论比较准确。根方法中所应用的比较分析法有时是理论方法的系统化替代方法。

　　设想一个行政官必须在彼此和与现有政策区别都微小的一组政策中做出选择。他可能渴望弄明白每一种替代政策——例如，面面俱到的知道每种政策的所有后果。如果真是那样，他确实需要理论。然而事实上，他常常会像上文所阐释的那样以决策为目的做出决定。他只需要知道相互区别政策的哪些方面所产生的种种后果。对于这种更为适度的渴望，行政官不需要理论（尽管如果有此种理论，它可能有帮助），因为他能通过检验过去不同政策的不同后果筛选出可能的不同点，又因为他能从长期渐进变化的次序中获得观察，这样他便能形成一项可行性的政策。

　　例如，如果没有一项比学者们已经制造出的关于青少年不良行为的理论更综合的社会理论，人们可能没法理解各种各样的公共政策——比如关于教育、住房、维持治安的政策——可能会助长和限制不良行为。如果采取根方法模式中提供的对问题的全盘性综合考察，一个人就需要这样的理解。可是，如果一个人只是想运用足够知识以支持在小组相似的政策中做出选择——例如青少年法院审判程序的替代政策——他可以通过比较分析过去相似政策行动的结果做出选择。

二、理论者和实践者

至少是在一些情形中，这些区别说明为什么政府官员有时觉得局外专家和解决问题的学者对他并无帮助而又反过来为什么常常渴望这些专家和学者给他更多的理论支持。它也能解释为什么一个政府官员常常在如随飞机减速至一起离地时感到更加自信。这种自信比依照理论家的指示行动来得更强烈。理论家常常要求行政官员按他的问题解决办法行事，实际上他是在要求行政官员依照充满科学方法的经典著作行事。这时行政官员才知道可以利用的理论远比适度渐进比较方法产生更少作用。理论家意识不到实际上行政官员常常实践一个体系的方法。把这种解释深入是不明智的，因为实践的决策者既不寻找一种理论的方法，不寻找渐进比较，也不寻找其他的体系方法。

值得强调的是，至少在以下两种原因下理论在政策制定时的帮助常常是极端有限的。理论渴求事实；它只能通过大量的调查被建立起来。它一个突出的特点是，在行动变化微小时，它的准确性不足。与之相反，比较方法不但有效的利用事实而且指导分析者只注意那些政策制定者面临的最好决策的相关事实。

对于理论的准确性，经济理论是一个例子。经济理论预测没有货币或价格的经济必定会在某些方面对资源分配不均，但是这些成果非常适用于行政官员需要帮助的从此类政策中找出替代政策。另一方面，理论在预测限制公司兼并政策的后果时不够准确，在这样的问题上行政官员需要帮助。只有在相对较小的领域中经济理论在解决政策问题时获得足够的准确性；它在政策制定时的作用常常是非常有限的，它需要通过比较分析加以补充。

三、作为系统的连续比较

那么，连续有限比较方法确实是一种体系或方法；它不是哪个行政官员需要辩白的一种失败的方法。尽管如此，它还有许多在论文中不曾提到的不足。例如，这种方法并没有针对所有相关价值的固定安全措施，它还可以引导决策者忽视极好的政策，只是因为导致当前政策的一连串连续政策步骤没有被建议。因此，应当这样说，这种方法同根方法下最复杂的众多变量一样，例如运筹学，政策会被不断认为同那些所谓的明智方法一样愚蠢，并无二致。

那为什么我不厌其烦地在前文中描述这种方法的细节呢？因为实际上这种方法是政策形成的通常方法；对于复杂问题，同需要其他政策分析家一样，政策的形成对行政官员的依赖是首要的。① 因为在许多情况下它比其他可以利用的决策方法更出色，当然，它比超人综合的无用企图更出色。毫无疑问，行政官员对方法的说明反应与其说是发现一种新

---

① 在别的地方，我也探索过同类方法，它在政策规划中被政策分析家实践过。参见《政策分析》，《美国经济评论》1958 年第 7 期。在文中，此类方法虽为公共行政人员所用，但即便对于那些过度使用理论的理性决策者，即便他们总是凸显政策分析家的能力，对政策分析家解决实际问题还是更有价值。同样，此类方法不可避免诉诸个人式的问题解决，那样工具与目的难以分离，那里志气和目标持续成长，即便要求及时解决呈现的复杂问题也很快会简化。对于习惯于面对市场过程中边际和渐进概念的经济家来说，核心的是评价和分析过程都应该是渐进的。在别的地方，我称之为"竭力对付的方法"。

方法不如说对一种旧方法的更好认识。但是随着对这种方法更加无意识的运用，在拓展和限制它的运用时，行政官员以更多的技巧和知识实践它。行政官员们有时有效的运用它，有时不会指望"渐进调试"的方法解释极端意见，这种方法不但在解决复杂形式问题时得到盛赞，也被诋毁为根本不是方法。因为我猜想在这种被称作"渐进调试"的方法是一个体系。

对方法归类附带的一个显著结果是它引起行政官对方法的猜疑。事实上当所有普通客观事实证明咨询者或顾问不是中肯和负责的讲话时，有时行政官也接受他的建议。麻烦存在这样的事实中：我们大多数人在结构内处理政策问题。这个结构由我们接近于现状的一系列连续政策选择给定。例如，一个行政官针对控制市内交通考虑适当政策，他的考虑受他实施到今天逐渐增多的知识的强烈影响。一个行政官拥有"外行"不拥有的过去次序的第一手知识，因此，他的思考与"外行"的思考会有让他们彼此迷惑不解的不同。他们看起来都竭力想说服对方，然而，每一个人会发现对方不令自己满意。比如，当一个美国人与一个瑞士人想要讨论反托拉斯政策时，一系列连续政策的相关性就更明显了。由于两个国家的一系列政策明显不同，因此这两个政府官员以非常不同的方式安排他们的知识。

在这种现象中，有一个交流的障碍。理解了它就产生了政策制定时知识分子的广泛交流。一旦分歧的来源得到理解，行政官员有时也会被激励去寻找一个其现在经验与他本人政策链不同的政策分析专家。

这又提出了在上文简单讨论过的行政官员中具有相似价值取向的价值。尽管大多数组织理论认为共同价值和一致组织目标有优势，由于复杂问题根方法不适用，政府机构会希望他们的人员中有两种人：一种是行政官的思考是参考一系列政策组织起来的而不是与组织其他大多数成员相似的思考；更普遍的是，职业或个人价值或利益的不同的行政官产生不同观点（可能来源于不同的专业、社会阶层、地缘区域）。因此，甚至在一个单独的机构，政策制定是可被分割的；机构的某些部门可以充当其他另一些部门的监督者。

附录二　政治权力与行政的分权化（赫伯特·考夫曼）①

今天看来可能很奇怪，官僚主义者在 30 年代被很多人尊称为为了更好的社会秩序而奋斗的英雄。1945 年的末期，保罗·享森·阿普尔比，一位杰出的新政的政府官员，对现状极为不满而写了一本名为"比尔式的官僚主义者"② 的书，之后，大量的专业性的、学术性的公共行政的著作有了自信的、赞同的和一致的文风。

到了 50 年代中期，那些以前赞同和保卫过官僚主义者的人已经能够察觉到学说与实践的潜在冲突。对政府设计的范式和价值的一项重要的转变看上去快要发生。

在我们的历史上这类转变已经不是第一次了。相反，我们政府机器的管理史是由一系列这种转变所组成的，而每一种转变都是对三种价值中的某一项的强调所带来的：代表性，政治上的中立能力，行政的领导能力。③ 在过去政府设计的范式中，上述价值的任何一项都没有被忽视，

①〔美〕赫伯特·考夫曼（Hervert Kaufman）：《政治权力与行政的分权化》，《公共行政学评论》第 29 期，1969 年 1—2 月版，第 3—15 页。
②〔美〕保罗·享森·阿普尔比：《大民主》，纽约：阿菲勒德·A.卡普若夫，1946年，实际上，这个献辞是"献给约翰式的公民和比尔似的官僚"。
③〔美〕赫伯特·考夫曼：《公共行政范式中出现的冲突》，《美国政治科学评论》第 50 卷，第 4 期（1956 年第 2 期），第 1073 页。

只不过在不同时期某一项价值比其他价值更为重要罢了。

比如，早期殖民地时代各级层次上的政治制度可以被解释为对行政集权占主导地位的反映。后来，一种极端的替代方法是代表性的政治机制，从而使革命后时代有一段时间，立法机关和选举产生的官员享有较大权力，而行政执行者在大多数权限领域却享受相对较少的权力。然而，到19世纪中期，立法性机构的过分集权、漫长的投票过程和体制腐败，产生了对当时政治制度的广泛的觉醒，通过采纳建立独立的部门、职责，和引进功绩制试图打破党派政治的影响的方法，使行政从政治中独立出来。但是，政府的这种框架不仅降低了效率还降低了代表性，结果全体一致的探索导致行政长官由选举产生这样一种方法的流行，20世纪也是以行政官员权力的迅速膨胀为标志的。

这并不是说价值的追求是绝对的，也不是说在一个给定的时期全体一致赞同应该强调某一种价值。相反，不同层次的民众在任何给定时期中对运作中的政府机器带来的弊端感受都不一样，导致被鼓动起来参与结构的改变，提高地位，增加他们在体系中的影响等等。正是某些群体的不满意为新的组织形式的革新提供了动力支持。一些团体觉得愤慨是因为他们认为自己的代表性不够；即使是对政策形成有影响，一些团体还是觉得很沮丧，因为政治决策看上去被公共官僚当局的政治偏见或者是有限的技术而影响了；一些团体觉得很失败是因为他们觉得缺少把拥有庞大分枝的政府融和为一个能够解决事情的一体化的团队的领导能力。到了一定时期，足够数量的人（不一定是占有优势的多数）将会被这些不满意中的一个或另一个所劝说而支持补救性行为——比如增加代表性，更好的、更为政治性的中立的官僚当局，更为优秀的行政官员。但是对一个方案过长时间的强调只会加速其他的不满意的出现直到新的补救方案赢得足够支持并投入生效，因而没有一个完全稳定的、长久的解决方案曾经被发明过。所以，重点上的经常转变将持续下去。

不论追求的某一种价值在一定时期多么的有活力，其他两项价值从未被埋没。无论对某项价值的要求多么重要，最极端的提倡方案也没有完全的实现过。即使是经过一个世纪对中立能力和行政领导能力的努力，党派性影响还是拥有强大的影响力，政府中各级层次上行政性制度仍然明显是不完整的。即使是经过对"政治""政客""专门利益集团"近一个世纪的毁誉，代表们在美国政府中仍然具有一股强大的影响力。

虽然经过一个世纪的官僚队伍和领导者的行政能力的专业化建设，但是符合新时期条件下的经济、社会和政治发展要求的代表制模式的建设并未获得足够重视。部分由于这个原因，部分由于社会生活中大型规模组织的萌芽，产生了公民的无助感，近年来很多人产生了一种比较强烈的疏远情绪，一种不能将自己的偏好有效地反映到政府组织决策中去的情绪。这些人已经开始重新强调三种价值平衡的重要性，开始专门注意代表制的缺陷。

一、目前的不满意

美国人不想重新安排代表制。超过50万的公共官员仍然由选举产生。[①] 立法机关和议员仍然享有巨大的权力，仍然会恪尽职守的运用权力。政党仍然是强大的，随时密切关注选民的要求。数量庞大的利益集团仍将会通过这样或那样的渠道表达其利益要求。大众传媒仍像看门狗一样密切注视着政府的一举一动。行政管理部门将代议制程序纳入决策过程，包括兼有准立法和准司法功能的听政委员会、代议制或两党联立

---

① 美国联邦统计局：《1967年政府统计》，第6卷，《中央和地方政府的普选官员》，第1页。

的行政管理部、建议委员会体系。①那么，为什么还会有对这些制度安排不满意的？

一般来讲，由于实质性的部分民众（虽然是少数）显然的认为政治、经济和社会制度没有给他们平等、甚至是最低限度的平等去分享体系的收益和利益，因为他们认为他们不能从自己建构的政治体系的收益中获得一份合理的报酬。这些人不会被这样的信誓旦旦之词所蒙骗：体系的特性不仅阻挡了他们也阻挡了自私和极端主义式的利益分子；对他们来讲，只有有权有势的人才能引起注意，而且有权有势的人通过这些制度性安排拒绝去帮助无权无势的民众。因而，正是体系本身而不是那些滥用职权的恶人是令人怀疑的。

至少来说，以下体系的三个特性严重影响了被剥夺者。

首先，现存的代表性组织是有能力将仅仅是一般性的要求传递到行政性代理机构的，正是较低级的官员和雇员的夜以继日的决策和行为，市民获得公共政策的印象。在计划的承诺（像民众认为是公共服务）和效果之间总是会有一些整体性差异——有时是因为民众的期望值过高和不切实际的影响，有时是因为计划的执行被现实中不可预见的困难所阻挠，有时是因为官员本身因为习惯和胆怯的因素，他们太受限制而以一种最谦逊的方法行事以至于不能改变传统的行为方式。②

其次，政治体系的多元天性为投票者提供了足够的反对机会。每一个被采纳的革新方案必须绕过全部的障碍，经过一系列的妥协和折衷。

---

① 〔美〕埃维里·雷塞森：《行政性管理：一项对利益集团的代表性的研究》，芝加哥：芝加哥大学出版社，1942年。

② 比如，对职业化官僚制的批评，对应变管理决策的公共参与的要求，参见〔美〕查尔斯·A.雷克：《官僚制与丛林》，森达·巴巴拉，卡立福：民主制度研究中心，1962年。

因而，改革通常姗姗来迟，而且是零碎的、渐进的和小范围的。那些为一些特殊问题而要求采取紧急的、快速的行动的人总是谴责这种具有"呆滞性的"特征的体系。

最后，我们社会中的组织规模如此之大以至于只有巨型组织才有可能发挥显著的影响力。巨大的、非人格化的管理机器对人类独有天性的冷漠，就这个印象本身而言，已经足够使个体感到无助。另外，无论如何，一些利益团体——比如黑人群体和年轻人群体——近来已经开始发展动员政治资源的组织能力，结果发现要费大量时间去建立进入政治结构的通道。不是坐等进入政治结构的许可——顺便提及，在那儿，他们很可能遭遇到更大的、更有组织经验的和建立良好的组织的反对，这些组织是要继续去维护陈旧的制度，而为了获得更大的、甚至是独占性影响，他们要采纳嘲笑旧制度、追求建立新制度的战略。

因此，大量的传统的代表制模式不再有效了，而现存的方法并没有能够完全的采纳他们的要求。就像在过去的几个世纪里政府的设计主要以专业性和领导能力为目标，那么是时候从上述的目标中解放出来赋予代表性更为重要的角色了。

二、更具代表性的行政机构

我们这一代要把对代表性的要求投向行政机构。由于行政机构的规模奇迹般地扩大，四五十年代其功能和权威也令人难于自信的增长了。最高行政长官们、立法机构和司法机构更多的制订辅助性的决策，而行政机构却以隐蔽的方法制订不计其数地影响公民个体的更为重要的决策。对行政机构来讲，存在着产生动荡与不安大量的潜在因素，因而，各种各样的补救方案不可避免地产生了。

一种使行政机构更具代表性的建议具有传统的特征：使利益集团的

代言人在行政机构内发挥战略的影响。经常的，这种方法仅仅是行政机构为获取自信通过任命的方式填补现有部门和委员会的空缺，人员甚至可能是由利益集团来挑选的。① 带有争议性的警察评议委员会的例子中，行政机构内部引进新的体系，由德高望重的少数人或他们的朋友组成的团体来调查和抑制官僚机构的行为。从结构上说，这类方法不需要现存组织的剧烈变革，他们的目标很可能会由更高组织化水平的上级部门的人事变化而完成。

更为自相矛盾的、却很容易令人接受的：处于权力中心的政府申诉部，被赋予合法的调查权，负责调查公众对行政机构的抱怨、校正不公平对待和权力的滥用——这些人就是"监察专员"。② 在过去，正是通过合适的立法体系的代表和地方一级的政党组织，地位和资源不适的民众获得委屈的申诉和补救。但是行政管理的专业化和使官僚脱离政治体系的制度化建设使政党降低了能给予真正帮助的能力，议员的选民是如此庞大以至于他们对大多数单个的选民的利益只能是流于形式的敷衍而不能真正的介入其中。今天，一些观察者主张，只有专业性的全职官员，伴以政客式的手腕，对纠错有一种永远的兴趣，并且赋予足够的人力和权威，才能高效的取得这样的功能，明显的来说，这是一种用一个官僚机构去控制另一个官僚机构的作法。这种建议设立新的机构的作法捍卫

---

① 比如，《纽约时代》在 1967 年 11 月 29 日报道，一个（纽约城市）的公民团体昨天要求一名黑人和一名波多黎各人被任命到社区精神健康委员会中去。并且，一个高级的反贫穷的行政官员（被怀疑不能征税）戏剧性的强烈要求波多黎各人被任命到教育部、州评议董事会、市模范城市咨询委员会、公共服务委员会、城市住房局中去。

② 〔美〕瓦尔特·戈尔汉：《当美国人抱怨时》，剑桥，马萨诸塞，哈佛大学出版社，1966 年；《监察专员制度及其他》，剑桥，马萨诸塞，哈佛大学出版社，1966 年；〔美〕斯特林·安德森主编：《美国政府中的监察专员制度》，安格伍德·克力福特，新泽西，普林斯顿，1968 年。

了这样一个基本预设：对于那些没有满意的替代方案的人来说，它会组建一种代表性系统。

对缺乏代表性而引起的动荡最有建设性的见解是极端行政分权化需求的增长，总是伴随着分权化组织对地方性选民独占权的强烈要求。这场运动的生动表现出现在反贫穷和教育计划中。

在反贫穷计划中，最初的立法包含的一个规定是，社区行为应该是"由该地居民、服务团体的成员共同组成最多可行数量的参与者发展的、指导的和行政的。"最初是由经济机遇办公室解释，到后来成为法令，这条规定被解释为社区行动部应该尽量给予穷人一些席位，以便他们在讨论贫穷计划的最高立法班子中有发言权。不论起草者最初对这个词语的用意是什么（关于这个词在那里也会有不一致），它已经意味着计划的运作应该以穷人的实质性同意为准，而不仅仅是为了穷人。

公共教育的发展趋势以纽约的发展情况为例。在 1967 年，都市教育体系要求分权化的力量迅速聚集，市立法机构的领导人也强烈发出请求。三个单独的公共报告被推荐在最强烈要求可实施的计划项目中。市长也毫不含糊的签署了这个法令。第二年，当具体的议案进入立法议程时，却遭到教师联合会、学校管理者委员会和市教育部的激烈反对，导致了很多反对者难以接受提案，几经修改。虽然最后的措施比那些分权化运动的提倡者赞同的计划比起来温和得多，但是这是他们目标的重要一步；朝向分权化和社区管制学校的运动虽然慢了下来，但没有停止，仍在持续，仍然是坚决的和有动力的，似乎前途广阔、不可限量。

这场运动并没有仅仅停留在反贫穷和教育领域内。住房与都市发展部长揭露了在他们的运作过程中一个包含对承租人角色有争议性的低租金的现代化项目，使这项运动在公共房产方面继续下去。① 在一个全美计划者协会的会议上，一个不满意的群体，声称自身为平等机遇而奋斗的计划者团体，强烈要求在城市计划中为穷人提供一块更大的地方，并且劝告其成员投入到"倡导计划"的运动中去，那就是说，对于那些对该地区革新的官方计划不满意的邻里协会提供专门的辩护律师。纽约市正在进行一项在公共医院体系加入对自己的管理负责的非官方医院体系为成员的试验过程，一项可能包含为由公共机构服务的社区设立代表部门的计划，并且它的警察部门正在与由当地招聘的年轻人组成的实验性的社区安全巡逻队进行合作。相似的，一个华盛顿特区的社区委员会"要求对警察局更多的公民控制，要么以地方警局援助的形式，要么以二战中使用过的辅助保安武力再现的形式。"美国国会，在评价变革社会中法律的作用之后，呼吁"在社区层次快速的程序……去裁定平凡日常事务中的争论。"② 在华盛顿的穷人运动的回应中，"五个机构——健康、教育与福利部，农业部，劳工部，住房与都市发展部，和经济机遇办事处——声明他们会重新评价他们的计划，在影响福利、食物、雇员、住房和其他的反贫穷计划项目的地方性决策中让穷人自己参与进来。"③

这场运动并没有局限于公共性机构，它也进入了学院和大学里，在那里，以一种直接的行为方式，学生们已经发表了一个要求参与学校机构的政策制订——一个社会活动家急不可耐的预测道，美国的大学很快会变成拉美似的制度，在那里，学生聘任和解雇教授。决定课程。一个

---

① 约翰·W.加特勒，前健康、教育和福利部秘书，现都市合作部主席，在有助于解决目前的一般都市问题的过程中，为黑人争取一个更大范围的角色、作用。参见《纽约时代》，1968 年 5 月 6 日。

② 《美国国会关于变动社会和法律的报告》，芝加哥：可持续教育中心，芝加哥大学出版社，1968 年，第 3 章，第 14—17 页。

③ 《纽约时代》，1968 年 5 月 6 日。

社会学家进来建议道，闭路监视器的设立可以让社区听众们控制计划。①
在纽约的罗马天主教的大主教之管区，一个牧师委员会递交了一份任命
有关大主教的请愿书，除此之外，要求选择辅助主教和其他高级官员，
要求建立一个有牧师、修女和社会人士组成的牧师顾问班子来参与改进
计划项目和预算的讨论，一项该机构能够部分的掌管事务的请求。后来，
形成了一个全国性的组织，全美牧师联合会，追求在宗教事务中更强的
发言权。在华盛顿特区，高中的课程在学生们声明"一个在学校里究竟
发生什么的真实说法"的联合抵制之下一度中断。

　　但是，真是在政府领域使这种趋势获得最广泛的认可。实际上，一
些政府的一般形式，像一些专业性机构一样，遭遇到攻击。例如，在
1967 年全美政治学会主席的就职演说中，② 提出了大型政府组织——国
家、州、大城市——对民主原则的兼容性问题。搜寻一个既能够避免琐
细事务干扰的大型单位，又是"足够的小以至于公民能够精确的参与政
治"，他建议道，50000 到 200000 人口的城市是实现民主最优的规模。
而且，他下结论到，甚至在这种规模的政治体系中，"对大多数人而言，
参与只不过被降低到仅仅是投票选举而已"，而且他因此评论道，权力和
权威的分权化试验仍然需要持续下去，以致能够发现"较小的单元体系
容纳公民形成和表达他们的要求，与政府官员协商讨论，甚至在某些方
面完全参与决策。"

　　相似的，几乎在同一时间，华盛顿的国际关系咨询委员会，劝告道：
"社区的首创性和自尊应该被授权的乡镇和巨大的城市所培养和建立，以

---

① 〔美〕西摩·J.曼德保姆：《美国城市的时空展望》，宾夕法尼亚大学出版社，
　　1968 年，油印版。
② 〔美〕罗伯特·A.达尔：《未来城市的民主》，《美国政治科学评论》，第 61 卷，
　　（1967 年 12 月）第 967、969 页。

他们自己的判断力废除陈旧的习俗，社区性的政治单位应该被赋予部分的税收权和地方自治。"①在纽约伊萨卡，地区资源与发展办事处认为，更大型城市的核心权力应该分权化，因为他们已经达到"在人类生存范围几乎不可能解决人类问题"这样一个高度，而且号召调查运用 50000 到 500000 居民的战略是否更为有效——此项建议赢得华盛顿邮报编辑的喝彩。②

　　丹尼尔·P.莫尼汉在全美的民主化行动的会议上发出了警告，一个坦率直言的自由主义者，"自由主义者他们自身必须剥夺整个国家被华盛顿的机构所运作的概念，尤其是国家所属的城市被华盛顿的机构所运作。"③议员罗伯特·F.肯尼迪，正为洛杉矶民主性的总统提名而奋斗，向听众许诺政治权力分配革命，降低华盛顿联邦官僚当局的权威。"我想"，他说，"控制你们的命运应该由瓦茨的人民来决定，而不是那些处在华盛顿的人。"④理查德·M.尼克松也发出相同的呼吁，联邦政府放弃部分权力，并让渡给州、地方政府、自愿者协会和公民个人，并说，"今

---

① 政府间关系咨询委员会：《第 9 年度报告》，（华盛顿特区：委员会，1968 年）第 21 页。

② 《华盛顿邮报》，1967 年 10 月 10 日。

③ 《纽约时代》，1967 年 9 月 24 日。但他随后批评学校的分权化。

④ 《华盛顿邮报》，1968 年 3 月 26 日。参见一个原外交行政官员的观点，"消除现存在华盛顿过分扩大的官僚性机构"戈登·J.洛克，官僚制政治，华盛顿：公共事务出版社，1965 年，第 25 章。自由主义者采纳过保守党执政时期的政策是对注意力已经被詹姆斯·Q.威尔逊所转移的说法的讽刺，《公共利益》，1967 年冬季卷，第 3—4 页。见自由派的观点与原阿巴马的州长乔治·C.华莱士的见解的相似性："我会"，他说，"把所有的那些在健康、教育和福利部手提公文包的官僚者带到华盛顿，然后把他们的公文包全部扔到波托马克河里去……"《纽约时代》，1968 年 2 月 9 日。他对官僚制的攻击，当然是建立在保卫公民政治权力的政策上，自由主义者恰好是一种从反面的角度进行的客观性的评价。朝向分权化运动的推动力既来自政治权力，也来自急进分子，完全不同的原因——却是两者的结合。

天民众大声疾呼的一个原因就是现在他们离权力所在地太远了"，权力应该带到离民众较近的地方而不是在离他们很远的被运作的首都。①

简而言之，行政管理的"分权化改革"正如火如荼。②同时，它有时被有效性的理论所维护过，更多的在大众有效参与政府这方面被证明是正当的。在一个较小的范围内，早先一代的改革者成功的提高了官僚机构的专业化和职业化水平，提高了行政长官控制政府中行政权力的能力。现在，人民又将再一次把目光转向代表性，并且试图在政府性的计划事务方面把它提高到一个显著性的位置。

三、对领导能力的持续追求

官僚当局正处于各种各样的批评的火山口之上，不仅有来自系统外的，还有系统内的。曾经想尽办法去羞辱受政党政治影响的官僚当局而试图达到控制行政机构目的的行政长官们，现在却发现这些方法并没有使机构向自己负责；相反，增加了机构本身的独立性。这样的一种独立性，结果，使行政官员能够不偏不倚地采纳各种解决社会问题的方案变得困难起来了。投入到刚建机构所属新项目的资金总是更多的用于增强传统的管理方法，而不是用于同等条件下具有革新性的部门。而且，它还导致合作成效方面的很多问题，甚至造成机构之间为了竞争而引发的资源的分散化。结果，只要一些公众被行政当局不断增加的不负责任引起不安的话，民众就会产生增强行政长官们领导能力来对付那些机构的不负责任。

因此，我们可以期待行政重组化浪潮的到来。像过去一样，这场运

---

① "税收分享表达出在多元主义和分权化运动中运用的信心……"〔美〕瓦尔特·W.黑讷和约瑟夫·A.伯克曼：《在税收方面的问题和答案》，华盛顿特区：布鲁金斯研究会，1967年，第12页。

② 像所有的标语一样，它意味着具体问题具体分析，无论如何，那是比表面上更复杂和模糊不清的概念，见下面的注释。

动的主要原则，是朝向理性化、大型化的，朝向增加各类层次的由政府来领导的行政——办公人员的，朝向增加直接向上级汇报的行政人员的数量。更多的是，行政长官会想出新的方法调整政策决定，会设计新的计划来解决出现的问题，并且维持采纳革新方案的动力。① 行政官员会被重新安排；比如，美国预算管理局，已经进行了一项大范围的重组化。② 新的活力将被运用到对"超级部门"的探索中去，以美国国防部为模型，例如，梅杰·林德赛，已经花费巨大的政治资本将这种观念引入纽约市的政府部门。项目计划预算系统，在很多方面将继续扩张。③ 在号召注意我们的最高公共长官相对的无权方面，又会有大量的学术著作的出现。④

　　另外一个有代表性的建议将会以号称为分权化的方式强调强有力的

---

① 总统行政办公室是在 1939 年建立的，这个时候联邦预算还不到 900 万，自那以后，它在一直增长，不仅仅是预算方面，规模上比原先大 15 倍，任务更是几百倍的复杂，其中的一些要进行重新设置是不可避免的。

② 美国预算局，"筹划的团体对预算局运行评价：一项对员工的研究"，1967 年 7 月，随后，这项组织就生效了。

③ 工作效率设计审订法有很多不同的起源，见阿伦·斯克义克：《通往规划-设计-预算之路》，《公共行政管理评论》，第 26 卷，1966 年 12 月，第 243—258 页。但是，正是系统的公用事业的原因，自 1961 年以来，国防部获得对本领域的完全控制，在 1965 年，扩大总统的行政办公部门是一种很流行的观点，见政府运作评议委员会，国家安全与国际操作小组委员会，项目计划预算部：公文，第 1—6 页，和项目计划预算部：听证会，第一部分，1967 年 8 月 23 日，第 90 届国会，第一次议程，1967 年。这项运动毫无疑问将引导其他政府部门的采纳、模仿。

④ 〔美〕阿瑟·M.谢次拉斯根：《一千日》，波士顿：河顿·米福林，1965 年，第 679—680 页，报告，"他（总统肯尼迪）不得不使政府运作起来。他到白宫之后一度遇到行政能力的强烈危机。地球上最有权力的官员的这种迂腐说法已经揭露本世纪中期的总统与杰克逊、林肯、罗斯福相比，更少的行动自由。无疑，本世纪总统使世界变得扩大，但是，同时，他们却在增加官僚机构和国会的权力方面犹豫不决。总统理解这种观点。"相似的，约翰逊的国内计划助理，约瑟夫·W.卡理法若，近来抱怨总统权力的有限性，观察到办公室的权力没有与责任性的提高同步增长。参见《华盛顿邮报》，1968 年 5 月 6 日。

行政领导，但是，实际上，其更好的定义为反对现存的几乎是排他性的组织，定义为一种具有功能性的部门和办公署的区域性组织。① 对这种的纠正将以有效性这一词语来表达，需要在这一领域加速决策，既不要总部的提名推荐，也不要不同机构领域内人员的合作型资源的流失。这样的后果将继续深化，无论如何，由于该领域内的地区性官员将把可以选择的交流和控制的高层执行方向给现存的功能性通道，从而实际上增强了中央权威。在联邦级水平，于过去任何时候相比，这将意味着重新企图建立更强烈的内政部门领导人物的地区的代表性。这也意味着，在该领域内，增强力量去建立地区性总统候选人的代表性。② 相似的，我们可以期望州长和他们的部门领导者将遵循在州一级类似的战略。在地区级水平，梅杰·林德赛已经追求——以非常有效的成功方式——去赢得整个纽约"小城市厅"的一致赞同。特别的讲，美国人对欧洲完美成就的观点将会出现。

总而言之，对公共官僚当局的不满意将既给保卫行政领导提供了弹药，也给增加公共服务的公众代表性提供了反对。官僚机构将不仅受到来自上面的压制，也受到来自下面的压制。

四、冲突与合作

（一）冲突的因素

长期以来，大多数公共政策在很多方面——健康、教育、福利等主

---

① 〔美〕詹姆斯·W.福斯勒：《地区与行政》，阿巴拉马大学：阿巴拉马大学出版社，1949年，特别是第8—18页；《理解分权化的方法》，《政治学杂志》，第27卷，1965年8月，第557—561页。也可以参见约翰·D.米立特的论文：《区域组织及其员工监督》，《公共行政新视野：专题论文集》，阿巴拉马大学：阿巴拉马大学出版社，1945年，第98—118页。

② 〔美〕詹姆斯·W.福斯勒：《地区与行政》，阿巴拉马大学：阿巴拉马大学出版社，1949年，第88—89页，在新的未开拓的和伟大社会计划压倒了行政性机制的过程中，作者的题目长期参与改进上述过程中困惑大众的问题。

要由官僚机构、组织化的选民、立法性团体、立法者的专业性的合作。①增加行政长官和他们的部门领导的观点是建立在抵偿政府的分离化，这种分离化通过引进有效地中央性指导各个分立的权力中心的政策和行政管理的一致性。在这些权力中心里，公众支持的参与制模式的论点建立在对被派出和未经组织化的利益团体对明显影响他们决策很少有发言权。但是，即两者的观点会热切地在每一个决策中心掌握关键职位的人所支持、欢迎，那是不可能的。

他们之所以会抵制，不仅是出于对他们自己权力的绝对贪婪，还是出于固执地不愿意让别人分享他们的影响力，虽然这些动机无疑不会被淹没。他们之所以反对，因为，除此之外那些被建议的改革方案已经威胁到奠定原有计划安排的那些价值。总编辑们和组织化的官僚者察觉到政治性官员的干涉，以政党政治的方式入侵很多年以来一直遵循政治应被排除在外这样一个教条控制的领域；他们看到仔细培养这种能力和痛苦地反对政治扭曲或毁灭的危险性。相似的，开放系统引入地方性社区成员，看上去是对专业化建设培养起来的专家的一种否定。立法者把对行政长官和他们的内阁成员负责的强有力的地区性官员看成是侵入立法性区域和篡夺立法体系的代表性功能的行政性企图。以时髦的观点视之，行政项目的地方性控制能够令人信服的削弱立法制度的代表性基础，一种对善意的、具有公共动机的人可以害怕的观点的发展。

因此，行政领导的拥护者和扩大代表性的福音传道者们克服很多障碍去获得尊重。例如，国会已经对总统关于增加内阁各部门领导资金和人力的提案开始警觉，而且总是怀疑地看着相对无伤大雅的预算办公署

---

① 参见〔美〕J. 雷皮·弗雷曼：《政治过程：行政部门与立法机构的关系》，主编的评论，纽约：雷登出版社，1965 年，并且这类著作见第 1 章引用的。

的改革更新。① 总统行政办公室的机遇平等办事处主要通过局级机构的运作方式，在有限的领域内忙于自己的行政管理，随后，经过谈判，它已经放弃对局级项目的控制，而且将来那些它直接管理的少数的项目也变得不确定了。而且，它的社区行动计划引起国会和地方官员的不满，而对于他们来讲，行政机构被看成是通向政治竞争的跳板，结果，1967年立法机构批准立法政府对行政机构给予更大的控制。在纽约，在市长的"小型议事厅"，他表达了让民众和他们的政府联系更紧密的一个策略，却被市政委员会（有反对党控制的）轻易的击败了，据称这个计划是以公共费用建立一个全市性政治俱乐部的一个策略。② 而且，当学校分权化运动显现时，最大的教师联合会和教育委员会——他们不久前还在为师资问题而彼此作对——双方都采取同样强硬的反对立场。在黑人住宅区和布鲁克林，由董事会出资赞助的社区管制学校的试验中，社区领导人和同样的教师联合组织的领导人彼此之间正忙于一场严厉的斗争。改革者们享受不到愉快休闲的一刻。

（二）行政人员的联合

为了改进他们的事业，各级层次上的头痛的行政长官都遭遇了相似

---

① 预算部领域的官员是在1943年中期建立的，在艾森豪威尔执政早期消减了。近来努力复兴他们，甚至在有限的领域内，遭遇到强烈的反对：见参议院在拨给、小组委员会、听证会第7501号文件：基金、邮局和行政官员的拨给，1968年财政年，90年代国会，第一个议程，华盛顿特区：美国政府印刷办公室，1967年，第973—990页。见特别的参议院莫若尼在第981页的评论：去年委员会拒绝额外的人员要求是因为它没有建立区域性办公人员。我的印象是我们害怕他们变成50个州和地区的官僚机构和办公人员。

② 在任职之后，市长很快建议35个地方性市长办公室：遇到评议委员会的反对，他试图以行政命令的方式建立5个办公室，但是市政委员会拒绝支持他，并且审计官拒绝同意提供费用。市长试图在1967年5月再一次行动，又再一次遭到市政部和评议委员会的断然拒绝。最后，四个地方办公室建立了，与原先倡议的那种要求来讲更为虚弱了。从形成来讲，至少这项计划看上去是软弱的。

的失败，十分清楚的是应该彼此朝共同的目标前进。因而，与以前相比，总统可以很好地发现与治理者与大城市的市长们建立更为紧密的联系是具有战略性优势的。与单单总统提出选拔更有代表性的地区人员和增强局级人员的权限的要求相比，如果州级和他们自己家乡的地区性议员支持这样的要求，国会将发现去抵制此要求更不舒服。并且这些州级和地方性官员更容易接受这样一种联合，因为系统的分裂不仅对他们自己而言，同对总统一样，都是一件令人烦恼的事情。

　　州长和大城市的市长的烦恼来源于三个因素。首先，在很多政府间计划运作手续是令人头疼地慢；实际上，得到有关项目计划的决定的机构性拨款，它经常花费数月，甚至有时超过一年的时间。部分的由于太多的公共事务要得到华盛顿的指导、赞同。① 为了得到确定性回答，州和大城市的行政人员没有意愿以他们的要求加快否定性决策，然而，迟迟不决的决定甚至更糟，他们既不能计划项目，也不能得到被设计的决策。他们只有等待，当有危险促进他们行动的权力时，整个彼此联系的计划网络系统慢了下来，或者陷于停顿。

　　其次，程序、手续是如迷宫般的曲折和不协调的，② 因而需要专家明了最后期限，提出采用同意更新的申请，按说明性的要求照做，使单独的项目之间分立的许可啮合起来，对各种各样的使公众迷惑和生气的强制性许可的解释、说明（比如，一方面让商业性和个体性的承租人搬离重新安置以便高速公路的建设，另一方面又要进行城市化建设）。这些复杂性几乎使整个系统的行为陷入瘫痪，也使需要的人力资源从实质性的计划运作转向行政性程序方面。

---

① 〔美〕斯蒂芬·K.贝勒：《合作性社会》，《记者》第 34 期，1966 年 3 月 24 日，第 39 页。

② 〔美〕斯蒂芬·K.贝勒：《合作性社会》，《记者》第 34 期，1966 年 3 月 24 日，第 39 页。

最后，意图非常明确的联邦补助鼓励了 1955 年的各级政府间关系法案所称的"公民自己、比较独立的政府"趋势。在这些政府中，各级政府的实用专家只是在名义上受他们各自首席长官的控制。[①] 事实上，显而易见在许多场合下首席长官的作用正在减弱到形式上批准这些专家所制定的政府间安排，减弱到最表面的行政安排监督。

因此州长和大城市市长有理由欢迎权威联邦地方官员使政府机构中公职人员行动合理化。出于他们自己的原因，他们最好能发现组织的机构形式。正如我们所见到的，这种形式能使自己始终忠于总统，并与他们自己的偏好一致。

总统利益、州长利益、市长利益的一致性并不是完全推测出来的；已经有迹象表明这种一致性。例如 1966 年底，约翰逊总统发给他的高级官员一份备忘录。[②] 这份备忘录指导联邦援助计划"应该在那些对人民负责的国家、州、地方官员的合作精神下制定和设计。为了完全可行，我要求你们采取措施为共和国和地方政府首席长官提供机会，使他们为计划的制定和执行出谋划策。这些计划直接影响国家、地方日常事务的执行。几个月以后，为了实施总统的备忘录，预算委员会签发了一份详尽说明参政程序的通知并把需要"包括联邦、地方计划创制和发展在内的联邦、地方首脑中心角色的协调将会得到支持和强化"确认为计划的核心政策。[③] 与此同时，前佛罗里达州州长、总统办公室危机处理办公室主任法瑞斯·不莱恩特曾经带领一队联邦官员到 40 个州府与州长及其

---

① 政府间关系委员会，最后报告，华盛顿特区：美国印刷办公室，1955，第 44 页。也参见科尔曼·B. 任森尼，美国州长办公室，阿巴拉马大学：阿巴拉马大学出版社，1958 年，第 249 页。

② "关于联邦机构领导的总统备忘录"，1966 年 11 月 11 日，课题：州和地区官员的建议和协商。

③ 预算部传阅的函件，A 类第 85 页，1967 年 6 月 28 日。

他行政官员展开讨论。① 副总统汉佛莱曾经指导过一项拜会、访谈市长、县官员和其他地方官员的计划。② 总统曾制定和宣布一项计划，委任他的内阁成员每人负责4、5个州的协调，"通过指令保持州政府和白宫的私人联系"。③ 1968年初，政府间关系咨询委员会提出建议：1. 由许多政府部门和机构管理的联邦补助计划的协调通过总统办公室的介入得到加强；2. 联邦公式化资助州和地方政府的情况下，评论和批准发展计划的权威分离到地方政府机构。联邦行政部门的职责差别界限也应缩小。一个公共首席执行官的联盟已经初具雏形。④

（三）领导层和代表层的合流

但是，面临官僚机构以及他们立法机构和利益团体的怀疑和愤恨的、宣扬地方控制行政计划的团体，可能会发现他们从首席长官特别是大城市市长那里得到了最合意的倾听。因为这些团体在行政和官僚之间提供了平衡，它们形成了关于行政部门业绩信息的另一条可替代渠道。这条渠道一方面减少了政府行政对官僚机构的依靠，另一方面也减少了行政对大众传媒（用它的优势产生轰动效应）的依靠。这些团体是个可移动的全体选民，它可以帮助官僚机构对行政领导的阻碍产生调节手段。它们提供了一条由地方行政到行政决策的直接渠道，可以充当分立的、以行政为导向的竞选组织的核心。如果行政长官刻意开始这样做，这些组

---

① 政府间关系委员会，第9年度报告，第12页。

② 政府间关系委员会，第9年度报告，第12—13页。

③ 这项计划产生于"约翰逊执意的决定去建立内外部桥梁，分类纠缠不清的联邦州级关系，由于伟大社会计划的行政管理带来的复杂性增加"参见《纽约时代》，1967年6月8日。亦可参见〔美〕特帝·森福特：《冲过政府》，纽约：麦克格洛，1967年，第164—166页；一个前州长号召白宫去帮助州和地方政府，并且引用詹姆斯·罗斯顿的评论"他（总统）正想使美国州长和市长建立一个新的政治、社会和经济伙伴关系"。

④ 政府间关系委员会，第9年度报告，第22页。

织可能不会产生；既然各种各样的抱怨已经使这样的组织自发产生，但是如果长官们最终没有察觉到与这些组织合作的好处，那会是令人惊讶的。

它会是一种不稳定和相互戒备的关系。对于附近地区和团体协会，在地方控制的需要下更换偏远地方行政长官的困境将会得到改变。对于行政长官来说，打开潘多拉盒子和释放不可控制分裂力量的风险将会暂停。然而很难避免的情节是：吸引会战胜焦虑。每一方通过与另一方联合会有更多所得。我不认为这意味着联合将会是正式和等级结构的。我的意思只是机会合适时一方会变成另一方，未来几年，随着频率的增加，这种机会越来越多。通过这种方式，新代表的声音和更熟悉行政长官的声音会携手应对那些代表中等资格和老资格机构的说话的人的共同挑战。

五、循环的下一阶段

因此，预测两种行政分权的方式确实会发生看来是合理的：由于需要对公众计划有更大的地方影响力，妥协将会产生；确立地方官员对国家职能部门领域人员相当有限的权威，将会有成绩。

这些变化自身的实现并不需要很长时间。实际行政分权带来的众多小组织中的分歧和人力、财力的差异会引发中央干预，以恢复平等、平衡和行动的协调。换句话说，趋向都市政府和有条件的联邦援助意图的潜在行动因素，重申了他们的这种主张。行政分权会位于像派别一体化这样的目标之中（像"州权"观点）。在组织中，会产生对有些组织来说是灾难性的竞争。这些组织会发现它们比那些一开始处于优势地位的组织更难争取到人才和资金。在一些组织中，强力派系很可能在重新补救毁坏的体系取得成功，这样一来，降低了一些关键服务的质量。公共行

政的分权不会带来其他公共机构（如公众就业协会）的权力分离，因此
地方组织可能发现它们自己在谈判中非常不利，不能抵制特殊利益的压
力。尽管存在经常公然被夸大的规模经济，地方机构间接成本的成倍增
加会把许多资源从众多计划中转移到日常行政支出上。起初，这些成本
会得到相关代表的注意，也值得花费，但是随着长时间抱怨的积累会产
生对统一和巩固的要求。①

同样的是，直接向行政长官报告的地方官员很快在自己负责的地盘
上发展出自治政治权力。一个地区到另一个地区的快速迁移会帮助减少
他们的独立性，但是由于每一个新的任务需要在这个新的地区有个熟悉
过程，这段时间里决策和行动会暂停；再由于地方利益已经同地方官员
建立了比较稳定的关系也会抗议和抵制这种频繁变迁。由于地区官员越
来越多的涉及地方局势，他们会越来越多的变成来自这个地区的特使，
而不是这个地区的行政官员。②地区差异和竞争会成为刺激和争吵的源
泉。还有就是，地方性职位可能成为升迁到选举职位方便、有效的跳板。
最初，这些危险会看起来不明显，因此，就远没有眼前所得重要，但是，
任期期满可能会颠倒这种平衡。

因此，紧随现在进行的下一个改革浪潮将会在早先的口号下进行：
行政与政治相分离。代表代议制的当下运动的失望党派人士，已经在许
多方面赢得优势，他们会默认新一代理想主义者为了提升行政才能，行

---

① 分权化的费用的一些忧虑已经被埃日温提出来了，《分权化为了什么？》，《公共
利益》，11 卷，1968 年春季卷，第 17 页，被丹尼尔·P. 莫尼汉仿效，质问学校
分权化导致分立的官僚政治，《纽约时代》，1968 年 6 月 5 日。也见饶河德斯和
洛克飞勒州长的不满意，对社区单位税收方面的有限权力和地方性自治的忠心
认可，政府间关系委员会，第 9 年度报告，第 21 页。

② 〔美〕赫伯特·考夫曼：《丛林的护林员》，巴尔提莫：约翰斯·霍普金斯出版社，
1960 年，第 75—80 页。

政一致性，行政公正，行政道德所作的努力，默认他们通过加强和扩大中央控制、监督对官僚们的忠心耿耿。在他们各自的地区，急于重新获得区域行政掌握权力的行政长官，会再次发现受职能行政机构力量控制的强有力中央指令的优点。这些机构的长官认同行政官员的领导，① 这些机构的权威能在任何地方被公正的得以运用。纵观上下，为了避免受强力地方、地区党派政治感染为由而产生扭曲（由于他们曾经试图把他们自己从州派和国会自我实现的努力中解脱出来），好政府的"倡导者"会抵制这种政治热潮回到绝缘的官僚行政。中立和独立的文职人员将又受到欢迎。

　　价值观延续是重复的，因此我们不能推断这种方法是无用的。历史的车轮滚滚向前。每当只需再次纠正价值体系的平衡得到了纠正，社会的众多利益便产生新的适应性调节。

　　准确的讲，接下来重新出现的中等才能人组成的政府几年后将会被理解，这个问题现在还不能预测。但是如果价值观的循环假设完全有效的话，那么像这一代改革者一样，明天的改革者会为今天被攻击的许多机构辩护（像当下转型过程中的争论一样）。那时，在长期布满灰尘的无人资助和开架书架上的许多关于行政管理的被遗忘的典籍和晦涩文章会被重新发现，由于它的预见而被称颂，只有当历史的车轮停止了它短暂的实用复兴时刻时，这些书和文章才会在易逝的过渡时期慢慢消退。

---

① 位于前面的线索是由有经验的地区性委员会所暗示。被联邦政府所鼓舞，他们的建立是被欢呼通向分权化的一步。但是他们的计划开始冲突和彼此竞争，而且通过其他的联邦和州机构运作的方式；而且，强有力的政治集团开始再次聚集。总统不得不命令商会与他们合作，给予更大的权力用于评论他们的建议，抽出 10 个联邦机构的助理办公部门给予帮助，作为重新集权化的鼓励基金，《华盛顿邮报》，1967 年 12 月 30 日。这种困境由詹姆斯·W.福斯勒精确的预测过，地区与行政，特别是第 100—102 页。

参考文献

〔1〕 〔美〕加布里埃尔·A.阿尔蒙德等:《比较政治学:体系、过程和政策》,曹沛霖等译,上海:上海译文出版社,1987年。

〔2〕 〔美〕戴维·伊斯顿:《政治生活的系统分析》,王浦劬等译,北京:华夏出版社,1999年。

〔3〕 〔美〕戴维·伊斯顿:《政治体系:政治学状况研究》,马清槐译,北京:商务印书馆,1993年。

〔4〕 〔美〕罗伯特·A.达尔:《现代政治分析》,王沪宁、陈峰译,上海:上海译文出版社,1987年。

〔5〕 〔美〕罗伯特·A.达尔:《论民主》,李柏光、林猛译,北京:商务印书馆,1999年。

〔6〕 〔美〕林布隆:《政策制订过程》,朱国斌译,王谨校,北京:华夏出版社,1988年。

〔7〕 〔美〕林德布洛姆:《决策过程》,竺乾威、胡君芳译,上海:上海译文出版社,1988年。

〔8〕 〔美〕查尔斯·林德布洛姆:《政治与市场:世界的政治与经济制度》,王逸舟译,上海:上海三联书店、上海:上海人民出版社,1994年。

〔9〕 〔美〕道格拉斯·C.诺斯、罗伯特·托马斯:《西方世界的兴起》,厉以平等译,北京:华夏出版社,1999年。

〔10〕 〔美〕道格拉斯·C.诺斯:《经济史中的结构与变迁》,陈郁、罗华平译,上海:上海人民出版社,1994年。

〔11〕 〔美〕道格拉斯·C.诺斯:《制度、制度变迁与经济绩效》,杭行、韦森译审,上海:上海三联书店,1994年。

〔12〕 〔美〕乔治·萨拜因:《政治学说史》,邓正来译,上海:上海人民出版社,2010年、2011年。

〔13〕 〔德〕尤尔根·哈贝马斯:《公共领域的结构转型》,曹卫东等译,上海:学林

出版社，1999 年。

〔14〕 ［美］迈克尔·罗斯金等：《政治科学》，林震等译，北京：华夏出版社，
　　　 2001 年。

〔15〕 杜婉言、方志远：《中国政治制度史》（第九卷），明代（修订版），北京：社
　　　 科文献出版社，2011 年。

〔16〕 ［美］牟复礼、［英］崔瑞德编：《剑桥中国明代史》（上下卷），史卫民译，北
　　　 京：中国社会科学出版社，2007 年。

〔17〕 唐兴霖：《公共行政学：历史与思想》，广州：中山大学出版社，2000 年。

〔18〕 周妤：《中国近代行政领导思想研究》，上海：复旦大学出版社，2011 年。

〔19〕 田广清：《中国领导思想史》，上海：上海交通大学出版社，2007 年。

〔20〕 周晓佑：《先秦行政管理思想探微》，北京：文化艺术出版社，1994 年。

〔21〕 方贻岩：《西方行政思想史》，厦门：厦门大学出版社，1993 年。

〔22〕 丁煌：《西方行政学说史》，武汉：武汉大学出版社，1999 年。

〔23〕 ［印度］普拉萨德等：《行政思想家评传》，朱国斌等译，广州：广东高等教育
　　　 出版社，1988 年。

〔24〕 张铭、陆道平：《西方行政管理思想史》，天津：南开大学出版社，2011 年。

〔25〕 彭和平、竹立家等编译，《国外公共行政理论精选》，北京：中共中央党校出
　　　 版社，1997 年。

〔26〕 ［美］斯塔夫里阿若斯：《全球通史》，吴象婴等译，北京：北京大学出版社，
　　　 2006 年。

〔27〕 ［美］丹尼尔·雷恩：《管理思想史》（第五版），孙建敏、黄小勇、李原译，
　　　 北京：中国人民大学出版社，2010 年。

〔28〕 萧公权：《中国政治思想史》，北京：新星出版社，2010 年。

〔29〕 ［德］路德维希·艾哈德：《大众的福利》，丁建新译，武汉：武汉大学出版
　　　 社，1998 年。

〔30〕 ［美］特里·L.库珀：《行政伦理学：实现行政责任的途径》，北京：中国人民
　　　 大学出版社，2001 年。

〔31〕 周天玮：《法治理想国：孟子与苏格拉底的虚拟对话》，北京：商务印书馆，
　　　 2004 年。

〔32〕 ［美］罗纳德·J.奥克森：《治理地方公共经济》，万鹏飞译，北京：北京大学
　　　 出版社，2005 年。

〔33〕 ［英］斯蒂芬·贝利：《地方政府经济学：理论与实践》，左昌盛等译，北京：
　　　 北京大学出版社，2005 年。

〔34〕 曾峻：《公共管理新论》，北京：人民出版社，2009 年。

〔35〕　钱穆：《中国历代政治得失》，上海：上海三联书店，2001 年。

〔36〕　胡伟：《政府过程》，杭州：浙江人民出版社，1999 年。

〔37〕　费孝通：《江村经济》，北京：商务印书馆，2001 年。

〔38〕　费孝通：《乡土中国》，北京：生活·读书·新知三联书店，1985 年。

〔39〕　毛寿龙：《中国政府功能的经济分析》，北京：中国广播电视出版社，1996 年。

〔40〕　毛寿龙：《政治社会学》，北京：中国社会科学出版社，2001 年。

〔41〕　于建嵘：《岳村政治》，北京：商务印书馆，2001 年。

〔42〕　谢庆奎等：《中国地方政府体制概论》，北京：中国广播电视出版社，1998 年。

〔43〕　俞可平：《治理与善治》，北京：社会科学文献出版社，2000 年。

〔44〕　吴量福：《白话美国地方政府》，天津：天津人民出版社，2009 年。

〔45〕　李永刚：《我们的防火墙：网络时代的表达与监管》，桂林：广西师范大学出版社，2009 年。

〔46〕　马骏：《公共预算的理性化与民主化》，北京：中央编译出版社，2005 年。

〔47〕　秦德君：《政治设计研究》，上海：上海社会科学院出版社，2000 年。

〔48〕　盛洪：《中国的过渡经济学》，上海：上海三联书店，1996 年。

〔49〕　汪丁丁：《永远的徘徊》，成都：四川文艺出版社，1996 年。

〔50〕　浦兴祖等：《当代中国政治制度》，上海：复旦大学出版社，1998 年。

〔51〕　浦兴祖：《当代中国政治制度》，上海：上海人民出版社，2005 年。

〔52〕　浦兴祖、洪涛：《西方政治学说史》，上海：复旦大学出版社，2009 年。

〔53〕　王沪宁、竺乾威：《行政学导论》，上海：上海三联书店，1988 年。

〔54〕　王沪宁：《比较政治分析》，上海：上海人民出版社，1987 年。

〔55〕　竺乾威：《公共行政理论》，上海：复旦大学出版社，2008 年。

〔56〕　竺乾威：《公共行政学》，上海：复旦大学出版社，2000 年。

〔57〕　唐亚林：《从边缘到中心：当代中国政治体系构建之路》，上海：华东理工大学出版社，2006 年。

〔58〕　谢善元：《李觏之生平与思想》，北京：中华书局，1986 年。

〔59〕　余英时：《中国近世宗教伦理与商人精神》，合肥：安徽教育出版社，2001 年。

〔60〕　余英时：《士与中国文化》，上海：上海人民出版社，1987 年。

〔61〕　林毓生：《政治秩序与多元文化》，台北：联经公司出版，1989 年。

〔62〕　林毓生：《中国传统的创造性转化》，北京：生活·读书·新知三联书店，1988 年。

〔63〕　〔美〕许倬云：《中国文化与世界文化》，贵阳：贵州人民出版社，1999 年。

〔64〕　姜国柱：《李觏思想研究》，北京：中国社会科学出版社，1984 年。

〔65〕　牟宗三：《治道与政道》，桂林：广西师范大学出版社，2006 年。

〔66〕 黄俊杰：《古代希腊城邦与民主政治》，台北：台湾学生书局，1978 年。

〔67〕 何平立、储考山编：《外国政治制度史》，西安：西北大学出版社，1994 年。

〔68〕 〔美〕费正清：《中国：传统与变革》，南京：江苏人民出版社，1992 年。

〔69〕 〔美〕萨缪尔·P. 亨廷顿：《变革社会中的政治秩序》，北京：生活·读书·新知三联书店，1989 年。

〔70〕 〔美〕萨缪尔·P. 亨廷顿：《第三波：20 世纪后期民主化浪潮》，李盛平等译，上海：上海三联书店，1998 年。

〔71〕 〔美〕萨缪尔·P. 亨廷顿编：《现代化理论与历史经验的再探讨》，张景明译，上海：上海译文出版社，1993 年。

〔72〕 〔美〕彼得·圣吉：《第五项修炼》，郭进隆译，上海：上海三联书店，2005 年。

〔73〕 〔美〕米尔顿·弗里德曼：《两个幸运的人：弗里德曼回忆录》，北京：中信出版社，2005 年。

〔74〕 〔古希腊〕柏拉图：《理想国》，北京：商务印书馆，1986 年。

〔75〕 〔雅典〕亚里士多德：《政治学》，北京：商务印书馆，1995 年。

〔76〕 〔雅典〕亚里士多德：《雅典政制》，北京：商务印书馆，1959 年。

〔77〕 〔英〕约翰·洛克：《政府论》（下册），叶启芳、瞿菊农译，北京：商务印书馆，1983 年。

〔78〕 〔法〕卢梭：《社会契约论》，何兆武译，北京：商务印书馆，1980 年。

〔79〕 〔英〕J. S. 密尔：《代议制政府》，汪瑄译，北京：商务印书馆，1982 年。

〔80〕 〔英〕弗雷德里希·奥古斯特·冯·哈耶克：《通往奴役之路》，王明毅等译，北京：中国社会科学出版社，1997 年。

〔81〕 〔英〕弗雷德里希·奥古斯特·冯·哈耶克：《自由宪章》，杨玉生等译，北京：中国社会科学出版社，1999 年。

〔82〕 〔英〕弗雷德里希·奥古斯特·冯·哈耶克：《致命的自负》，冯克利等译，北京：中国社会科学出版社，2000 年。

〔83〕 〔英〕卡尔·波普尔：《开放社会及其敌人》，陆衡译，北京：中国社会科学出版社，1999 年。

〔84〕 〔英〕卡尔·波普尔：《历史主义贫困论》，杜汝楫、邱仁宗译，北京：华夏出版社，1987 年。

〔85〕 〔英〕布赖恩·马吉：《开放社会之父：波普尔》，南砚译，长沙：湖南人民出版社，1988 年。

〔86〕 〔美〕弗朗西斯·福山：《历史的终结及最后之人》，黄胜强、许铭原译，北京：中国社会科学出版社，2008 年。

〔87〕〔美〕赫伯特·西蒙:《现代决策理论的基石:有限理性说》,杨砾、徐立译,北京:北京经济学院出版社,1989 年。

〔88〕〔美〕赫伯特·A.西蒙:《管理行为》,杨砾、韩春立译,北京:北京经济学院出版社,1994 年。

〔89〕〔美〕弗兰克·J.古德诺:《政治与行政》,王元译,北京:华夏出版社,1987 年。

〔90〕〔美〕赫伯特·A.奥斯特罗姆:《美国公共行政的思想危机》,毛寿龙译,上海:上海三联书店,1999 年。

〔91〕〔美〕文森特·奥斯特罗姆:《复合共和制政治理论》,毛寿龙译,上海:上海三联书店,1999 年。

〔92〕〔美〕文森特·奥斯特罗姆等:《美国地方政府》,井敏等译,北京:北京大学出版社,2004 年。

〔93〕〔美〕戴维·H.罗森布鲁姆:《公共行政学:管理、政治和法律的途径》,北京:中国人民大学出版社,2003 年。

〔94〕〔美〕帕特南:《使民主运转起来》,王列、赖海榕译,南昌:江西人民出版社,2002 年。

〔95〕〔美〕戴维·奥斯本、特德·盖布勒:《改革政府》,上海:上海人民出版社,1991 年。

〔96〕〔美〕西里尔·E.布莱克:《比较现代化》,杨豫译,上海:上海译文出版社,1996 年。

〔97〕〔美〕乔治·弗雷德里克森:《公共行政的精神》,张成福等译,北京:中国人民大学出版社,2003 年。

〔98〕〔美〕珍妮特·V.登哈特、珍妮特·V.登哈特:《新公共服务》,丁煌译,北京:中国人民大学出版社,2004 年。

〔99〕〔美〕杰克·普拉诺:《政治学分析词典》,胡杰译,北京:中国社会科学出版社,1986 年。

〔100〕〔美〕唐纳德·坦嫩鲍姆、戴维·舒尔茨:《观念的发明者:西方政治哲学导论》,叶颖译,北京:北京大学出版社,2008 年。

〔101〕〔美〕彼得·德鲁克:《卓有成效的管理者》,许是祥译,北京:机械工业出版社,2009 年。

〔102〕〔美〕彼得·德鲁克:《巨变时代的管理者》,朱雁斌译,北京:机械工业出版社,2009 年。

〔103〕〔美〕彼得·德鲁克:《管理的实践》,齐若兰译,北京:机械工业出版社,2009 年。

〔104〕〔美〕杰克·韦尔奇、约翰·拜恩:《杰克·韦尔奇自传》,曹彦博等译,北

京：中信出版社，2010 年。

〔105〕季琦：《一辈子的事业：我的创业非传奇》，广州：广东经济出版社，2011 年。

〔106〕〔美〕拉塞尔·M. 林登：《无缝隙政府》，北京：中国人民大学出版社，2002 年。

〔107〕〔德〕柯武刚、史漫飞：《制度经济学：社会秩序与公共政策》，韩朝华译，北京：商务印书馆，2002 年。

〔108〕蓝志勇：《行政官僚与现代社会》，广州：中山大学出版社，2003 年。

〔109〕周雪光：《组织社会学十讲》，北京：社会科学文献出版社，2003 年。

〔110〕〔美〕黄仁宇：《万历十五年》，北京：生活·读书·新知三联书店，2007 年。

〔111〕〔美〕黄仁宇：《中国大历史》，北京：生活·读书·新知三联书店，2007 年。

〔112〕余胜椿：《治国之道：中国历代治国思想精华》，北京：求实出版社，1988 年。《

〔113〕Kelleher Theresa, *Personal Reflections on the Pursuit of Sage hood：The Life and Journal（Jih-lu）of Wu Yu-pi（1392—1469）*, Columbia University, 1982.

后 记

2020年初以来，我们国家遭遇巨大的灾难挑战，一方面是以美国为代表的帝国主义国家依靠其先进的数据技术优势，特别是芯片技术等最新的高科技对我国实行贸易封锁，给我们国家造成巨大的经济损失；另一方面，是突如其来的新冠肺炎的大规模传播对广大人民群众生命和财产安全造成的巨大损失。俗语说，生于忧患，实干兴邦，不破不立。在强大的党和国家领导下，励精图治，万众一心，近半年来，我们还是经受住经济发展与瘟疫横行的考验，尤其是在核酸检测、中西药研制和疫苗开发方面都取得不错的成绩。在此，对我国强大的执政党中国共产党致以敬意，表示感谢。

问题来了，不是埋怨，而是科学研究，解决它。在国家和社会危机来临之时，每个人都应该贡献自己的行政管理智慧，展现自己对改革问题和社会问题的洞见，尤其是科学与理性的分析，这样的建设性与合理性政策分析，有助于提高党和国家的治理水平。应该说，网络和微信时代，正是党和国家充分吸纳民意，开诚布公，全面团结，利用专家，我们国家在全世界贡献中国智慧，前瞻性地有效控制疫情的蔓延，证明中国道路的科学性、准确性与伟大性。而我在国家不断强大的时代背景下，也总结自己从1997年以来对国家和社会发展的行政管理学之思，贡献给读者，希望有助于国家发展和社会发展。

从2003年以来至今，我断断续续从事行政管理学专业课教学十二载，一直认真备课上课，阅读上千万字的公共管理案例，积累了大量的公共管理智慧和科学治理技术。1997 年以来，从我崇仁一中文科状元、江西文科前一百名的成绩进同济大学图书馆的那一天开始，我一直对行政管理学壮志雄心，无论是同济大学行政管理学本科学士，上海大学政治学研究方向硕士学历，还是复旦大学公共管理学第一站博士后，从未忘记初心，把一切献给党，努力不断学习先进的行政管理学理论，积极翻译域外国家最先进的行政管理学经典著作，不断全国大调研，走进基层，发现问题，直面问题，科学理性，始终保持了一个公共知识分子的良知，为国家和社会建言献策，解决问题，无怨无悔。一颗红心给祖国，殚精竭虑，甚至彻夜未眠。这也是这本小书面世的原因，是我学习行政管理学二十多年的总结。丑媳妇见婆娘，学的好不好，还有何种问题，还请各位前辈和同仁多批评指导，我都虚心接受。

新冠肺炎还在域外国家不断横行，每天都有无辜的群众因为医疗资源缺乏或经济贫困原因而离开这个美好的世界，让人唏嘘万千。在此，我呼吁全世界团结起来，始终牢记习总书记说的"人民为中心"的思想，对人民群众的生命负责，全球行动起来，落实到每一个人，落实到每一个角落，不懈怠，积极干预，减少感染，做好隔离，勇攀医疗科学高峰，把新型肺炎的危害降低到最低程度，让世界更和平更安全更健康！

本书的写作历时多年，得到很多合作者的帮助，我们一起翻译，一起讨论，一起散步，在此不一一列举。我的研究生叶春艳和陈雪各自参与 6 万字的劳作，林飒同学撰写 6 万字。特别欢迎学术界朋友多批评，希望有助于全球善治，希望此书有助于全球安全与发展。是为记。

宁波大学马克思主义学院副主任邹建锋，

2020 年 8 月 1 日书于江西省崇仁县郭圩乡甘家村委会杨家桥村。

图书在版编目(CIP)数据

万家灯火:美好社会建设的行政管理之思/邹建锋,
林莉飒著.—上海:上海三联书店,2021.9
ISBN 978 - 7 - 5426 - 7368 - 8

Ⅰ.①万… Ⅱ.①邹…②林… Ⅲ.①行政管理-研
究-世界 Ⅳ.①D523

中国版本图书馆 CIP 数据核字(2021)第 050280 号

万家灯火:美好社会建设的行政管理之思

著　者 / 邹建锋　林莉飒

责任编辑 / 郑秀艳
装帧设计 / 一本好书
监　制 / 姚　军
责任校对 / 张大伟　王凌霄

出版发行 / 上海三联书店
　　　　(200030)中国上海市漕溪北路 331 号 A 座 6 楼
邮购电话 / 021 - 22895540
印　刷 / 上海惠敦印务科技有限公司

版　次 / 2021 年 9 月第 1 版
印　次 / 2021 年 9 月第 1 次印刷
开　本 / 640mm×960mm　1/16
字　数 / 250 千字
印　张 / 16.75
书　号 / ISBN 978 - 7 - 5426 - 7368 - 8/D·491
定　价 / 68.00 元

敬启读者,如发现本书有印装质量问题,请与印刷厂联系 021 - 63779028